高等学校教材

管理信息系统

（第2版修订本）

主　编　张月玲　范丽亚
副主编　卢　潇　曹　辉　方新儒
编　委　刘军兰　韩毅娜　胡敏芳

清华大学出版社
北京交通大学出版社
·北京·

内容简介

掌握管理信息系统技术，利用管理信息系统技术进行实际工作，无论是对管理者还是计算机工作者都具有非常重要的现实意义，为此我们编写了本书。

本书在介绍管理信息系统有关的概念、结构、功能及其在不同领域的典型应用的基础上，重点阐述了结构化管理信息系统开发方法，即系统规划、系统分析、系统设计、系统实施和评价及系统开发的管理，作为扩展内容，还介绍了面向对象的系统开发方法。

本书可作为计算机系信息管理专业和管理学各专业的教材，也可供企、事业单位管理干部及计算机软件开发人员等作为参考书。

本书封面贴有清华大学出版社防伪标签，无标签者不得销售。
版权所有，侵权必究。侵权举报电话：010-62782989　13501256678　13801310933

图书在版编目(CIP)数据

管理信息系统/张月玲,范丽亚主编. —2版. —北京:北京交通大学出版社;清华大学出版社,2010.5(2021.12重印)
(高等学校教材)
ISBN 978-7-5121-0108-1

Ⅰ.①管⋯　Ⅱ.①张⋯　②范⋯　Ⅲ.①管理信息系统　Ⅳ.①C931.6

中国版本图书馆 CIP 数据核字(2010)第 080654 号

责任编辑：郭东青

出版发行：	清华大学出版社	邮编：100084	电话：010-62776969
	北京交通大学出版社	邮编：100044	电话：010-51686414

印　刷　者：艺堂印刷（天津）有限公司
经　　　销：全国新华书店
开　　　本：185×260　　印张：14.5　　字数：363 千字
版　　　次：2010 年 5 月第 2 版　2019 年 1 月第 1 次修订　2021 年 12 月第 9 次印刷
书　　　号：ISBN 978-7-5121-0108-1/C·89
印　　　数：17 001～19 500 册　　定价：39.00 元

本书如有质量问题，请向北京交通大学出版社质监组反映。对您的意见和批评，我们表示欢迎和感谢。
投诉电话：010-51686043,51686008；传真：010-62225406；E-mail：press@bjtu.edu.cn。

前　言

　　管理信息系统（MIS）是信息技术应用中一个非常重要的领域。随着计算机技术及其应用的发展，管理信息系统的理论与应用得到进一步的发展和完善。目前，管理信息系统不仅是计算机及其相关专业的核心课程，而且是管理类专业、经济类专业的相关课程。所以，掌握管理信息系统技术，利用管理信息系统技术进行实际工作，对于管理者具有非常重要的现实意义。

　　作者于 2005 年编写的《管理信息系统》（清华大学出版社、北京交通大学出版社）自出版发行以来，经过多次重印，发行数量达数万册，受到广大读者的好评。但近年来与管理信息系统相关的技术都有一定的发展，特别是网络技术的迅猛发展，因此，对本教材的相关部分进行重新修订非常必要。

　　在修订本书的过程中，我们的出发点是，力求反映学科前沿，遵循教学客观实际，使本教材的第 2 版更加贴近管理信息系统的发展，反映教学需求，除了在章节安排和内容上做了适当的调整之外，还突出有关 Web 的相关内容。

　　本教材（第 2 版）共十章，讲述了管理信息系统的基本概念、技术基础、管理信息系统在不同领域的典型应用、管理信息系统的分析、设计与实施、面向对象的开发方法、信息系统的管理与系统评价等。

　　第 1 章主要介绍了三个方面的内容，即信息的基本概念、度量及其特点；信息系统的基本概念、类型和发展；管理信息系统的基本概念、结构、常见的管理信息系统的类型以及管理信息系统的技术基础等。

　　第 2 章主要介绍了开发管理信息系统的策略和管理信息系统的开发方法，如结构化开发方法、原型法、面向对象开发方法和计算机辅助软件工程方法。

　　第 3 章主要介绍了信息系统在不同领域的典型应用，包括企业资源计划（ERP）、供应链管理（SCM）、客户关系管理（CRM）、电子商务（EC）、决策支持（DS）等系统。

　　第 4 章主要讲述了管理信息系统规划的相关内容，包括：管理信息系统战略规划的目标、内容；制定管理信息系统战略规划的常用方法，重点介绍了企业战略规划法和关键成功因素法

　　第 5 章讲述了管理信息系统分析的基本内容，包括系统的可行性分析、系统的详细调查和系统逻辑模型的形成；重点讲解了系统详细调查的内容和系统调查的常用方法、工具，包括组织结构的调查、管理功能的调查、业务流程调查以及数据流程调查，业务流程调查的结果用业务流程图表示，而数据流程图的结果用数据流程图、数据字典、处理逻辑描述工具等表示。

　　第 6 章讲解了管理信息系统设计的基本内容，主要包括系统总体设计、系统详细设计和系统物理模型的形成等内容；重点讲解了系统详细设计的内容、方法和步骤，包括系统代码设计、系统模块化设计、数据库的设计、输入输出设计和系统流程设计。

　　第 7 章讲述了管理信息系统实施的主要内容，包括物理系统的实施、程序编写的方法、系统的调试和测试方法以及新旧系统的切换和系统维护等内容；重点介绍了程序设计的方

法、程序的结构、好程序的标准以及程序的调试和测试方法。

第 8 章介绍了面向对象技术的基本概念，以实例的形式阐述了应用面向对象方法进行系统分析、系统设计和系统实施的基本过程，是在第 4、5、6 章结构化系统开发方法的基础上进行的知识拓展。

第 9 章从工程管理的角度出发，介绍了 MIS 系统开发工作的进度安排、人员管理等内容，同时介绍了系统投入运行之后的管理方法以及对系统评价的方法和标准。

第 10 章以"基于 Web 的某企业管理信息系统"为例，从问题描述出发，介绍了管理信息系统的开发全过程，旨在总结本书所学内容，为管理信息系统系统开发的初学者提供一个系统开发向导，起到抛砖引玉的作用。

其中结构化系统开发方法是本课程的重点内容，而面向对象开发方法则是扩展和提高部分。

本书联系系统开发的实例，编排了大量的案例，使学生学习之后能基本了解管理信息系统的开发过程和开发方法，并掌握开发管理信息系统的基本技能。

本书内容由浅入深，循序渐进，实例丰富，便于自学。可作为高等学校计算机、信息类等专业相关课程的教材，也可供企事业单位的管理者或计算机软件开发人员作为参考。具体特点如下：

1. 知识新。本书在内容的组织和编写上，尽可能反映最新的管理信息系统开发知识。例如 Web 的相关技术。

2. 内容全。本书力求内容系统完整、重点突出，着重培养应用开发能力。既讲解了结构化 MIS 开发方法，同时对面向对象的系统开发方法也作了较详细地介绍，作为知识扩展，还介绍了决策支持系统的相关内容。

3. 实用性强。结合作者多年的系统开发经验和教学经验，在理论讲述过程贯穿了大量的实例，通过实例展现理论。

4. 可操作性强。每章均有一定量的习题和思考题，帮助学生掌握和巩固所学知识点；全书较系统地给出了酒店管理信息系统、车辆管理信息系统和物资库存管理信息系统三个系统开发的实例，克服了以往同类教材重理论、轻实例的缺陷。

本书由张月玲、范丽亚任主编，负责总体架构和统稿。卢潇、曹辉、方新儒任副主编。具体分工如下：第 1、3 章由范丽亚编写，第 2 章由韩毅娜编写，第 4 章由张月玲编写，第 5 章由刘军兰和胡敏芳编写，第 6 章由曹辉编写，第 8、9 章由卢潇编写，第 7、10 章由方新儒编写。另外，书中所用实例的调试是由孙飞、宋海洋、郭伟等完成的，蔡勇军做了大量的文字输入和校对工作；在本书的编写过程中，得到了禄乐滨、宁焰等的大力帮助，在此，作者对他们表示感谢。

为了方便教学，作者制作了关于本书的 PowerPoint 课件及大量的用于总复习的题库，如有需要，可到北京交通大学出版社网站下载，网址为 http://press.bjtu.edu.cn。

由于时间仓促，编者的学识水平有限，书中谬误和不足在所难免，敬请读者指正。

编 者

2010.04

目 录

第1章 管理信息系统概述 ··· 1
  1.1 信息概述 ··· 1
    1.1.1 数据与信息 ··· 1
    1.1.2 信息的特性 ··· 2
    1.1.3 信息的分类 ··· 3
    1.1.4 信息的度量 ··· 4
  1.2 信息系统的概念及其发展 ·· 5
    1.2.1 系统概述 ··· 5
    1.2.2 信息系统的概述 ··· 6
    1.2.3 信息系统的类型 ··· 7
    1.2.4 信息系统的发展 ··· 7
    1.2.5 信息系统与管理的关系 ··· 9
    1.2.6 信息系统与决策支持 ·· 10
  1.3 管理信息系统 ··· 13
    1.3.1 管理信息系统的概念 ·· 13
    1.3.2 管理信息系统的特点 ·· 13
    1.3.3 管理信息系统与其他学科的关系 ·································· 14
    1.3.4 管理信息系统的结构 ·· 15
    1.3.5 管理信息系统与环境 ·· 19
    1.3.6 管理信息系统的分类 ·· 21
  1.4 管理信息系统的技术基础 ··· 23
    1.4.1 计算机系统 ·· 23
    1.4.2 数据库技术 ·· 23
    1.4.3 数据通信技术与计算机网络技术 ·································· 24
  本章小结 ·· 24
  习题 ·· 25

第2章 管理信息系统的开发方法 ··· 27
  2.1 结构化系统开发方法 ··· 27
  2.2 原型法 ··· 29
  2.3 面向对象开发方法 ··· 31
  2.4 计算机辅助软件工程方法 ··· 32
  本章小结 ·· 34
  习题 ·· 34

I

第3章 管理信息系统的典型应用 ··· 35
3.1 企业资源计划系统 ··· 35
3.1.1 ERP 的产生 ··· 35
3.1.2 ERP 的管理思想 ··· 38
3.1.3 ERP 的主要模块 ··· 39
3.1.4 ERP 系统的目标 ··· 41
3.2 供应链管理系统 ··· 42
3.2.1 供应链管理的概念 ··· 42
3.2.2 供应链的特征 ··· 42
3.2.3 供应链的类型 ··· 43
3.2.4 供应链管理的内容和效益 ··· 44
3.3 客户关系管理系统 ··· 45
3.3.1 客户关系管理的概念 ·· 45
3.3.2 客户关系管理的主要内容 ··· 46
3.3.3 客户关系管理的功能模块 ··· 47
3.4 电子商务 ·· 49
3.4.1 电子商务的概念 ·· 49
3.4.2 电子商务的形式 ·· 49
3.4.3 电子商务的功能模块 ·· 50
3.5 决策支持系统 ·· 51
3.5.1 决策支持系统的概述 ·· 51
3.5.2 决策支持系统的结构 ·· 53
3.5.3 决策支持系统的发展 ·· 55
本章小结 ·· 56
习题 ·· 57

第4章 MIS 战略规划 ·· 58
4.1 MIS 的战略规划的概念 ·· 58
4.1.1 MIS 战略规划的任务、目标和内容 ····························· 58
4.1.2 MIS 战略规划的组织 ·· 59
4.1.3 制定战略规划的具体步骤 ··· 59
4.1.4 MIS 战略规划的特点 ·· 60
4.1.5 MIS 战略规划的原则 ·· 60
4.2 信息系统战略规划模型 ·· 61
4.2.1 诺兰阶段模型 ··· 61
4.2.2 信息系统战略规划三阶段模型 ··································· 62
4.3 MIS 战略规划方法 ·· 63
4.3.1 企业系统规划法 ·· 63
4.3.2 关键成功因素法 ·· 69
4.3.3 战略目标集转移法 ··· 70

  本章小结 ·· 71
  习题 ··· 71

第5章 系统分析

 5.1 系统的初步调查和可行性分析 ·· 73
  5.1.1 系统的初步调查 ·· 73
  5.1.2 可行性分析 ·· 73
  5.1.3 可行性分析报告 ·· 74
 5.2 系统的详细调查 ··· 75
  5.2.1 系统详细调查概述 ·· 75
  5.2.2 组织结构调查 ·· 76
  5.2.3 业务流程调查 ·· 76
  5.2.4 数据流程调查 ·· 78
  5.2.5 数据字典 ·· 82
  5.2.6 处理逻辑的描述工具 ·· 86
 5.3 系统化分析 ··· 88
  5.3.1 分析系统目标 ·· 89
  5.3.2 分析业务流程 ·· 89
  5.3.3 分析数据流程 ·· 89
  5.3.4 功能分析和划分子系统 ·· 89
  5.3.5 数据属性分析 ·· 90
  5.3.6 数据存储分析 ·· 90
  5.3.7 数据查询要求分析 ·· 90
  5.3.8 数据的输入输出分析 ·· 91
  5.3.9 绘制新系统的数据流图 ·· 91
  5.3.10 确定新系统的数据处理方式 ·· 91
 5.4 提出新系统的逻辑方案 ··· 92
 5.5 系统分析说明书 ··· 92
  本章小结 ·· 93
  习题 ··· 93

第6章 系统设计

 6.1 系统设计概述 ··· 96
  6.1.1 系统设计的依据 ·· 96
  6.1.2 系统设计的内容 ·· 96
  6.1.3 系统设计原则 ·· 97
 6.2 系统总体结构设计 ··· 97
  6.2.1 系统总体设计的原则 ·· 98
  6.2.2 系统功能结构设计 ·· 98
  6.2.3 系统流程设计 ·· 99
  6.2.4 系统模块结构设计 ·· 100

- 6.3 系统配置方案设计 ·· 105
  - 6.3.1 设计依据 ··· 105
  - 6.3.2 系统总体布局设计 ·· 106
  - 6.3.3 信息系统硬件配置方案设计 ···································· 108
  - 6.3.4 信息系统的软件配置方案设计 ·································· 109
  - 6.3.5 网络结构设计 ·· 109
  - 6.3.6 系统总体设计举例 ·· 110
- 6.4 系统详细设计 ··· 111
  - 6.4.1 代码设计 ·· 111
  - 6.4.2 数据库设计 ·· 113
  - 6.4.3 输出设计 ·· 117
  - 6.4.4 输入设计 ·· 119
  - 6.4.5 用户界面设计 ·· 122
  - 6.4.6 处理过程设计 ·· 123
- 6.5 设计规范的制定 ··· 125
- 6.6 系统设计报告 ··· 126
- 本章小结 ·· 126
- 习题 ·· 127

第7章 系统实施与维护

- 7.1 系统实施阶段的主要内容 ··· 129
- 7.2 物理系统的实施 ··· 129
  - 7.2.1 计算机系统的实施 ·· 129
  - 7.2.2 网络系统的实施 ·· 130
- 7.3 程序设计 ·· 130
  - 7.3.1 程序设计的目标 ·· 130
  - 7.3.2 程序设计的步骤 ·· 131
  - 7.3.3 编程工具的选择 ·· 132
  - 7.3.4 程序设计风格 ·· 132
- 7.4 系统测试 ·· 133
  - 7.4.1 系统测试的基本概念 ·· 133
  - 7.4.2 系统测试的方法 ·· 135
  - 7.4.3 系统测试的步骤 ·· 136
  - 7.4.4 测试用例设计 ·· 141
  - 7.4.5 排错 ·· 145
- 7.5 系统转换 ·· 146
  - 7.5.1 系统转换的方式 ·· 146
  - 7.5.2 系统转换应注意的问题 ·· 147
- 7.6 系统维护 ·· 147
  - 7.6.1 系统维护工作的内容 ·· 147

	7.6.2 系统维护的类型	147
	7.6.3 系统维护的管理	149
7.7	系统实施阶段的文档	149
	7.7.1 程序设计报告	149
	7.7.2 系统测试报告	149
	7.7.3 系统使用说明书	149
本章小结		150
习题		150

第8章 面向对象的系统开发方法 ... 152

8.1	面向对象概述	152
	8.1.1 面向对象的基本概念	152
	8.1.2 面向对象的特征	154
	8.1.3 面向对象的基本概念与传统技术的比较	155
8.2	面向对象系统开发方法的原理	156
	8.2.1 传统开发方法存在的问题及原因	156
	8.2.2 面向对象的系统开发方法的基本原理	156
	8.2.3 面向对象开发的常用方法	160
8.3	面向对象的系统分析和设计实例	160
	8.3.1 问题陈述	160
	8.3.2 面向对象的系统分析	161
	8.3.3 面向对象的系统设计	168
	8.3.4 面向对象的系统实施	174
本章小结		174
习题		175

第9章 信息系统的管理 ... 176

9.1	系统开发的项目管理	176
	9.1.1 MIS 系统开发的项目管理的任务及特点	176
	9.1.2 管理信息系统开发的几种方式	177
	9.1.3 信息系统开发合同	178
	9.1.4 人员管理	178
	9.1.5 项目工作计划	181
	9.1.6 信息系统开发项目进度的控制	184
9.2	信息系统的运行管理	185
	9.2.1 信息管理机构和管理规范	185
	9.2.2 信息系统的日常运行管理	185
	9.2.3 系统文档的管理	187
	9.2.4 系统安全保密管理	189
9.3	信息系统的评价	189
	9.3.1 信息系统的评价内容	190

9.3.2 信息系统的评价指标 190
本章小结 192
习题 192

第10章 基于Web的MIS开发实例 194

10.1 系统分析 194
10.1.1 系统调查 194
10.1.2 组织结构分析 195
10.1.3 管理功能分析 195
10.1.4 业务流程分析 196
10.1.5 数据流分析 196
10.1.6 数据字典 197
10.1.7 处理逻辑描述 198

10.2 系统设计 199
10.2.1 代码设计 199
10.2.2 数据库设计 199
10.2.3 输出设计 201
10.2.4 输入设计 201
10.2.5 页面设计 203
10.2.6 设计规范 203
10.2.7 系统处理流程设计 204

10.3 系统实施 204
10.3.1 系统物理实施 204
10.3.2 创建项目 205
10.3.3 数据库环境构建 205
10.3.4 数据访问层实现 206
10.3.5 母版页 209
10.3.6 创建库存管理信息系统页面 211

附录A 关于课程设计的建议 221
参考文献 222

第 1 章　管理信息系统概述

管理信息系统（Management Information System，MIS）是一门综合了管理科学、信息科学、行为科学、计算机科学、决策科学、系统科学和通信技术的新型学科，经过多年的发展，形成了比较完整的独具特色的体系。本章将讲述信息、信息系统和管理信息系统的有关内容。

1.1　信息概述

信息作为一种资源，在社会生产和人类生活中发挥着日益重要的作用。物质、能量和信息是构成现实世界的三大要素，也是人类社会资源的三大支柱。管理信息系统的核心内容是信息，所以深刻认识和正确理解信息的概念及相关知识是非常重要的。

1.1.1　数据与信息

1. 数据

数据（Data），又称资料，是对客观事物的性质、状态及相互关系等进行记载的物理符号或这些物理符号的组合。数据是可识别的、抽象的符号（例如，在某处有 5 个人，可以用 5、五、正、five、V 等多种符号来描述或记载）。

除了数字和文字，还可以用图形、表格、声音、图像等形式表示数据，数据类型与表现形式如表 1-1 所示。

表 1-1　数据类型与表现形式

数 据 类 型	表 现 形 式
数值数据	数字、字母、其他符号
图形数据	图形、表格、图片
声音数据	声音、噪声、音调
视觉数据	动画、图片
模糊数据	高、胖、干净

数据只有通过一定的媒体表达后，才能对其进行存取、加工、传递和处理。数据的表示形式和表达方式不同，处理方式也不同。

数据具有稳定性和表达性两个方面的特性。所谓稳定性是指各数据符号所表达事物的物理特性是固定不变的；而表达性是指数据符号需要以某种媒体作为载体。

2. 信息

一般认为，信息（Information）是关于客观事实的可交流的知识。

首先，信息是客观世界各种事物的特征的反映。客观世界中任何事物都在不停地运动和变化，呈现出不同的特征。这些特征包括事物的有关属性，如时间、地点、程度和方式等。信息的范围极广，比如气温变化属于自然信息，遗传密码属于生物信息，企业报表属于管理信息。

其次，信息是可以交流的。信息是构成事物联系的基础，由于人们通过感官直接获得周围的信息极为有限，因此，大量的信息需要通过交流获得。

最后，信息形成知识。所谓知识，就是反映各种事物的信息进入人们大脑，对神经细胞产生作用后留下的痕迹，人们正是通过获得信息来认识事物、区别事物和改造世界的。

3. 数据与信息的关系

数据与信息既有联系，又有区别。

数据是关于事物的性质、状态等的符号，是物理性的；信息是对数据进行加工处理之后所得到的并对决策产生影响的数据，是逻辑性（观念性）的；数据是信息的表现形式，信息是数据有意义的表示。只有经过加工处理或解释成人们想要得到的数据，才能够称为信息。因此，信息是经过加工以后，并对客观世界产生影响的数据。例如，行驶中汽车里程表上显示的数据是 70 km/h，它仅仅是一个人们对汽车行驶状态进行描述的数据符号，不一定成为信息，只有当司机观察里程表上的数据以后，经过思考（即加工处理），判断汽车行驶速度是快还是慢，从而作出加速或减速的决定时，70 km/h 这个数据才成为信息。

对同一数据，每个信息接受者的解释可能不同，其对决策的影响也可能不同。决策者利用经过处理的数据作出决策，可能取得成功，也可能得到相反的结果，关键在于对数据的解释是否正确。这是因为不同的解释往往来自不同的背景和目的。数据与信息之间的关系如图 1-1 所示。

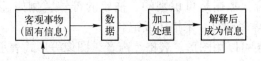

图 1-1　数据与信息的关系

因此可以说，数据与信息并不是绝对可分的、绝对不同的两个概念，而是互相联系、在一定条件下可以互相替代或转化的。

1.1.2　信息的特性

信息能否被正确使用，从很大程度上与信息的性质有关。

1. 共享性

信息的共享性是指同一信息可以为多部门或多人所利用，共享性是信息的主要特征之一。如某公司每天的销售信息对于该企业内部各部门或相关的管理人员来说是共享的。同时，信息的共享性是相对而言的，例如，甲公司的信息对其他公司的人员来说属于商业机密。

2. 时效性

信息的时效性是指从信息源发送信息，经过采集、加工、传输的时间间隔。时间间隔越短，信息使用越及时，使用程度越高，时效性越强。信息的时效性表明信息只有及时利用才会发挥其应有的价值，例如，某超市获得当天的销售信息，及时作出相应的进货、促销等决策。天气预报、股市信息等也会随时间的推移而失去其时效性。

3. 事实性

事实性是信息的核心价值。不符合事实的信息不仅没有价值，而且可能其价值为负。

"输入的是垃圾,输出的一定也是垃圾",说明了如果输入的是错误的或没有意义的数据,即使输入得非常及时,数据处理得也很迅速,输出的信息一样没有参考价值,甚至会加速误导用户。因此,信息应该基于正确的数据处理结果,要具备事实性。

4. 层次性

组织的管理一般分为战略级、战术级和作业级三层,处在不同层次的管理者,在做决策时需要的信息也不同,因此,信息也分为战略层、战术层和作业层信息。战略层信息是关系到全局和重大问题决策的信息,涉及上层管理部门对本部门要达到的目标及所需资源等内容,如5年内企业新产品的投产、老产品的停产、新市场的开拓等。战术层信息属于控制信息,是管理人员根据掌握的资源利用情况,将实际结果与计划比较,从而了解是否达到预定目标,并指导其采取必要措施有效利用信息。作业层信息用来解决经常性事务问题,与日常活动相关,用以保证完成具体任务。例如,每天统计的产量、质量数据等。

5. 价值性

信息是经过加工并对生产经营活动产生影响的数据,是劳动创造的,是一种资源,因而是有价值的。信息的价值等于使用信息所获得的收益减去获取信息所用的成本,价值量大小取决于信息需求者对信息需求的数量、范围,以及信息对需求者影响的大小等因素。

6. 可存储性

信息本身是看不见、摸不到的,但信息可以依附于各种载体被保存起来。计算机的存储设备、数据库技术为信息的可存储性提供了条件,例如,可以把所有同学的学籍信息以表格的形式存储在数据库系统中。

7. 可传输性

信息可以从时间上或空间中的某一点传递到其他点,而传输成本却远远低于传输物质和能源。因而,应尽可能用信息的传输代替物质的传输,通过信息流来减少物流。随着信息技术的普及应用和物联网的发展,电器生产企业可远程了解用户使用电器的情况,从而及时提供售后服务。再如企业之间通过 Internet 签订电子合同等,都是利用了信息的可传输性。

8. 增值性

信息在使用和传输过程中会变化和增值。把全国每天报纸上刊登的新品投产的信息收集起来,进行提炼和分析,长期坚持就能对全国工业情况作出正确的估计。通过提炼有用的信息,增加信息的价值。

9. 不完全性

客观事实的信息通常难以一次就全部获得,它与人们认识事物的程度有着直接关系,同时人对事物本身认识的局限性导致信息总是不完全的。

10. 滞后性

任何信息都需要进行加工处理或传播,因此总是落后于事物的发生时间,这就是信息的滞后性。因此,在对信息进行加工、传输和利用时都必须考虑这种滞后效应,特别是对实时性要求较高的信息,应通过合理选用载体和通道把这种滞后控制在允许的范围内。

1.1.3 信息的分类

信息本身有多种属性,从不同角度考察信息,信息有多种划分方式。如表1-2所示。

表 1-2　信息分类

考察信息的角度	信息类型
管理层次	战略信息、战术信息和作业信息
应用领域	管理信息、社会信息和科技信息
加工顺序	一次信息、二次信息和三次信息
反映形式	数字信息、文字信息、图像信息和声音信息

1.1.4　信息的度量

信息量的大小取决于信息内容消除人们认识的不确定程度。消除的不确定程度大，则发出的信息量就大；消除的不确定程度小，则发出的信息量就小；如果事先就确切地知道消息的内容，那么消息中所包含的信息量就等于零。

通常用概率来度量信息量的大小。例如，张三到 1 000 人的企业去找李四。在张三的头脑中，李四所处的可能性空间是该企业的 1 000 人。当企业人事部门告诉张三："李四是第四车间的"，而第四车间有 100 人，那么，他获得的信息为 100/1 000 = 1/10，也就是可能性空间缩小到原来的 1/10。通常，不直接用 1/10 来表示信息量，而是用 1/10 的负对数来表示，即 $-\log(1/10) = \log 10$。如果第四车间的人告诉张三，李四在第三班，那么张三获得了第二个信息。假定第三班共有 10 名员工，则第二个信息的确定性又缩小到原来的 (100/1 000) × (10/100) = 10/1 000。则张三所获得的信息量为：

$$-\log(100/1\,000) + [-\log(10/100)] = -\log(10/1\,000) = 2\log 10$$

只要可能性范围缩小了，获得的信息量总是正的；如果可能性范围没有变化，$-\log 1 = 0$，获得的信息量就是 0；如果可能性范围扩大了，信息量变为负值，人们对这个事件的认识就变得更模糊了。

通常用比特（bit）来衡量信息量的大小。1 比特的信息量是指含有两个独立均等概率状态的事件所具有的不确定性被全部消除所需要的信息。信息量的定义公式可写成：

$$H(x) = -\sum_{i=1}^{n} P(X_i) \log_2 P(X_i) \quad i = 1, 2, 3, \cdots, n$$

这里，X_i 代表第 i 个状态（总共有 n 个状态），$P(X_i)$ 代表出现第 i 个状态的概率，$H(x)$ 就是用以消除这个系统不确定性所需要的信息量。

例如，硬币下落可能有正反两种状态，出现这两种状态的概率都是 1/2，即：

$$P(X_i) = 0.5 \quad i = 1, 2$$

这时，$H(x) = -[P(X_1) \log_2 P(X_1) + P(X_2) \log_2 P(X_2)] = -(-0.5 - 0.5) = 1$（比特）。

同理可得，投掷均匀正六面体骰子的 $H(x) = 2.6$ 比特。

这里，计算信息量的公式恰好与热力学第二定律中熵的公式相一致。从分子运动论的观点来看，在没有外界干预的条件下，一个系统总是自发地从有序到无序的方向发展。在这个过程中，系统的熵的变化总是增加的。因此，熵是系统的无序状态的度量，即系统的不确定性的度量。但是，信息量和熵所反映的系统运动过程和方向相反。系统的信息量的增加总是表明不确定性的减少，有序化程度的增加。因此，信息量在系统的运动过程中可以看作是负熵。信息量越大，则负熵越大。熵值越小，反映了该系统的无序程度（混乱程度）越小，有序化程度越高。

信息度量表述了系统的有序化过程，由此可以给出更广泛的信息含义：信息是任何一个系统的组织性、复杂性的度量，是有序化程度的标志。

1.2 信息系统的概念及其发展

1.2.1 系统概述

系统（System）是由处于特定环境中，为达到某一目的而相互联系和相互制约的若干组成部分结合而成的有机整体。

从上述系统的定义可以看出，构成系统必须具备四个条件。

（1）系统由两个或两个以上的要素（子系统）组成。单一要素构不成系统，并且这些要素之间不是杂乱和混沌的，而是有机地组合在一起，相互影响，相互制约。例如，人体系统由神经、消化、触觉、味觉等要素（子系统）组成，并且这些要素之间相互联系、相互影响，消化系统不好的人必然影响其味觉系统，进而影响其他子系统。

（2）系统具有一定的结构。一个系统要完成特定的功能，需要一定结构的要素协调进行，缺一不可。如把表盘、指针、弹簧等物品（要素）堆放在一起是构不成一个钟表（系统）的，当把这些物品（要素）按照一定的结构组合起来，它就能指示时间（完成特定的功能）了。

（3）系统具有特定的功能。这是整体所具有的不同于各个组成要素的新功能，这种新功能是由系统内部的有机联系和结构所决定的。

（4）系统要有环境适应性。一个系统在另一个系统中可能就是一个子系统或一个组成部分，它必将受到其他系统或组成部分的影响和约束，它要在不断变化的环境中改变自己，重新达到和其他系统相互影响、相互制约的平衡。

1. 系统的分类

系统的分类方法很多，常见的系统类型如表 1-3 所示。

表 1-3 系统的分类

分类标准	系统类型	实 例
组成	自然系统	血液循环系统、天体系统、生态系统等
	人造系统	计算机系统、运输系统、生产系统等
	复合系统	信息系统是一个人造系统，但它的建立、运行和发展往往不以设计者的意志为转移，而有其内在规律
构成要素	抽象系统	国际货币经济学、马克思共产主义思想体系
	实体系统	企业：工人，管理人员，设备等 学校：教师，学生，教学设备等
与环境的关系	封闭系统	保密性要求较高的系统
	开放系统	现代化的企业

2. 系统的特征

一般来说，系统具有整体性、相关性、目的性、环境适应性等特征。

（1）整体性。系统不是各组成要素简单的拼凑，系统整体所呈现的功能应该大于各组成部分之和。因此在设计管理信息系统时，要提高各个组成要素（计算机硬件、网络设备、计算机系统软件、开发环境等）的功能，建立合理的系统结构（B/S 结构或 C/S 结构），使系统功能产生放大效应，发挥出管理信息系统的整体优化功能。

（2）相关性。系统内各要素之间的相互作用是随时间变化而变化的，如果某一要素发生了变化，其他相关联的要素也要相应地改变和调整，保持系统整体的最佳状态。

（3）目的性。系统的目的性是人们根据实践的需要而确定的，人造系统都具有明确的目的性，而且通常具有多个目的性。例如，教育系统的目的，是在有限的资源和现有的组织模式下，培养学生的基本素质和技能，教给他们获取信息的方法和途径，增强学生的竞争能力，不断提高学校的经营效益。

（4）环境适应性。环境是指存在于系统以外的事物（物质、能量、信息）的总称。系统与环境是相互依存的，不断发生着物质、能量、信息的交换，因此，系统必须适应环境的变化，能够经常与外部环境保持最佳适应状态，只有这样，才能生存和壮大。

3. 系统的结构

对于开放系统而言，一般包括输入、处理、输出和反馈 4 个要素，如图 1-2 所示。系统输入是将数据自动采集或手工录入到系统的过程。该过程数据的来源主要有：①系统自动捕获的原始数据；②人工收集来的原始数据；③其他子系统的数据。处理是对系统输入的数据进行加工，转换成有用信息的过程。输出则是将系统加工处理后的信息，按照一定的要求显示或打印给使用者的过程。反馈则是使用者根据输出的信息返送给系统内的有关人员，以帮助人们评价或校正输入的过程。由输入、处理、输出和反馈构成的系统并不是独立的，它必须存在一定的环境（如社会环境或其他系统环境）中，并且与周围的环境不断发生物质、能量或信息的交换。系统边界实际上并不存在，是人们为了研究的方便人为确定的，输入和输出是在系统边界处与系统所在的环境发生联系的。

图 1-2 系统的一般结构

我们日常生活中使用的系统一般都能很明显的看出输入、处理和输出 3 个要素，反馈则不容易很直观地看出来，如表 1-4 所示。

表 1-4 常见系统的一般结构

系　　统	输　　入	处　　理	输　　出
制造系统（如汽车）	原材料、零件、机器、人、车间	加工、制作、装配	汽车
教育系统（如学校）	学生、教师、书、教室	传输信息、技能训练、考核	受过教育的人
卫生系统（如医院）	病人、医生、护士、医疗设备、药品、建筑物	诊断、医疗护理、医疗建议	健康的人
信息系统	硬件、软件、管理人员、建筑物	信息采集、加工、存储、管理、检索、传输	有用信息

1.2.2 信息系统的概述

信息系统是一个人造系统。它由人、硬件、软件和数据资源组成，目的是及时、正确地收集、加工、存储、传递和提供信息，实现组织中各项活动的管理、调节和控制。

信息系统包括信息处理系统和信息传输系统两个方面。

信息处理系统对数据进行处理，使它获得新的结构与形态或者产生新的数据。比如计算机系统就是一种信息处理系统，通过它对输入数据的处理可获得不同形态的新数据。

信息传输系统不改变信息本身的内容，作用是把信息从一处传到另一处。信息的作用只有在广泛交流中才能充分发挥出来，因此，通信技术的进步极大地促进了信息系统的发展。

1.2.3 信息系统的类型

信息系统是一个内涵广泛的概念。按照处理的对象，可把信息系统分为作业信息系统和管理信息系统两大类。

1. 作业信息系统

作业信息系统的任务是处理组织的业务、控制生产过程和支持办公事务，并更新有关的数据库。通常由以下三部分组成。

（1）业务处理系统。业务处理系统的目标是迅速、及时、正确地处理大量信息，提高管理工作的效率和水平。如产量统计、成本计算和库存记录等。

（2）过程控制系统。主要指用计算机控制正在进行的生产过程。例如，炼油厂通过敏感元件对生产数据进行监测，并予以实时调整。

（3）办公自动化系统。以先进技术和自动化办公设备（如文字处理设备、电子邮件、轻印刷系统等）支持人的部分办公业务活动。

2. 管理信息系统

管理信息系统是对一个组织（单位、企业或部门）进行全面管理的人和计算机相结合的系统，它综合运用计算机技术、信息技术、管理技术和决策技术，与现代化的管理思想、方法和手段结合起来，辅助管理人员进行管理和决策。管理信息系统不仅是一个技术系统，同时又是一个社会系统。

3. 信息系统与管理信息系统的关系

信息系统与管理信息系统的关系如图1-3所示。

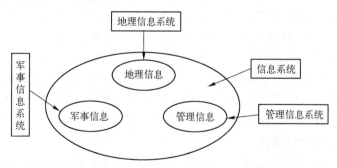

图1-3 信息系统与管理信息系统的关系

1.2.4 信息系统的发展

信息系统和信息处理在人类文明开始时就已存在，直到电子计算机问世、信息技术的飞跃及现代社会对信息需求的增长，才迅速发展起来。从第一台电子计算机于1946年问世，50多年来，信息系统经历了由单机到网络，由电子数据处理到管理信息系统再到决策支持系统，由数据处理到智能处理的过程。这个发展过程大致经历了以下几个阶段。

1. 电子数据处理系统阶段

电子数据处理系统（Electronic Data Processing System，EDPS）的特点是数据处理计算机化，目的是提高数据处理的效率。从发展阶段来看，它可分为单项数据处理和综合数据处理两个阶段。

（1）单项数据处理阶段（20世纪50年代中期到60年代中期）。这一阶段是电子数据处理的初级阶段。主要是用计算机部分地代替手工劳动，进行一些简单的单项数据处理工作，如工资计算、统计产量等。

（2）综合数据处理阶段（20世纪60年代中期到70年代初期）。这一时期的计算机技术有了很大发展，出现了大容量直接存取的外存储器。此外，一台计算机能够带动若干终端，可以对多个过程的有关业务数据进行综合处理。这时各类信息报告系统应运而生。

信息报告系统是管理信息系统的雏形，其特点是按事先规定要求提供各类状态报告。

2. 管理信息系统阶段

20世纪70年代初，随着数据库技术、网络技术和科学管理方法的发展，计算机在管理上的应用日益广泛，管理信息系统逐渐成熟起来。

管理信息系统最大的特点是高度集中，能将组织中的数据和信息集中起来，进行快速处理、统一使用。中心数据库和计算机网络系统是管理信息系统的重要标志。管理信息系统的处理方式是在数据库和网络基础上的分布式处理。随着计算机网络和通信技术的发展，不仅能把组织内部的各级管理联结起来，而且能够克服地理界限，把分散在不同地区的计算机网互联，形成跨地区的各种业务信息系统和管理信息系统。

管理信息系统的另一特点是利用定量化的科学管理方法，通过预测、计划优化、管理、调节和控制等手段来支持决策。

3. 决策支持系统阶段

20世纪70年代，美国的Michael S. Scott Marton在《管理决策系统》一书中首次提出了"决策支持系统（Decision Support System，DSS）"的概念。DSS主要是运用数据库、模型库、知识库等技术，在人和计算机交互的过程中帮助决策者解决半结构化和非结构化问题，并探索可能的方案，为管理者提供决策所需的信息，如运输路程最短问题、最优经济订货批量决策、合理优化的生产调度等。

DSS在组织中可能是一个独立的系统，也可能作为管理信息系统的一个高层子系统而存在。与管理信息系统不同，DSS的用户主要是专业人士或相关工作人员，信息的处理方式是人机交互方式。系统对DSS和用户在互动过程中获得的少量数据进行加工处理，输出相关的决策分析数据。

早期的管理信息系统虽然也提供大量的报告，但是领导很少去看，大部分被当作废纸，原因是这些数据并不是领导决策所需要的信息。

随着计算机通信、网络技术、数学处理手段及人工智能、管理科学等技术和管理思想的发展，数据仓库、数据挖掘及联机分析处理的应用，决策支持系统现在正向着智能化DSS、群体DSS和行为导向DSS的方向发展，比如，保险业利用专家系统进行索赔估计，经理支持系统（Executive Support System，ESS）帮助高层领导解决一些不断变化的宏观、战略方面的非结构化问题，例如，是否引进一条新的生产线，是否在某地区开拓市场，是否加大广告宣传的投入等。

综上所述，EDPS、MIS 和 DSS 各自代表了信息系统发展过程中的某一阶段，但至今它们仍各自不断地发展着，而且是相互交叉的关系。EDPS 是面向业务的信息系统；MIS 是面向管理的信息系统；DSS 是面向决策的信息系统。DSS 在组织中可能是一个独立的系统，也可能作为 MIS 的一个高层子系统而存在。

管理信息系统是一个不断发展的概念。20 世纪 90 年代以来，DSS 与人工智能、计算机网络技术等结合形成了智能决策支持系统（Intelligent Decision Support System，IDSS）和群体决策支持系统（Group Decision Support System，GDSS）。又如，EDPS、MIS 和 OA 技术在商贸中的应用已发展成为电子商贸系统（Electronic Business Processing System，EBPS）。这种系统以通信网络上的电子数据交换（Electronic Data Interchange，EDI）标准为基础，实现了集订货、发货、运输、报关、保险、商检和银行结算为一体的商贸业务，大大方便了商贸业务和进出口贸易。随着 Internet 的发展，还出现了不少新的概念，诸如总裁信息系统、战略信息系统、计算机集成制造系统和其他基于知识的信息系统等。

1.2.5 信息系统与管理的关系

任何组织都需要管理。所谓组织，指的是人们为了实现共同目标而组成的群体和关系。一个组织的管理职能主要包括计划、组织、领导和控制四大方面，其中任何一方面都离不开信息系统的支持。

管理的任务在于通过有效地管理好人、财、物等资源来实现组织的目标，而要管理这些资源，需要通过反映这些资源的信息来管理。信息是管理活动中一项极为重要的资源。信息对于管理之重要在于"管理的实质是决策"。管理工作的成败，取决于能否作出有效的决策，而决策的正确程度则取决于信息的质和量。基于计算机的信息系统，能把生产和流通过程中的巨大数据流收集、组织和控制起来，经过处理，转换为对各部门都不可缺少的数据，经过分析，使它变成对各级管理人员决策具有重要意义的有用信息。特别是运筹学和现代控制论的发展，使许多先进的管理理论和方法应运而生，而这些理论和方法又都因为计算工作量太大，用手工方式根本不可能及时完成。现代电子计算机的高速准确的计算能力和海量存储能力，为这些理论从定性到定量方面指导决策活动奠定了基础。

1. 信息系统对计划职能的支持

任何组织的活动实际上都有计划，计划不仅可以作为行动的纲领，而且也是对执行结果评价的依据。管理的计划职能是为组织及其下属机构确定目标，拟订为达到目标的行动方案，并制订各种计划，使各项工作和活动都能围绕预订目标去进行，从而达到预期的效果。高层的计划管理还包括制定总的战略和总的政策。计划还应该为组织提供适应环境变化的手段与措施。信息系统对计划的支持包括如下方面：

（1）支持计划编制中的反复试算；

（2）支持对计划数据的快速、准确存取；

（3）支持计划的基础——预测。预测是研究对未来状况作出估计的专门技术，而计划则是对未来作出安排和部署，以达到预期的目的。

（4）支持计划的优化。

2. 信息系统对组织职能的支持

组织职能包括人的组织和工作的组织。具体包括：确定管理层次、建立各级组织机构、配备人员、规定职责和权限,并明确组织机构中各部门之间的相互关系、协调原则和方法。信息技术是现阶段对企业组织进行改革的有效的技术基础。信息技术的发展促使企业组织重新设计、企业工作重新分工和企业职权重新划分,从而进一步提高企业的管理水平。随着信息技术的飞速发展,传统的组织结构正在向扁平式结构的非集中式管理转变,其特点如下。

(1) 通信系统的完善使上下级指令传输系统中的中间管理层不再那么重要,甚至也没有必要再设立那么多的中间管理层。

(2) 部门分工出现非专业化分工的趋向,各部门的功能互相融合、交叉。

(3) 计算机的广泛应用使得组织中上下级之间、各部门之间及其与外界环境之间的信息交流变得十分便捷,从而有利于上下级和成员之间的沟通,可以随时根据环境的变化作出统一的、迅速的整体行动和应变策略。

信息技术进一步大大降低了组织内部信息交流的成本,从而使纵向金字塔的官僚体制开始崩溃,决策层与执行层之间的距离缩小,最终向合一回复。另外,全球网络的出现,使企业、公司的经营和生产不再受地理位置的限制,可以在全世界范围内运作,事务处理成本和协作成本都明显降低;企业网络的建设、多媒体计算机和移动计算机的广泛应用,使信息传送从文字向多媒体发展,使领导和管理人员可以接受更多的信息和知识,使企业对工作过程重新设计成为可能,使个人和工作组之间的协调得以进一步加强,从而形成一种新的、管理层次少的组织形式,它依靠近乎实时的信息进行柔性的运作,管理工作更加依赖于管理人员之间的协作、配合及对信息技术应用的把握。

3. 信息系统对领导职能的支持

领导职能的作用在于指引、影响个人和组织按照计划去实现目标。这是一种行为过程。领导者在人际关系方面的职责是领导、组织和协调;在决策方面的职责是对组织的战略、计划、预算、选拔人才等重大问题作出决定;在信息方面的职责是作为信息会合点和神经中枢,对内对外建立并维持一个信息网络,以沟通信息,及时处理矛盾和解决问题,由此可见,信息系统在支持领导职能方面的重要作用。

4. 信息系统对控制职能的支持

控制职能是对管理业务进行计量和纠正,确保计划得以实现。为了实现管理的控制职能,应随时掌握反映管理运行动态的系统监测信息和调控必要的反馈信息。在企业管理方面,最主要的控制内容如下。

行为控制,是指对人的管理。人员素质控制,特别是关键岗位上人员素质的控制。质量控制,特别是重要产品的关键工序的质量控制和成品的质量控制。还有库存控制、生产进度控制、成本控制、财务预算控制、成本和利润的综合控制、资金运用控制和收支平衡控制等。

随着科学技术的发展,自动化、智能化的控制将是一种更高级的形式。就拿对生产进度的控制来说,信息系统将有能力自动监控并调整生产的物理过程。例如,炼油厂和自动化装配线可利用敏感元件收集数据,经过计算机处理后对生产进度加以控制。

综上可见,信息系统对管理具有重要的辅助和支持作用,现代管理需要依靠信息系统来实现其管理职能、管理思想和管理方法。

1.2.6 信息系统与决策支持

决策贯穿于管理的全过程,管理工作的成败,首先取决于决策的正确与否。决策的质量则取决于信息的质和量。正确、及时、适量的信息是减少不确定因素的根本所在。信息系统则是提供、处理和传播信息的载体。因此，信息系统对管理职能的支持，归根到底是对决策的支持。

1. 决策过程

决策是人们为达到一定目的而进行的有意识、有选择的活动。在一定的制约条件下，人们为了实现特定目标，从多种可供选择的策略中作出决断，以求得最优或较好效果的过程就是决策过程。决策过程可分为情报活动、设计活动、选择活动和实施活动四个阶段。

（1）情报活动阶段。情报活动阶段的内容是调查环境并定义要决策的事件和条件，获取决策所需要的有关信息。

（2）设计活动阶段。在一般情况下，实现目标的方案不止一个，而是有两个或更多的可供选择的方案。为了探索可供选择的方案，有时需要研究与实现目标有关的限制性因素。所谓限制性因素，是指对完成所追求的目标有妨碍的因素，例如资金、能源等的缺乏。在其他因素不变的情况下，如果改变这些限制性因素，就能实现期望的目标。识别这些因素，并把注意力放在如何克服这些限制性因素上去，就可能探索出更多的比较方案。在制定方案的过程中，寻求和辨认限制性因素是没有终结的。

（3）选择活动阶段。从各种可能的备选方案中，针对决策目标，选出最合理的方案，是决策成功与否的关键阶段。通常这个阶段包括方案论证和决策形成两个步骤。方案论证是对备选方案进行定量和定性的分析、比较和择优研究，为决策者的最终选择进行初选，并把经过优化选择的可行方案提供给决策者。决策形成是决策者对经过论证的方案进行最后的抉择。

（4）实施活动阶段。选定方案后，即可付诸实施。在实施过程中还要收集实施过程中的情报。根据这些情报来进一步作继续执行、停止实施或修改后继续实施的决定。

2. 决策的科学化

传统的决策依靠决策者个人的经验，凭直觉判断，因而决策被认为是一种艺术和技巧。近四十年来，由于生产规模的扩大和自动化技术的应用，使得管理的性质和环境都发生了巨大的变化。管理性质的改变表现在组织机构更加庞大，管理功能更加复杂。环境的改变表现在产业部门之间的联系越来越紧密，社会经济状态对于所采取的决策的影响因素越来越复杂。因而管理决策问题不仅数量多，而且复杂程度高、难度大。心理学家的研究表明，在制定决策时，若要求决策者本人同时考虑 10 个以上的变动因素或相互矛盾的因素，或者要求考虑 20~80 个以上的单项因素，就会感到十分困难，而在实际的生产活动中，经常需要根据几百个，甚至几千个因素和相互关系进行决策。显然，在这种情况下，以领导者的艺术、洞察力、理智和经验为基础的传统决策方法已远远不能满足日益复杂的管理决策的需要了，因而，决策科学化被提上了日程。目前，决策科学化正在向以下几个方向发展。

（1）用信息系统支持和辅助决策。20 世纪 80 年代初，计算机企业管理应用的重点逐渐由事务性处理转向企业的管理、控制、计划和分析等高层次决策制定方面，国内外相继出现了多功能的通用和专用决策支持系统。随着决策支持系统与人工智能相结合，出现了智能化决策支持系统（IDSS）；决策支持系统与计算机网络相结合，出现了群体决策支持系统

(GDSS)。现在决策支持系统已逐步推广应用于大、中、小型企业中的预算与分析、预测与计划、生产与销售、研究与开发等职能部门，并用于军事决策、工程决策、区域规划等方面。

（2）定性决策向定量与定性相结合的决策发展。定性决策向定量与定性相结合的决策发展是当代决策活动发展的必然趋势。现代科学中的系统工程学、仿真技术、计算机理论、预测学，特别是运筹学、布尔代数、模糊数学、泛函分析等引进决策活动，为决策的定量化奠定了基础。

但是，决策的本质是人的主观认识能力，因此它就不能不受人的主观认识能力的限制。近代决策活动的实践表明，尽管定量的数学方法与信息技术相结合，能够进行比人脑更精密更高速的逻辑推理、分析、归纳、综合与论证，但它绝不能代替人的创造性思维。这就是出现由人的创造性形象思维与近代利用计算机进行定量分析相结合，从而产生头脑风暴法、前置方案法、电影脚本法、德尔斐法、系统分析法等决策活动方式的原因。

（3）单目标决策向多目标综合决策发展。决策活动的目标本身也构成一个难以确定的庞大系统。现代决策活动的目标不是单一的，这不仅指以经济利益为核心的目标是多目标，而且还包括更广阔的社会的和非经济领域的目标。

（4）战略决策向更远的未来决策发展。决策是对未来实践的方向、原则、目标和方法等所作的决定，所以决策从本质上说乃是对应于未来的。为了避免远期可能出现的破坏造成的亏损抵消甚至超过近期的利益，要求战略决策在时域上向更遥远的未来延伸。

3. 决策问题的分类

决策问题的范围很广，计划、调度命令、政策、法规、发展战略、体制结构、系统目标等都属于决策范畴，但它们的结构化程度不同。按问题的结构化程度不同可将决策划分为三种类型：结构化决策、非结构化决策和半结构化决策。

（1）结构化决策。结构化决策问题相对比较简单、直接，其决策过程和决策方法有固定的规律可以遵循，能用明确的语言和模型加以描述，并可依据一定的通用模型和决策规则实现其决策过程的基本自动化。早期的多数管理信息系统，能够求解这类问题，例如，应用解析方法、运筹学方法等求解资源优化问题。

（2）非结构化决策。非结构化决策问题是指那些决策过程复杂，其决策过程和决策方法没有固定的规律可以遵循，没有固定的决策规则和通用模型可依，决策者的主观行为（学识、经验、直觉、判断力、洞察力、个人偏好和决策风格等）对各阶段的决策效果有相当影响，往往是决策者根据掌握的情况和数据临时作出决定的情况。

（3）半结构化决策。半结构化决策问题介于上述两者之间，其决策过程和决策方法有一定规律可以遵循，但又不能完全确定，既有所了解但又不全面，有所分析但又不确切，有所估计但又不确定。这样的决策问题一般可适当建立模型，但无法确定最优方案。

决策问题的结构化程度并不是一成不变的，当人们掌握了足够的信息和知识时，非结构化问题有可能转化为半结构化问题，半结构化问题也有可能向结构化问题转化，因此，决策问题的转化过程是人们对客观事物不断提高认识的过程。通常认为，管理信息系统主要解决结构化的决策问题，而决策支持系统则以解决支持半结构化和非结构化问题为目的。

1.3 管理信息系统

管理信息系统是 20 世纪 80 年代才逐渐形成的一门新学科，其概念至今尚无统一的定义，理论基础也不完善，但从国内外学者给管理信息系统所下的定义来看，人们对管理信息系统的认识在逐步加深，管理信息系统的定义也在逐渐发展和成熟。

1.3.1 管理信息系统的概念

管理信息系统是信息系统在管理领域的具体应用，具有信息系统的一般属性。从管理信息系统的建立、功能等方面来分析，管理信息系统可以定义为：管理信息系统是一个以人为主导，利用计算机硬件、软件、网络通信设备及其他办公设备，进行管理信息的收集、传输、存储、加工、更新和维护，以企业战略竞优、提高效益和效率为目的，支持企业高层决策、中层控制、基层运作的集成化的人机系统。这个定义说明管理信息系统不仅仅是一个技术系统，而是把人包括在内的人机系统，因而它是一个管理系统，是一个社会技术系统。

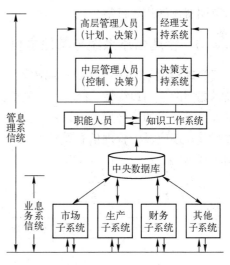

图 1-4 组织内部的管理信息系统

从组织角度看，管理信息系统是组织的一个组成部分或组织的自然延伸。例如，许多信息服务企业，如果没有了管理信息系统，也就没有了企业本身。从组织内部看，管理信息系统的结构如图 1-4 所示。图中市场子系统、生产子系统、财务子系统等都属于业务信息系统，其作用是对具体业务进行数据处理。管理信息系统则是对各业务子系统进行控制、管理，对整个系统的战略、战术等重大问题作出预测和决策。

1.3.2 管理信息系统的特点

由管理信息系统的定义，可以看出管理信息系统具有如下特点。

（1）面向管理决策。管理信息系统是继管理学的思想方法、管理与决策的行为理论之后的一个重要发展，它是一个为管理决策服务的信息系统，它必须能够根据管理的需要，及时提供所需要的信息，帮助决策者作出决策。

（2）综合性。从广义上说，管理信息系统是一个对组织进行全面管理的综合系统。一个组织在建设管理信息系统时，可根据需要逐步应用个别领域的子系统，然后进行综合，最终达到应用管理信息系统进行综合管理的目标。管理信息系统综合的意义在于产生更高层次的管理信息，为管理决策服务。

（3）人机系统。管理信息系统的目的在于辅助决策，而决策只能由人来做，因而管理信息系统必然是一个人机结合的系统。在管理信息系统中，各级管理人员既是系统的使用者，又是系统的组成部分。在管理信息系统开发过程中，要根据这一特点，正确界定人和计算机在系统中的地位和作用，充分发挥人和计算机各自的长处，使系统整体性能达到最优。

（4）现代管理方法和手段相结合的系统。人们在管理信息系统应用的实践中发现，只简单地采用计算机技术提高处理速度，而不采用先进的管理方法，管理信息系统的应用仅仅是用计算机系统仿真原手工管理系统，充其量只是减轻了管理人员的工作量，其作用的发挥十分有限。管理信息系统要发挥其在管理中的作用，就必须与先进的管理手段和方法结合起来，在开发管理信息系统时，融进现代化的管理思想和方法。

（5）多学科交叉的边缘科学。管理信息系统作为一门新的学科，产生较晚，其理论体系尚处于发展和完善的过程中。研究者从计算机科学与技术、应用数学、管理理论、决策理论、运筹学等相关学科中抽取相应的理论，构成管理信息系统的理论基础，从而形成一个有着鲜明特色的边缘科学。

1.3.3 管理信息系统与其他学科的关系

管理信息系统是一门介于管理学、系统科学、运筹学、统计学、计算机科学、现代通信技术之间的一门边缘性、综合性、系统性的交叉学科。因此，管理信息系统的开发需要既懂管理又懂技术的复合型人才，要想成功开发管理信息系统，除了要深刻了解管理对象和管理过程外，还应具备管理信息系统和相关学科的知识结构，并理解它们之间的相互关系，如图1-5所示。

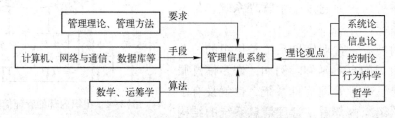

图1-5 管理信息系统与其他学科的关系

1. 管理信息系统与管理学

管理信息系统与管理学有着密不可分的联系。管理信息系统的研究对象是管理过程，服务目标是管理对象，项目开发与运行维护需要运用管理学理论和管理方法，因此，管理学是管理信息系统学科体系的基石，整个管理信息系统生命周期都在研究管理。

2. 管理信息系统与数学、运筹学

管理中的许多问题要进行优化处理，需要建立数学模型才能解决。数学是系统开发的基本功，也是程序设计的基本功。运筹学提供了大量的模型，如预测模型、决策模型、竞争模型、分配模型、制定模型、库存模型、排队模型、更新模型、路线模型、运输模型、规划模型、动态规划模型、搜索模型、模拟模型和混合模型等，管理信息系统利用这些模型能够更好地解决在管理过程中遇到的各种问题。

3. 管理信息系统与系统论

系统论是研究系统的一般模式、结构和规律的学问，它研究各种系统的共同特征，用数学方法定量地描述其功能，寻求并确立适用于一切系统的原理、原则和数学模型，是具有逻辑和数学性质的一门新兴的科学。

管理信息系统的开发必须遵循系统方法。系统方法或称为系统方法论是研究系统工程的思考问题和处理问题的方法论。系统工程是组织管理系统的规划、研究、设计、制造、试验和使用的科学方法，是一种对所有系统具有普遍意义的科学方法。系统工程也是一门组织管理的技术。系统方法的要点是系统的思想、数学的方法、计算机技术。系统的思想即把研究对象作为整体来考虑，着眼于整体最优运行；数学的方法就是用定量方法，即数学方法研究系统，通过建立系统的数学模型和运行模型，对得到的结果进行分析，再用到原来的系统中；计算机技术是求解数学模型的工具，在系统的数学模型上进行模拟，以实现系统的最优化。

4. 管理信息系统与信息论

信息论是关于信息的本质和传输规律的科学的理论，是研究信息的计量、发送、传递、交换、接收和存储的一门新兴学科。信息流伴随着物流而产生，引导物流做有规律的运动，对物流的方向、数量、速度和目标等实行控制。先进的信息观念、敏锐的信息意识及较强的信息管理能力是一个管理者步入管理岗位的前提条件。管理信息系统最基本的研究对象是管理工作中产生、加工、使用的信息——管理信息。

5. 管理信息系统与控制论

控制论（Cybernetics）是研究各类系统的调节和控制规律的科学。它是由自动控制、通信技术、计算机科学、数理逻辑、神经生理学、统计力学、行为科学等多种科学技术相互渗透而形成的一门学科。生物系统和机器系统中控制与通信的思想为控制论提供了一个框架。按照这一框架，控制与信息问题可以纳入统一的形态来考虑。管理信息系统要研究系统稳定性和生命周期，稳定性的控制难度更大。系统测定和反馈原理在管理信息系统中有着广泛的应用，尤其在项目计划控制和项目变动控制方面具有重要的意义。

1.3.4 管理信息系统的结构

管理信息系统结构是指管理信息系统各组成部分所构成的框架。由于对不同部分的不同理解，就构成了不同的结构方式。它主要包括概念结构、层次结构、功能结构、软件结构和硬件结构等。

1. 概念结构

管理信息系统从概念结构上看，由信息源、信息处理器、信息用户、信息存储器和信息管理者组成。它们之间的关系如图1-6所示。

直接采集来的数据，或者其他系统提供的数据都可以作为管理信息系统的信息源，信息管理者通过信息处理设备对信息做进一步的加工，使它获得新的结构与形态或者产生新的数据，并选择合适的介质保存以备他用。这些经过深加工的信息再以一定的形式显示或传递给信息用户，如采用人工、电话、网络等形式传输。信息的传输不改变信息本身的内容，只是把信息从一处传到另一处。

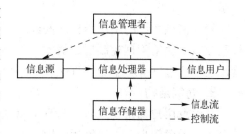

图1-6 管理信息系统概念结构

信息管理者可以对信息源和信息用户进行管理控制，也可以通过调取信息存储设备上保存的信息，选择一定的处理方式，如统计、分类、预测等从不同角度得到决策所需要的信息。

2. 层次结构

管理信息系统支持管理活动。一般的组织管理均是分层次的，通常分为战略管理、战术管理和作业管理三层。在实际工作中，管理者所处的管理层次不同，思考问题的角度也不相同。例如，库存控制问题，作业管理层最关心的是日常业务处理的准确无误；战术管理层主要考虑的是如何确定安全储备量和订货次数；而在战略管理层所关心的是根据现状、组织的战略目标、竞争对手的情况等因素，作出正确的库存战略决策。

对于不同的管理层次，其决策问题的类型和信息的特征均不相同，在不同层次上信息处理的工作量也各不相同。其决策类型、信息特征及工作量的差别如表1–5所示。

表1–5 不同管理层次的决策类型和信息特征

管理层次	决策类型	信息处理的工作量	信息特征						
			来源	范围	概括性	时间性	流通性	精确性	使用频率
战略管理	非结构化	小	外部	很宽	概括	未来	相对稳定	低	低
战术管理	半结构化	较大	内部	相对确定	较概括	综合	定期变化	较高	较高
作业管理	结构化	大	内部	确定	详细	历史	经常变化	高	高

战略管理层的决策内容关系到组织的长远目标，以及制定获取、使用各种资源的政策等，大多数属于非结构化问题的决策。决策者是组织的高层管理人员，除需要根据组织的外部环境和内部条件作出决策外，还需要他们具有一定的知识、阅历、经验和胆识。

作业管理层的决策内容是关于如何有效利用组织的资源，并按照既定的程序和步骤进行工作，大多数属于结构化问题的决策。决策者是基层管理人员，要求他们具有组织实施的能力。

而战术管理层（也称为管理控制层）的决策内容介于战略管理层和作业管理层之间，既有结构化问题的决策，也有非结构化问题的决策，决策者是组织的中层管理人员。

管理信息系统的层次结构之间经常需要进行信息交换，如战略管理层把已经制定好的目标和政策下达给管理控制层，战术管理层向战略管理层报告计划的执行情况，同时又向作业管理层下达进度等。基于管理层次的系统结构如图1-7所示。

3. 功能结构

从信息用户的角度来看，管理信息系统应该支持整个组织的管理职能，如市场销售、生产管理、后勤管理、人事管理、财务管理、信息处理和高层管理等，这些职能之间又通过信息来沟通和联结。这种按企业的职能来构造的管理信息系统结构是一种具有相对独立性，并与管理职能结构相对应的信息系统结构，它适用于企业内部各个职能部门日益加强的经济联系和各个职能部门对信息日益增加的需求。管理信息系统的功能结构如图1-8所示。下面分别介绍这些子系统的功能。

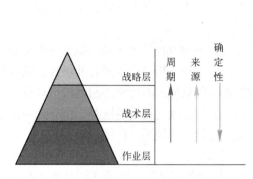 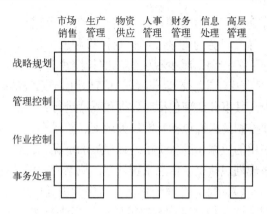

图 1-7　管理信息系统的层次结构　　　　图 1-8　管理信息系统的功能结构

（1）市场销售子系统。市场销售子系统一般包括产品销售和服务。销售的事务处理主要是销售订货、广告推销等。作业控制包括：销售人员的雇用和培训，销售货物的日常调度，销售数量按地区、按产品的定期统计分析等。管理控制的主要活动是将销售情况与计划比较，分析偏差原因，采取措施保证计划的完成。这项活动要用到顾客、竞争者、产品、销售人员的有关数据。战略规划方面的活动是研究市场战略和开发新市场，有些要用到客户、竞争者、收入预测、产品预测、技术预测等信息。

（2）生产管理子系统。生产管理的职能包括：产品设计、生产设备计划、作业计划、生产人员的雇用与培训、质量控制等。典型的事务处理根据成品订单分解到零部件需求、成品单、废品单和工时单的统计。作业控制要求将实际情况与计划相比较，找出薄弱环节，分析影响进度的难点。管理控制要求进行总进度、单位成本、单位工时消耗的计划比较。生产战略计划包括一些可选用的制造方法、自动化方法等。

（3）物资供应子系统。物资供应的职能包括原材料采购、收货、库存管理和分发。事务处理的对象包括：进货要求、购货订单、加工订单、验收报告、存货卡片、运输要求、提货单据等。作业控制的内容包括：过期购货、过期发货、库存缺货、库存积压、存货周转率报告、供货商信誉分析、运输单位信誉分析、发货分析等。管理控制包括实际库存水平与计划库存水平的比较，外购物品的价格，库存缺货、存货周转率等。战略计划涉及对新分配策略的分析、对供货商的新政策及加工外购的策略等。

（4）人事管理子系统。人事管理子系统包括人员的录用、培训、考核记录、工资和解聘等。事务处理要产生一些文件，说明雇用需求、工作岗位责任、人员培训、职工基本情况、工资变化和离职等。作业控制要求一些决策规程说明以下行动：雇用、培训、期满通知、工资调整、发放津贴等。人事管理控制由一些偏差报告和分析结果支持，说明在雇用职工数量、招聘费用、技术构成、培训费用、应付工资、劳动生产率等项目中实际与计划的偏差。人事战略规划涉及招聘、工资、培训、福利等各种策略方案的评价，以便使组织达到目标而获得足够的人员。战略规划所涉及的信息包括职工培训方式、国家教育状况和工资水平分析。

（5）财务和会计管理子系统。财务与会计有区别，但二者是相关的。财务的职责是有效地使用流动资金和固定资产，以最有效的方式使企业筹措适当的资金。会计则是把财务数据分类，编制财务报表，制定预算、核算和分析成本。

与财务有关的事务处理包括赊账申请、销售单、收账文件、收款凭证、支票、流水账和分类账等。财会的作业控制需要每日差错报告和例外报告,处理延迟记录及未处理的业务报告等。财会的管理控制包括预算和成本数据的比较分析。财会的战略计划活动包括制订长远的财务计划,减少税收影响的长期税务会计政策等。

(6) 信息处理子系统。信息处理子系统的职责是保证其他功能所必需的信息处理服务和资源。其事务处理包括对数据和程序进行校正或变更,处理硬件、程序运行报告及项目建议。作业控制的内容包括日常任务调度、差错率、设备故障等。信息处理的管理控制则包括计划需要使用的数据、设备价格、程序员的情况,比较各项目的实际进度与计划进度等。信息处理的战略规划包括整个信息系统计划、战略应用的选择、硬件和软件环境的一般结构等。

(7) 高层管理子系统。高层管理部门由总经理及高级管理人员组成。高级管理的事务处理主要是信息查询和决策咨询,其业务文本多半是信件和备忘录等,既要用到数据库和决策模型,也要把这些问题传送到组织的其他部分。高层管理作业控制用到的信息包括:会议计划表、通信控制文件、联系记录。管理控制是利用其他部门提供的综合信息来评价这些部门是否按计划进行工作。它的战略规划涉及企业的方向及资源规划之类的活动,为其他部门的战略规划确定总框架,并消除它们之间不一致的地方。高层管理的战略规划需要范围很广的各种内外部的统计数据。信息系统可以提供特定的数据检索、特定分析和决策支持等。

4. 软件结构

在管理信息系统的功能/层次矩阵的基础上进行综合,纵向上把不同层次的管理业务按职能综合起来,横向上把同一层次的各种职能综合在一起,做到信息集中统一,程序模块共享,各子系统功能无缝集成。由此形成一个完整的一体化的系统,即管理信息系统的软件结构,如图1-9所示。

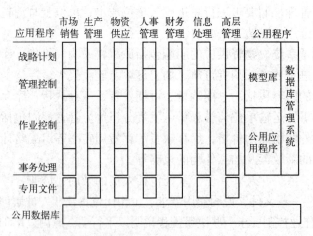

图1-9 管理信息系统的软件结构

(1) 横向综合。横向综合就是把同一管理层次的各种职能综合在一起。横向综合使相关业务处理一体化,减少了数据输入的重复性和不一致性。横向综合一般是在建立了职能信息系统之后才逐步实现的。横向综合一般向两个方面发展,一方面综合人事方面的所有职能,如工资、技术职称等;另一方面综合有关物资方面的所有职能,如采购、库存、库存控制、利润计算等。

(2) 纵向综合。纵向综合是指把属于不同层次的管理数据按职能综合起来。例如,一个公司下属几个工厂,这个系统可以综合从工厂一级到公司一级的有关销售、生产、财务、物资等方面的数据分析,使从事生产数据的信息系统与从事处理策略计划的控制系统结合起来。这种结构对于多级组织及范围较广的公司特别有意义。纵向综合沟通了上下级之间的关系,便于决策者掌握情况,进行正确分析。

(3) 总的综合。总的综合是把组织中的数据按横向和纵向加以综合。一个组织中所有部分的决策和活动都是有内在联系的。因此,有进行总的综合的必要。总的综合可以形成一种完全一体化的系统结构,能够做到信息集中统一,程序模块共享,各子系统功能无缝集成。

对管理信息系统进行综合,可以了解到,管理信息系统是由各功能子系统组成的,每一个子系统又可以分为四个主要信息处理部分,即事务处理、作业控制、管理控制和战略规划。管理信息系统的每一个功能子系统都有自己的文件,还有为各个子系统公用的数据组成的数据库,由数据库系统进行管理。在系统中,除了为每个子系统专门设计的应用程序外,还有为多个职能部门服务的公用程序,有关的子系统都与这些公用程序连接。此外,还有为多个应用程序公用的分析与决策模型,这些公用程序构成了管理信息系统的模型库。

1.3.5 管理信息系统与环境

管理信息系统的应用离不开一定的环境和条件。环境是有关组织内外部各种因素的综合。这些因素对管理信息系统的应用有着相当大的影响,在一定程度上决定着管理信息系统应用的成败。

在组织的环境因素中,有些因素看起来相当重要,但实际上对管理信息系统应用可能影响甚微;而有些对管理信息系统应用起着至关重要作用的因素,则往往并不很明显。这些都要在系统规划、系统分析时认真分析。

1. 生产过程的特征

管理信息系统的特点之一,是信息技术与管理手段、思想和方法的结合。以工业企业为例,不同的企业有着不同的生产特征和千差万别的内外部环境,因而要求采用不同的管理方法。

产品性质、结构复杂程度和批量不同的工业企业,其生产过程的特点不同,进而造成管理方法上的差异。一般将工业企业分为三类。

(1) 采掘业。采掘业是指从自然资源得到物料进行生产加工的过程。如采矿、采煤、石油工业。这类生产一般需要较高投入,管理的重点一般为物料储运等。

(2) 冶炼业。冶炼业是指直接对采掘工业的产品进行加工,它是改变物料的物理化学特性的生产过程。这类生产一般是流程式生产,受生产设备专用性限制,灵活性较小。在这类生产管理中,物料的储运和管理仍然十分重要。一些现代化的管理理论与方法,如线性规划、网络计划等,经实践检验,对这类企业的管理非常有效。

(3) 制造业。制造业是对经过加工的资源进行加工,以改变物料的物理形式的过程。典型的制造业是机械零件的加工和装配。制造业中各类企业数量多,产品品种结构复杂,因而对生产过程的计划和管理也是最复杂的,所以,它一直是生产与库存管理讨论的重点。

由于不同的生产特征决定着企业开发应用管理信息系统时应当贯彻的管理思想,因而必须在系统总体规划之前进行认真分析,才能保证系统对企业的生产经营活动进行有效管理。

2. 组织规模

组织规模是管理信息系统环境中最重要的因素之一。组织的规模决定着管理信息系统应用的目标和规模，因而，在管理信息系统建设上，根据组织规模确定系统的规模和目标是系统分析人员的首要任务。

组织规模即组织的大小。规模大小不同的组织在应用管理信息系统时各有其特点，在系统应用之前就必须认真分析。影响因素可概括如下。

（1）系统开发投资方面，规模小的组织限制较多，风险承受能力较小，投资一般比较慎重；而规模大的组织资金投入渠道较多，承受风险和消化风险的能力较强。

（2）系统复杂程度方面，规模小的组织相对简单，开发周期一般较短，但由于投入能力的制约，往往以牺牲系统的性能为代价，换取系统尽快应用；而规模较大的组织在系统的性能方面和复杂程度方面要突出得多，一般的开发周期也要长得多。

不能简单地认为，规模小的组织应用管理信息系统就容易，规模大的组织应用管理信息系统就困难，正确的态度是把组织的规模作为一个重要的因素加以考虑，结合组织的实际情况，开发出满足组织需要的、具有先进性和合理性的管理信息系统。

3. 管理的规范化程度

管理的规范化是管理组织、过程等的科学性的要求。管理的规范化程度受企业规模的影响较为明显。规模大的组织由于管理的要求、机构较为完备，管理活动也较为规范；而规模小的组织的管理往往集中在高层领导手中，各部门之间缺乏制度化的联系，领导决策有很大的主观性、随意性。

管理信息系统是对一个组织管理的全过程进行管理的人机系统，自动化程度高，它的成功应用必须以规范的管理模式为基础，因而在系统开发之前，就必须对不规范的管理进行规范化，对于小组织尤其如此。

很多管理信息系统开发失败的原因就在于没有认识到这个问题的重要性。对需要应用管理信息系统提高管理效率的组织而言，把开发应用管理信息系统作为规范管理、提高效率的契机，无疑比系统开发本身更具意义。

4. 组织的系统性

与组织的规模、管理的规范化程度一样，组织的系统性是管理信息系统应用中的又一重要环境因素，在一定程度上决定着管理信息系统的成败。

组织的管理是一个复杂的系统，可以把组织看作一个人工系统。与其他人工系统不同的是，很多组织都是未经充分规划而创建的，或者虽经规划，但随着外部环境的变化，组织结构等经过多次调整，系统结构早已发生变化，成了一个不可捉摸的"黑匣子"，可以观察到系统输入和输出，但无法了解其内部工作过程，甚至管理人员也无法清楚地说明管理过程。这种系统既无法进行精确定义和理解，也无法进行量化分析。

一个系统性的组织的管理过程是系统化的，可以准确描述和量化，能够产生与决策控制过程相关的数据。这样的系统，其管理和决策能够在各管理环节的支持下准确进行。

除上述因素外，其他因素，例如，如何获得系统所需的物资和人力资源，组织内部对管理信息系统理解和认识程度、决策技术及系统的软硬件水平、人的素质等，都对管理信息系统的应用有着举足轻重的重要影响。在管理信息系统规划之前，必须对影响系统应用的环境因素认真分析，找出影响系统成功的关键因素，使组织的管理工作走上规范化、现代化的轨道，为管理信息系统的应用铺平道路。

5. 信息处理与人

管理决策是一种非常复杂的活动，既有结构化的也有非结构化的。结构化决策是指那些可以利用一定的规章或公式解决的决策；非结构化决策则没有公式可依，甚至无章可循，更多地依赖于人对事物的洞察和判断，依赖于人的经验，更倾向于"艺术"。

由于决策问题的性质不同，解决的方式也不一样。管理信息系统是解决结构化决策问题的现代化手段，可以提供快速、准确的决策。在现代管理中，更重要的是非结构化决策，因而在信息处理过程中，必须充分吸收人的经验和智慧，把计算机与人结合起来，充分发挥人的智慧和计算机的特长。

在信息处理中，人的长处如下。

（1）能够根据经验和大量知识进行模糊推理。

（2）善于处理各种与人有关的问题。

在信息处理中，计算机的优势如下。

（1）能保存大量的历史数据，并进行筛选、分析。

（2）能够仿真应用环境和真实的管理系统。

（3）产生各种方案的可行解，自动淘汰非优解。

因此，在信息处理中，要充分考虑人既是系统的使用者，又是系统的组成部分的特点，努力保持人和机器的和谐，这样才能设计出真正优秀的信息系统。

人机和谐主要应从以下几方面着手。

（1）人性化界面。信息系统作为一个人机交互系统，界面的人性化设计应当使系统的使用者在应用信息系统时，感到得心应手，有助于准确解决管理中的各种问题。

（2）人与机器的合理分工。在系统中，对人与计算机进行合理分工，消除对计算机的不切实际的幻想——以为计算机可以代替人的一切劳动，从而在烦琐的日常业务处理中更好地应用计算机。

（3）终端用户的计算能力。用户通过计算机终端使用各种功能强大的软件存取数据、开发模型，并直接进行信息处理，从而由信息资源的集中处理与控制向着支持用户自己控制、开发和运行的方式过渡。

信息处理与人的关系还表现在系统开发和应用的过程中。由于管理信息系统的应用必然会对组织的管理方法进行一些改变，对管理机构作出适当调整，管理人员在手工方式下积累起来的有效经验可能会失去作用，因而有些人对新系统的应用有时产生自觉或不自觉的抵触情绪，在开发过程中不能给予开发人员有效的配合，在系统完成后，又不能创造性地应用管理信息系统解决组织管理中存在的问题，往往导致系统应用失败。因而，对各类人员进行计算机技术和现代管理方法的培训应当是系统开发的重要内容。

1.3.6 管理信息系统的分类

管理信息系统是一个广泛的概念，至今尚无明确的分类方法。由于管理信息系统的功能、目标、特点和服务对象不同，从层次上可以分为业务信息系统、管理信息系统和决策支持系统。从系统的功能和服务对象上，可分为国家经济信息系统、生产企业管理信息系统、商业企业管理信息系统、事务型管理信息系统、办公自动化管理信息系统和专业型管理信息系统等。根据我国管理信息系统应用的实际情况和管理信息系统服务对象的不同，分别介绍如下。

1. 事务型管理信息系统

事务处理是指在一个组织中日常发生的因工作需要所产生的业务处理活动。组织中所有基层的、与外界交往所发生的各种业务活动就是这里所说的"事务"。

在手工信息处理阶段，事务处理就是对组织中的事务活动进行记录、修改、文档化、归纳、存档等处理。随着计算机技术的应用，这些业务活动逐渐地被在计算机上的处理所代替，这就产生了事务处理系统。事务处理系统的任务就是将手工信息处理过程计算机化，用计算机对组织中的事务处理活动进行记录、传输、修改、统计、分类、汇总、出报表等处理。

事务处理系统的特点主要表现在能够迅速有效地处理大量的数据输入、输出；能够进行严格的数据编辑，保证记录的正确性和时效性；能够通过审计以保证所有输入数据、处理程序和输出数据是完整的、准确的、有效的。

事务型管理信息系统面向事业单位，主要进行日常事务的处理，如医院管理信息系统、饭店管理信息系统、学校管理信息系统等。由于不同应用单位处理的事务不同，这些管理信息系统逻辑模型也不尽相同，但基本处理对象都是管理事务信息，决策工作相对较少，因而要求系统具有很高的实时性和数据处理能力。

2. 企业管理信息系统

企业管理信息系统是指企业充分利用计算机技术、网络技术和数据库技术等实现对企业进行全面、系统的科学管理的计算机系统。企业管理信息系统面向工厂、企业，主要进行管理信息的加工处理，一般应具备对工厂生产监控、预测和决策支持功能。

企业复杂的管理活动给管理信息系统提供了典型的应用环境和广阔的应用舞台，大型企业的管理信息系统都很复杂，人、财、物、产、供、销及质量、技术应有尽有，同时技术要求也很复杂，因而常被作为典型的管理信息系统进行研究。

3. 办公自动化管理信息系统

办公自动化系统是随着微型计算机技术和计算机网络技术的发展而逐步发展起来的，它是利用先进的信息处理技术与设备，与办公人员一起构成的服务于某种目的的人—机信息处理系统。是一个以技术和自动化的办公设备（包括软、硬件设备）为主的系统，而有关各种科学管理方法和模型方面的内容较少。

办公自动化系统一般包括以下几个方面的功能。

（1）文档管理。文档管理主要包括收发文管理、文件催办、电子批复、文件归档等。具体操作包括文件的登录、检索、修改、删除、备份、打印和文件分类统计等。

（2）日常办公事务。日常办公事务主要包括来访、出差、会务和日程安排、公车管理、计划编制、文件资料的出版等。

（3）个人办公。个人办公主要包括文字处理、电子报表、电子邮件、传真与电话、视频点播、网上浏览、日程安排等。

（4）办公流程管理。办公流程管理主要包括支持各部门之间的协同工作，跟踪与监督每一工作环节，定期汇总并产生工作记录等。

4. 专业型管理信息系统

专业型管理信息系统指特定行业或领域的管理信息系统,如人口管理信息系统、材料管理信息系统、科技人才管理信息系统、房地产管理信息系统等。这类信息系统专业性很强,信息相对专业,主要功能是收集、存储、加工、预测等,技术相对简单,规模一般较大。另一类专业性很强的管理信息系统如铁路运输管理信息系统、电力建设管理信息系统、银行信息系统、民航信息系统、邮电信息系统等,其特点是综合性很强,包含了上述各种管理信息系统的特点,也称为"综合型"信息系统。

5. 国家经济信息系统

国家经济信息系统是一个包含各综合统计部门在内的国家级信息系统。这个系统纵向联系各省市、地市、各县直至各重点企业的经济信息系统;横向联系外贸、能源、交通等各行业信息系统,形成一个纵横交错、覆盖全国的综合经济信息系统。国家经济信息系统由国家经济信息中心主持,在"统一领导、统一规划、统一信息标准"的原则下,按"审慎论证、积极试点、分批实施、逐步完善"的十六字方针边建设、边发挥效益。

1.4 管理信息系统的技术基础

管理信息系统是一个社会系统,更是一个技术系统,因此,开发管理信息系统必须具备相关的技术知识。管理信息系统的技术包括计算机系统、数据库技术和计算机网络技术等几个方面的内容。

1.4.1 计算机系统

管理信息系统是基于计算机的人机系统,计算机系统是管理信息系统赖以生存的物理环境,没有计算机系统,管理信息系统的开发、运行、维护都将无法进行。

一个完整的计算机系统包括计算机硬件系统和计算机软件系统两部分。计算机硬件是机器的可见部分,是计算机系统工作的基础。计算机软件帮助用户使用硬件以完成数据的输入、处理、输出及存储等活动。具体内容包括:计算机硬件系统;计算机系统软件;计算机应用软件。

1.4.2 数据库技术

管理信息系统是提供信息、辅助人们对环境进行控制和进行决策的系统。数据库是管理信息系统的核心和基础,它把管理信息系统中大量的数据按一定的模型组织起来,提供存储、维护、检索等功能,使管理信息系统可以方便、及时、准确地从数据库中获得所需信息。因此,只有全面了解和掌握数据库的基本概念和设计方法,才能开发出完善而高效的管理信息系统。数据库技术是管理信息系统开发和建设的重要组成部分。数据库技术包括以下内容。

(1) 数据库系统的组成。
(2) 数据库系统的三级模式结构。
　① 数据库系统的三级模式。
　② 数据库系统的二级映像。

(3) 数据模型。
　　① 层次数据模型。
　　② 网状数据模型。
　　③ 关系数据模型。
　　④ 面向对象数据模型。
(4) 数据库的设计。
　　① 实体－联系（E-R）模型。
　　② 规范化理论。
(5) 数据的安全。

1.4.3　数据通信技术与计算机网络技术

数据通信技术和计算机网络技术是管理信息系统赖以存在的物理环境基础技术，在信息迅猛发展的今天，可以说，没有数据通信技术和计算机网络技术就没有管理信息系统。所以，要开发与建设高效的管理信息系统，必须掌握数据通信技术和计算机网络技术的基本概念、重点内容，具体如下：

(1) 数据通信的基本概念；
(2) 数据通信系统的组成；
(3) 数据通信的基本形式和过程；
(4) 计算机网络的基本概念；
(5) 计算机网络的分类；
(6) 计算机网络的体系结构；
(7) 计算机网络的软件系统。

本章小结

本章主要讲述了与管理信息系统相关的一些概念和管理信息系统的开发方法，包括管理信息系统的发展历程、基本结构、与其他学科的关系、开发方式的选择、开发涉及的主要问题等内容。

通过本章的学习，应该理解与管理信息系统相关的一些概念，如信息、系统、信息系统等，在这些概念的基础上，才能更好地理解管理信息系统的概念。管理信息系统经历了由单机到网络，由低级到高级，由电子数据处理到管理信息系统、再到决策支持系统、智能处理系统的过程。

管理信息系统主要有概念结构、层次结构、功能结构及软件结构等，其中概念结构由信息源、信息处理器、信息用户、信息存储器和信息管理者组成；层次结构包括作业管理层、战术管理层和战略管理层；功能结构包括市场销售、生产管理、后勤管理、人事管理、财务管理等内容；软件结构是在纵向上把不同层次的管理业务按职能综合起来，横向上把同一层次的各种职能综合在一起，做到信息集中统一，程序模块共享，各子系统功能无缝集成的结构。

习题

1. **填空题**

(1) 信息系统包括_____和_____两个方面。

(2) 作业信息系统由_____、_____和_____三部分构成。

(3) 决策过程可分为_____、_____、_____和_____四个阶段。

(4) 管理信息系统的技术基础包括_____、_____和_____。

2. **选择题**

(1) 近年来，与物质和能源一起成为人类赖以生存和发展的重要资源是（   ）。
  A. 信息　　　　　B. 战略　　　　　C. 决策　　　　　D. 数据库

(2) 从大量的数据和信息中选取或抽取所需信息，是信息处理中的（   ）过程。
  A. 信息收集　　　B. 信息存储　　　C. 信息加工　　　D. 信息使用

(3) 关于信息和数据的说法，正确的是（   ）。
  A. 信息是对客观事实的描述　　　　B. 字符文字图形等符号都是信息
  C. 信息加工后成为对人们有用的数据　D. 数据是对客观事实的描述

(4) 信息量的大小取决于信息内容消除人们认识的（   ）。
  A. 不真实的程度　　　　　　　　　B. 不可靠程度
  C. 不确定程度　　　　　　　　　　D. 不精确程度

(5) 按照系统论的一般原理，系统具有（   ）。
  A. 目的性、整体性、相关性、环境适用性等特征
  B. 目的性、整体性、有效性、环境适用性等特征
  C. 目的性、有效性、相关性、环境适用性等特征
  D. 有效性、整体性、相关性、环境适用性等特征

(6) 管理信息系统主要解决（   ）问题。
  A. 结构化问题　　　　　　　　　　B. 半结构化问题
  C. 非结构化问题　　　　　　　　　D. 上述三种

(7) 决策的基础是（   ）。
  A. 管理者　　　　B. 客户　　　　　C. 信息　　　　　D. 规章制度

(8) 就企业数据加工过程而言，数据处理结果的服务对象是（   ）。
  A. 一般需要　　　B. 特定需要　　　C. 管理需要　　　D. 决策需要

(9) 二次信息选择的关键问题是（   ）。
  A. 目的性和正确性　　　　　　　　B. 有效性和正确性
  C. 有效性和目的性　　　　　　　　D. 有效性、目的性和正确性

(10) 在管理信息的处理要求中，信息的生命是（   ）。
  A. 及时　　　　　B. 正确　　　　　C. 适用　　　　　D. 经济

(11) 信息集中存储，存储问题比较容易解决，但大大地增加了信息的（   ）
  A. 管理负荷　　　B. 一致性问题　　C. 传递负担　　　D. 工作强度

(12) 下列信息中属于战术层的是（   ）。
  A. 成本核算　　　　　　　　　　　B. 市场竞争信息

C. 各种定期报告 D. 国民经济形势

(13) 系统开发的成功与否取决于是否（　　）。
　　A. 操作便利　　　　　　　　B. 符合用户需要
　　C. 技术先进　　　　　　　　D. 节约资金

(14) 从管理信息系统学科本身的特点及其与其他学科关系上看，你认为与信息系统最为贴切的词是（　　）。
　　A. 基础科学　　B. 技术科学　　C. 社会科学　　D. 系统科学

3. 简答题

(1) 什么是数据？什么是信息？说明数据与信息之间的区别与联系。
(2) 简述信息的分类和特征。
(3) 如何衡量信息量的大小？
(4) 什么是系统？系统如何分类？说明系统的特征。
(5) 什么是信息系统？信息系统有哪几种类型？
(6) 信息系统经历了哪几个发展阶段？各阶段的特点如何？
(7) 简述信息系统与管理的关系。
(8) 简述决策问题的类型及特点。
(9) 什么是管理信息系统？简述管理信息系统的特点。
(10) 简述管理信息系统的概念结构。
(11) 简述管理信息系统与环境的关系。

第 2 章 管理信息系统的开发方法

管理信息系统的开发是一项复杂的系统工程。它涉及的知识领域广泛，牵涉的单位部门众多，需要在计算机技术、管理业务、组织及行为等方面全面把握。可以采用的系统开发方法也较多，每种方法都有自己的适应范围，不能简单地说哪种方法最好或明显比其他方法优越；另外，至今也未出现一种完全行之有效的、能够独立进行系统开发并能很好完成系统开发的方法，往往各种方法会在系统开发的不同侧面和不同阶段为信息系统的开发提供有效益的帮助或明显提高开发质量及效率。因此，不能对开发人员硬性规定必须采用何种方法从事系统的开发工作，而只能因地制宜，具体问题具体分析。

目前，比较常用的系统开发方法有：结构化系统开发方法、原型法、面向对象开发方法、计算机辅助软件工程方法等。本章主要介绍上述几种方法的基本概念、思想、过程及特点。

2.1 结构化系统开发方法

结构化系统开发方法，也称为 SSA&D 方法（Structured System Analysis and Design）或 SADT（Structured Analysis and Design Technology），是自顶向下的结构化方法、工程化的系统开发方法和生命周期方法结合的产物，是至今为止所有开发方法中应用最广泛、最成熟的系统开发技术。

1. 结构化系统开发方法的基本思想

结构化系统开发方法的基本思想是：采用结构化思想、系统工程的观点和工程化的方法，按照用户至上的原则，先将整个系统作为一个大模块，自顶向下，以模块化结构设计技术进行模块分解，然后，再自底向上按照系统的结构将各个模块进行组合，最终实现系统的开发。

2. 结构化系统开发方法开发过程

结构化系统开发方法的开发过程是将整个信息系统开发过程按照生命周期（Life Cycle）划分为系统规划、系统分析、系统设计、系统实施和系统运行与维护五个相对独立的开发阶段。

（1）系统规划。系统规划是信息系统生命周期的第一个阶段，是管理信息系统的概念形成时期，这一阶段的主要目标是制定管理信息系统的长远发展方案，决定管理信息系统在整个生命周期中的发展方向、规模和发展进程。

（2）系统分析。系统分析以系统规划中提出的系统目标为出发点，首先经过初步的系统调查，对开发新系统的可行性进行论证，将可行性论证的结果以可行性分析报告的形式呈交给有关领导审阅、批准。如果领导认为可行性分析报告中的论证是正确的，有必要开发新系统，则进入系统详细调查（业务流程调查和数据流程调查）和系统化分析阶段，提出新系统逻辑方案。

（3）系统设计。系统设计是在新系统逻辑方案的基础上进行系统物理模型的设计，解决系统"怎么做"的问题。其主要内容包括系统总体结构设计、代码设计、数据库(文件)设计、输入/输出设计、模块结构与功能设计。

(4) 系统实施。系统实施阶段的主要内容包括程序设计(由程序员执行)和人员培训(由系统分析设计人员培训业务人员和操作员),以及数据准备(由业务人员完成),然后投入试运行。

(5) 系统运行与维护。系统运行与维护阶段进行系统的日常运行管理、维护工作,在出现不可调和的大问题时,进一步提出开发新系统的请求,老系统生命周期结束,新系统诞生,构成系统的一个生命周期。

利用结构化系统开发方法开发管理信息系统的工作步骤如图2-1所示。

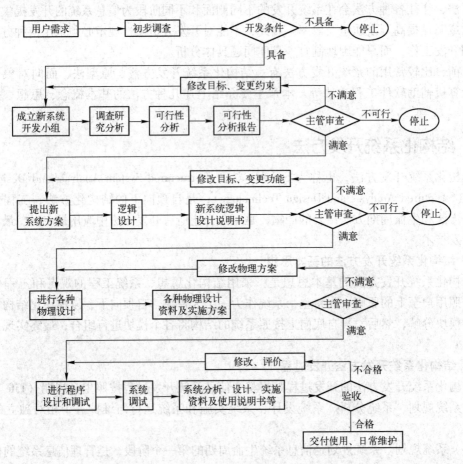

图2-1 结构化系统开发方法的工作步骤

3. 结构化系统开发方法的优缺点

结构化系统开发方法强调严格按照系统开发的生命周期进行新系统开发,适用于大型的、复杂的信息系统开发。

结构化系统开发方法具有以下优点。

(1) 严格区分系统开发的各个阶段。把整个开发过程划分为若干工作阶段,每一个阶段有明确的任务和目标、预期达到的工作成效,以便计划和控制进度,协调各方面的工作。前一阶段的工作成果是后一阶段的工作依据。

（2）自顶向下的分析与设计和自底向上逐步实施相结合。在系统规划、分析与设计时，从全局考虑，自顶向下地工作；在系统实施阶段则根据设计的要求，先编制一个个具体的功能模块，然后自底向上逐步实现整个系统的开发。

（3）用户至上。用户至上是影响系统成败的关键因素，整个开发过程中，要面向用户，充分了解用户的需求与愿望。

（4）符合实际，客观性和科学化。即强调在设计系统之前，深入实际，详细地调查研究，努力弄清实际业务处理过程的每一个细节，通过分析研究，制定科学合理的新系统开发方案。

（5）充分预料可能发生的变化。如环境变化、内部处理模式变化、用户需求发生变化。

（6）系统开发过程工程化、文档资料标准化。要求开发过程的每一步都要按工程标准规范化，阶段性成果采用标准化、规范化的格式和术语、图表等形式组织文档，便于系统开发人员和用户的交流。

结构化系统开发方法具有以下缺点。

（1）系统开发周期过长。由于系统开发过程中附带每个阶段的中间结果总结，必然导致系统开发时间的延长。

（2）过于理想化。许多系统的建设，往往是在开发过程中逐步明确和完善的，因此，要求在开发之初全面认识系统的信息需求，充分预料各种可能发生的变化，这是不现实的。

2.2 原型法

原型法（Prototyping）也称渐进法或迭代法，是随着计算机软件技术的发展，特别是在关系数据库、第四代程序设计语言和各种系统开发环境产生的基础上，提出的一种从设计思想、工具、手段都全新的系统开发方法。与结构化系统开发方法不同，原型法不注重对信息系统全面、系统的详细调查与分析，而是根据系统开发人员对用户需求的理解，先快速地实现一个原型系统，然后通过反复修改来实现信息系统。原型法适合于处理过程明确、简单的小型系统。

1. 原型法的基本思想

运用原型法开发管理信息系统时，首先，系统开发人员根据对用户需求的理解与用户共同确定系统的基本要求和主要功能；接着，由系统开发人员利用软件工具，快速开发出一个满足用户需求的初始系统原型并运行之；然后，开发人员与用户一起针对原型系统的运行情况反复协商修改；最后，形成完全满足用户需求的管理信息系统。在形成系统原型时，原型应当具备以下基本特点。

（1）实际可行。原型不是抽象的系统结构模型或理论设计模型，而是可以实际运行的软件系统。

（2）具有最终系统的基本特征。原型是形成最终系统的基础，通过不断丰富其功能，最终形成实际的管理信息系统产品。

（3）构造方便、快速，造价低。

2. 原型法的开发过程

原型法开发信息系统的工作过程包括以下几个阶段：

(1) 确定系统的基本要求和功能；
(2) 构造初始原型；
(3) 运行、评价、修改原型；
(4) 确定最终信息系统。

原型法的开发过程如图 2-2 所示。

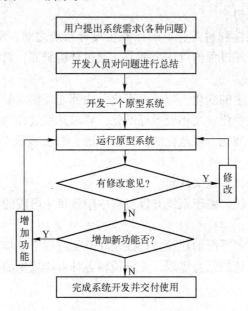

图 2-2　原型法的开发过程

3. 原型法的优点

与结构化系统开发方法相比，原型法具有如下几个方面的优点。

(1) 有利于对问题的认识。原型法遵循了人们认识事物的客观规律，因而容易掌握和接受。这是由于人们认识事物不可能一次完全了解，并把工作做得尽善尽美；认识和学习的过程都是循序渐进的；对于事物的描述，往往受环境的启发而不断完善；从一个已有的实际系统发现问题，比凭空描述自己的设想容易得多，改进一些事物比创造一些事物容易得多。

(2) 便于用户和开发人员之间的沟通。原型法将模拟的手段引入系统分析的初始阶段，沟通了人们（用户和开发人员）的思想，缩短了用户和系统分析人员之间的距离，从而解决了结构化方法中最难以解决的问题。这是由于所有问题的讨论都是围绕某一个确定的原型进行，彼此之间不存在误解和答非所问的可能性，为准确认识问题创造了条件。

(3) 降低了系统开发的风险。原型法能够及早地暴露出系统实现后存在的问题，促使人们在系统实现之前就及时加以解决，降低了系统开发的风险。

(4) 能够启发用户需求。通过原型，能够启发人们对原来想不起来或不易准确描述的问题有一个比较确切的描述，用户在不断深入系统的过程中得到启发，提出新的系统需求。

(5) 提高了系统开发的效率。原型法强调软件工具支持，充分利用最新的软件工具，摆脱了传统的方法，使系统开发的时间、费用大幅度的减少，效率、技术等方面都大幅度的提高。

4. 原型法的缺点

原型法也存在着明显的缺点，具体表现如下。

（1）与结构化系统开发相比，原型法不够成熟，不利于控制和管理，对软件开发工具依赖性强。

（2）原型法系统开发过程中，由于缺乏对系统全面、细致的分析，可能导致系统质量不高，从而增加系统维护的代价。

2.3 面向对象开发方法

面向对象（Object Oriented）开发方法是由面向对象程序设计方法（Object Oriented Programming, OOP）发展而来的。它以类、对象、继承、消息传递等概念描述客观事物及其联系，与传统的面向数据的思想完全不同，为管理信息系统开发提供了全新的思维。

1. 面向对象方法的基本概念

（1）对象。对象是行动或思考时作为目标的人或事物。广义地讲，对象可以是任何的人或事物。面向对象开发方法认为，客观世界是由各种各样的对象组成的，每种对象都有各自的内部状态和运动规律，不同对象之间的相互作用和联系就构成了各种不同的系统。当设计和实现一个客观系统时，在满足需求的条件下，把系统设计成由一些不可变的（相对固定）部分组成的集合，这些不可变的部分就是所谓的对象。

（2）对象的特征。对象是面向对象开发方法的主体，对象的基本特征如下。

- 封装性。面向对象开发方法中，对象是被严格模块化的、一个个独立存在的实体。对一个对象来说，从外部可以了解它的功能，但其内部细节是"隐蔽"的，它不受外界干扰。所以对象之间的相互依赖性很小，可以独立地被其他各个系统所选用，这就是所谓的封装性。
- 抽象性。面向对象开发方法中，把从具有共同性质的实体中抽象出的事物本质特征概念，称为"类（Class）"，对象是类的一个实例。类中封装了对象共有的属性和方法，通过实例化一个类创建的对象，自动具有类中规定的属性和方法。
- 继承性。继承性是类特有的性质，类可以派生出子类，子类自动继承其父类的属性与方法。这样，在定义子类时，只需说明它不同于父类的特性，从而可大大提高软件的可重用性。
- 多态性。对象的多态性特征表现在各对象之间的操作、消息传递等方面。对象的多态性使不同的对象能够做相同的操作，对不同的对象发送相同的消息，所以，对象的多态性增强了软件的灵活性、可重用性和可理解性。

2. 面向对象系统开发方法的过程

用面向对象方法开发管理信息系统，包括以下几个阶段。

（1）系统调查和需求分析。系统调查和需求分析就是对系统将要面临的具体管理问题及用户对系统开发的需求进行调查研究，明确系统目标和功能，即弄清系统要"干什么"的问题。

（2）问题分析和求解。问题分析和求解是指从繁杂的问题域中抽象地识别出对象及其行为、结构、属性、方法等。一般称之为面向对象的分析，即OOA。

（3）整理问题。整理问题是指对分析的结果作进一步的抽象、归类、整理，并最终以范式的形式将其确定下来。一般称之为面向对象的设计,即 OOD。

(4) 程序实现。程序实现就是用面向对象的程序设计语言将上一步整理的范式直接映射(即直接用程序设计语言来取代)为应用软件。一般称之为面向对象的程序,即 OOP。

3. 面向对象系统开发方法的优缺点

(1) 面向对象开发方法的优点。面向对象开发方法以对象为基础,利用特定的软件工具直接完成从对象客体的描述到软件结构之间的转换。面向对象方法的应用解决了传统的结构化开发方法中客观世界描述工具与软件结构不一致的问题,缩短了开发周期,解决了从分析和设计到软件模块结构之间多次转换映射的繁杂过程。

(2) 面向对象开发方法的缺点。面向对象开发方法需要一定的软件基础支持才可以应用,它是一种自底向上的系统开发方法,对大型信息系统的开发会造成系统结构不合理、各部分关系失调等问题。

2.4 计算机辅助软件工程方法

计算机辅助软件工程(Computer Aided Software Engineering,CASE),是指用来支持 MIS 开发的由各种计算机辅助软件和工具组成的大型综合软件开发环境,随着各种工具和软件技术的产生、发展、完善和不断集成,逐步由单纯的辅助开发工具环境转化为一种相对独立的方法。

1. CASE 方法的基本思想

CASE 是一种自动化或半自动化的方法,能够全面支持除系统调查外的每一个开发步骤。严格地讲,CASE 只是一种开发环境而不是一种开发方法。它是 20 世纪 80 年代末从计算机辅助编程工具、第四代语言(4GL)及绘图工具发展而来的。目前,CASE 仍是一个发展中的概念,各种 CASE 软件也较多,没有统一的模式和标准。采用 CASE 工具进行系统开发,必须结合一种具体的开发方法,如结构化系统开发方法、面向对象开发方法或原型法等,CASE 方法只是为具体的开发方法提供了支持每一过程的专门工具。因而,CASE 工具实际上把原先由手工完成的开发过程转变为以自动化工具和支撑环境支持的自动化开发过程。CASE 方法具有下列特点。

(1) 解决了从客观对象到软件系统的映射问题,支持系统开发的全过程。
(2) 提高了软件质量和软件重用性。
(3) 加快了软件开发速度。
(4) 简化了软件开发的管理和维护。
(5) 自动生成开发过程中的各种软件文档。

现在,CASE 中集成了多种工具,这些工具既可以单独使用,也可以组合使用。CASE 的概念也由一种具体的工具发展成为开发信息系统的方法学。

2. CASE 开发环境

CASE 作为一个通用的软件支持环境,它应能支持软件开发过程的全部技术工作及其管理工作。下面以目前较为流行的软件开发环境 Rational 为例介绍 CASE 的开发环境。

Rational 提供了一个理想的软件开发环境,它集成了软件工程的最佳经验、工具及服务。软件中包括解决方案、需求管理、可视化建模、软件测试、配置管理、流程指南、文档生成等功能。表 2-1 显示了各功能常用的软件产品及其特点。

表 2-1　Rational 各功能常用的软件产品及其特点

功　能	产品名称	主　要　特　点
解决方案	Rational Suite AnalystStudio	● 通过提供同一种工具和建模符号来整合业务建模、应用建模和数据建模，以利团队间的沟通交流 ● 获取和管理变化的需求，使所有人的工作自始至终不偏离正确轨道 ● 充分利用用例的强大功能，以确保在定义、开发和部署系统的过程中时刻牢记客户的需求 ● 通过一套通用的团队统一的工具，使分析人员与团队其他成员保持统一
需求管理	Rational Requisitpro	● 结合熟悉易用的 Microsoft Word 文档与强大的数据库功能，以便更加有效地进行需求管理 ● 帮助理解变更带来的影响，以便更好地管理变更 ● 跨工具和团队集成需求，以确保每个人都能了解最新的需求信息
可视化建模	Rational Rose	● 通过使所有的团队成员独立开发、协作沟通和交付更好的软件来统一开发团队 ● 建立稳定、有弹性、基于构件的系统构架，以可控、可管理、可确认的方式进行开发，从而降低成本，加快面市的速度 ● 一个无缝集成所有领先的 IDE 与最新技术的工具即可满足所有技术需要，最大化开发工作的速度和简便性
管理配置	Rational ClearCase	● 提供版本控制、工作空间管理、构建管理和流程可配置性 ● 支持并行开发，甚至可以跨越相互分离的地理区域 ● 与 IBM ® Rational ® ClearQuest ® 无缝集成，使缺陷和变更跟踪成为监控变更的一部分 ● 支持统一变更管理——Rational 管理变更的最佳经验 ● 很强的可扩展性，支持小型项目团队直至全球性的大企业 ● 提供高级构建审计 ● 版本化所有开发工件 ● 为全球数据存取提供透明的工作空间 ● 为项目工作组提供可靠的入门级版本控制 ● 为通用数据存取提供 Web 接口 ● 具备流程可配置性，无须高开销的定制 ● 使用图形界面，使你更容易集中精力于高优先级任务 ● 包含在 IBM ® Rational Suite ® 中 ● 与主导的 IDE 和开发工具集成 ● 与流行的 Web 开发和制作工具集成
流程指南	Rational Unified Process	● 公用方法可促进团队沟通、提高项目可预测性、帮助你改进管理和减少风险 ● 工件模板、工具帮助、在线用户社区等可以帮助你迅速启动项目和执行流程 ● 个性化的项目视图可为团队的每位成员提供资源，这些资源是他们专注于提供工作软件所必需的 ● 易用的配置工具帮助你量身定做你的项目流程 ● 灵活的、可扩展的流程使你的项目更加灵敏地回应变更，更能够适应变更
软件测试	Test Expert	测试管理工具，能管理整个测试过程，从测试计划、测试例程、测试执行到测试报告
文档生成	Rational SoDA	● 文档制作过程自动化，节省时间和成本 ● 根据模板（template）编排文件，使文档格式标准化 ● 可按用户要求自定义文件模板，使用多种来源生成文档 ● 自动维持文档的一致性，大幅度节省人工维护的时间和成本 ● 渐增式（incremental）制作文档，缩短文件修改的时间 ● 极具弹性的文件制作功能，新版文件生成时，自动保留在原版本中直接编辑的图文 ● 提供模板制作向导，容易地制作文件模板 ● 与 Microsoft Word 紧密整合，模板和文件的制作均在 Word 上进行

以上对管理信息系统开发方法的分类只是大致的、不严密的分类。在实际系统开发过程中，往往根据具体需要，将多种方法进行组合应用，最终完成系统开发任务。

本章小结

管理信息系统的开发方法包括结构化系统开发方法、原型法、面向对象开发方法和 CASE 方法等几类。用结构化系统开发方法开发管理信息系统可分为五个阶段：系统规划、系统分析、系统设计、系统实施和系统运行与维护。用原型法开发管理信息系统，开发人员首先尽快建立一个简洁的功能模型作为原始系统，此时强调的是系统的建立速度，然后和用户一起针对原型系统的运行情况反复对它进行修改，直到用户满意为止。

习题

1. 填空题

(1) 开发管理信息系统的具体方法很多。通常将它们分为_____、_____、_____和_____等几大类。

(2) 用结构化系统开发方法开发管理信息系统可分为_____、_____和_____三个阶段。

(3) 面向对象开发方法具有_____、_____、_____和_____四个特点。

2. 选择题

(1) 对大型系统的开发应采用（   ）。
  A. 结构化开发方法 B. 原型法
  C. 面向对象开发方法 D. 三种方法的综合

(2) 下面关于结构化开发方法的说法不正确的是（   ）。
  A. 用户至上 B. 自底向上的分析和实施
  C. 深入调查研究 D. 严格划分工作阶段

(3) 最适合应用原型法开发的系统是（   ）。
  A. 用户需求较难定义、规模较小的系统
  B. 用户需求较明确、规模较大的系统
  C. 数据关系较复杂、数据量大的系统
  D. 运算关系较复杂、运算量大的系统

3. 简答题

(1) 简述结构化系统开发方法的基本思想、优缺点和适用场合。

(2) 简述原型法的基本思想、优缺点和适用场合。

第 3 章 管理信息系统的典型应用

信息系统与现代化管理思想及相关技术相结合，逐步产生了一系列用于不同领域的信息管理系统。例如，企业资源计划（ERP）、供应链管理（SCM）、客户关系管理（CRM）、电子商务（EC）、决策支持（DS）等系统。

3.1 企业资源计划系统

企业资源计划（Enterprise Resources Planning，ERP）系统是建立在信息技术基础上，以系统化的管理思想，为企业决策层及员工提供决策运行手段的管理平台。ERP 集信息技术与先进的管理思想于一身，成为现代企业的运行模式，反映时代对企业合理调配资源，最大化地创造社会财富的要求，成为企业在信息时代生存、发展的基石。

3.1.1 ERP 的产生

ERP 的形成大致经历了 4 个阶段，即基本 MRP 阶段、闭环 MRP 阶段、MRP Ⅱ 阶段和 ERP 的形成阶段。ERP 的形成是随着产品复杂性的增加、市场竞争的加剧及信息全球化而产生的。

1. 基本 MRP 阶段

基本 MRP 阶段，即物料需求计划（Material Requirements Planning，MRP）阶段。此阶段，企业的信息管理系统对产品构成进行管理，系统依据客户订单，按照产品结构清单制订物料需求计划，以达到减少库存、优化库存的管理目标。

基本 MRP 阶段是在产品结构的基础上，根据产品结构各层次物料的从属和数量关系，以每一个物料为计划对象，以完工日期为时间基准倒排计划，下达计划的时间按各个物料提前期长短的先后顺序进行。基本 MRP 可以回答要生产什么、要用到什么、已经有了什么、还缺什么和什么时候下达计划等问题。基本 MRP 可以用简单的逻辑流程图表示，如图 3-1 所示。

例如，以圆珠笔的生产为例，其产品结构层次如图 3-2 所示。假设圆珠笔生产加工周期如表 3-1 所示。

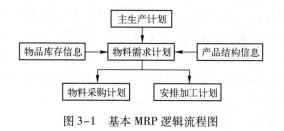

图 3-1　基本 MRP 逻辑流程图　　　　图 3-2　圆珠笔零部件的结构层次

表 3-1 产品的加工周期

物料名称	产品结构层次	构成数量	采购提前期/h	单件加工周期/h	总加工周期/h	总提前期/h
笔油墨	2	5 克	6	—	—	—
笔芯头	2	1 个	6	—	—	—
笔芯杆	2	1 个	8	—	—	—
笔芯	1	1 个	—	3	3	11
笔筒	1	1 个	8	—	—	—
笔帽	1	1 个	8	—	—	—
圆珠笔	0	1 个	—	5	8	16

根据图 3-2 和表 3-1，即可得出圆珠笔的加工时间顺序，如图 3-3 所示。

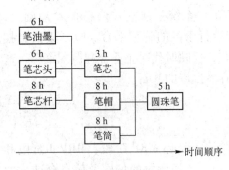

图 3-3 圆珠笔加工时间顺序

从表 3-1 和图 3-3 中可以看出，要完成该产品，必须提前 16 h 制订采购计划，也就是产品的总提前期为 16 h，但不是生产产品的工时。可以看出，由于产品各层次需求的时间不同，这就要求"在需要的时候"、"提供需要的数量"。

在基本 MRP 阶段，考虑了产品结构相关信息和库存相关信息，只说明了需求的先后顺序，没有说明是否有可能实现。实际生产中的条件是变化的，如企业的制造工艺、生产设备及生产规模都是发展变化的，基本 MRP 制订的采购计划可能受供应能力或运输能力的限制而无法保证物料的及时供应，因此利用基本 MRP 原理制订的生产计划、采购计划往往是不可行。随着市场的发展，20 世纪 80 年代初，在基本 MRP 的基础上发展形成了闭环 MRP 理论。

2. 闭环 MRP 阶段

闭环 MRP 理论认为主生产计划与物料需求计划（MRP）应该是可行的，即考虑能力的约束，或者对能力提出需求计划，在满足能力需求的前提下，才能保证物料需求有计划地执行和实现。在这种思想要求下，企业必须对投入与产出进行控制，也就是对企业的能力进行校验和执行。

整个闭环 MRP 的流程图如图 3-4 所示。

企业根据发展的需要与市场需求来制订企业生产计划；根据生产计划制订主生产计划，同时进行生产能力与负荷的分析。只有通过对该过程的分析，才能达到主生产计划基本可靠的要求。再根据主生产计划、企业的物料库存信息、产品结构清单等来制订物料需求计划；由物料需求计划、产品生产工艺路线和车间各加工工序能力数据，生成对能力的需求计划，通过平衡各个加工工序的能力，调整物料需求计划。如果这个阶段无法平衡能力，还有可能修改主生产计划；采购与车间作业按照平衡能力后的物料需求计划执行，并进行能力的控制，即输入输出控制，并根据作业执行结果反馈到计划层。因此，闭环 MRP 能较好地解决计划与控制的问题，是计划理论的一次大飞跃。

从图 3-4 可以看出，闭环 MRP 的特点如下。

（1）主生产计划来源于企业的生产经营计划与市场需求（如合同、订单等）。

(2) 主生产计划与物料需求计划的运行伴随着能力与负荷的运行,从而保证计划是可靠的。

(3) 采购与生产加工的作业计划与执行是物流的加工变化过程。

(4) 能力的执行情况最终反馈到计划制订层,整个过程是能力的不断平衡与调整的过程。

3. 制造资源计划(MRPⅡ)阶段

从闭环 MRP 的管理思想来看,它在生产计划领域中确实比较先进和实用,生产计划的控制也比较完善,主要反映了物流过程,但没有反映整个生产过程的资金流。在采购计划制订后,如果由于企业的资金短缺而无法按时完成,就会影响到整个生产计划的执行。因此 1977 年 9 月,美国著名生产管理专家 Oliver W. Wight 提出了一个新概念——制造资源计划(Manu-facturing Resource Planning,MRPⅡ)。

MRPⅡ对于制造业企业资源进行有效计划具有一整套方法。它是一个围绕企业的基本经营目标,以生产计划为主线,对企业制造的各种资源进行统一计划和控制的有效系统。MRPⅡ的逻辑流程图如图 3-5 所示。

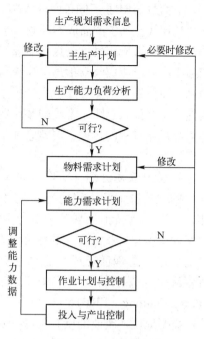

图 3-4 闭环 MRP 流程图

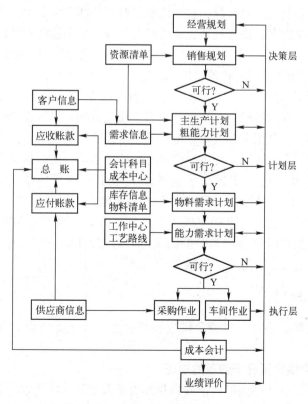

图 3-5 MRPⅡ逻辑流程图

下面对MRPⅡ不同于闭环MRP逻辑流程的部分加以描述。

MRPⅡ包括了产品成本和财务会计的功能。其采购作业根据采购单、供应商信息、收货单及入库单形成应付款信息（资金计划）；销售商品后，会根据客户信息、销售订单信息及产品出库单形成应收款信息（资金计划）；可根据采购作业成本、生产作业信息、产品结构信息、库存领料信息等产生生产成本信息；能把应付款信息、应收款信息、生产成本信息和其他信息等记入总账。产品的整个制造过程都伴随着资金流动的过程。通过对企业生产成本和资金运作过程的掌握，调整企业的生产经营规划和生产计划，因而得到更为可行、可靠的生产计划。

4. 企业资源计划（ERP）阶段

MRPⅡ系统已比较完善，应用也已相当普及，但其资源的概念始终局限于企业内部，在决策支持上主要集中在结构化决策问题。随着计算机网络技术的迅猛发展，20世纪80年代以来，统一的国际市场逐渐形成，面对国际化的市场环境，包括供应商在内的供应链管理已经成为企业生产经营管理的重要部分，MRPⅡ系统已无法满足企业对资源全面管理的要求。MRPⅡ逐渐发展成为新一代的企业资源规划（Enterprise Resource Planning，ERP）。

简要地说，企业的所有资源包括物流、资金流和信息流。ERP就是对这三种资源进行全面集成管理的管理信息系统。概括地说，ERP是建立在信息技术基础上，利用现代企业的先进管理思想，全面地集成了企业的所有资源信息，并为企业提供决策、计划、控制与经营业绩评估的全方位和系统化的管理平台。ERP系统是一种管理理论和管理思想，不仅仅是信息系统。它利用企业的所有资源，包括内部资源与外部市场资源，为企业制造产品或提供服务创造最优的解决方案，最终达到企业的经营目标。由于这种管理思想必须依附于计算机软件系统的运行，所以人们常把ERP当成一种软件，这是一种误解。要想理解与应用ERP系统，必须了解ERP的实际管理思想和理论。

ERP是从MRPⅡ发展而来的，它除了继承MRPⅡ的基本思想（制造、供销、财务）外，还大大地扩展了管理的模块，如多工厂管理、质量管理、设备管理、运输管理、分销资源管理、过程控制接口、数据采集接口、电子通信等模块。它融合了离散型企业和流程型企业生产的特点，扩大了管理范围，更加灵活地开展业务活动，实时地响应市场需求。它融合了多种现代化管理思想，进一步提高了企业的管理水平和竞争能力。因而ERP不是对MRPⅡ的否定，而是继承与发展。MRPⅡ的核心是物流，主线是计划。伴随着物流的过程，同时存在着资金流和信息流。ERP的主线也是计划，但ERP将重心转移到财务上，在企业整个经营过程中始终贯穿着财务成本控制的概念。总之，ERP极大地扩展了业务管理的范围及深度，包括质量、设备、分销、运输等。

3.1.2 ERP管理思想

ERP管理思想的核心是实现对整个供应链和企业内部业务流程的有效管理，主要体现在以下三个方面。

1. 体现在对整个供应链进行管理的思想

在知识经济时代，企业不能单独依靠自身的力量来参与市场竞争，企业的整个经营过程与整个供应链中的各个参与者都有紧密的联系。企业必须将供应商、制造厂商、分销商、客户等纳入一个衔接紧密的供应链中,这样才能合理有效地安排企业的产供销活动,才能满足企业利用全社会一切市场资源进行高效的生产经营的需求,以期进一步提高效率并在市场上赢得竞争优势。简而言之,现代企业的竞争不是单个企业间的竞争,而是一个企业供应链与另一个企业供应链的竞争。ERP实现了企业对整个供应链的管理,这正符合了企业竞争的要求。

2. 体现精益生产、同步工程和敏捷制造的思想

ERP支持混合型生产系统,其管理思想体现在两方面:一方面,表现在"精益生产(Lean Production,LP)",即企业按大批量生产方式组织生产时,纳入生产体系的客户、销售代理商、供应商及协作单位与企业的关系已不是简单的业务往来,而是一种利益共享的合作关系。基于这种合作关系,组成了企业的供应链,即精益生产的核心;另一方面,表现在"敏捷制造(Agile Manufacturing,AM)",即企业面临特定的市场和产品需求,在原有的合作伙伴不一定能够满足新产品开发生产的情况下,企业通过组织一个由特定供应商和销售渠道组成的短期或一次性的供应链,形成"虚拟工厂",把供应和协作单位看成企业组织的一部分,运用"同步工程(Simultaneous Engineering,SE)"组织生产,用最短的时间将产品打入市场,同时保持产品的高质量、多样化和灵活性。这就是"敏捷制造"的核心。

3. 体现事先计划和事中控制的思想

ERP的计划体系主要包括:主生产计划、物料需求计划、能力计划、采购计划、销售执行计划、利润计划、财务预算和人力资源计划等,并且这些计划功能和价值控制功能已经完全集成到了整个供应链中。ERP事先定义了事务处理的相关会计核算科目与核算方式,以便在事务处理发生的同时自动生产会计核算分录,从而保证了资金流与物流的同步记录和数据的一致性。从而可以根据财务资金的状况追溯资金的流向,也可追溯相关的业务活动,这样改变了以往资金流信息滞后于物料流信息的状况,便于实施事务处理进程中的控制与决策。此外,计划、事务处理、控制与决策功能,都要在整个供应链中实现。ERP要求每个流程业务过程最大限度地发挥人的工作积极性和责任心,因为流程与流程之间的衔接要求人与人之间的合作,这样才能使组织管理机构从塔式结构转向T形或菱形结构。扁平化的组织机构提高了企业对外部环境变化的响应速度。

3.1.3 ERP的主要模块

ERP一般包括销售管理、采购管理、库存管理、主生产计划、物料需求计划、能力需求计划、车间管理、质量管理、账务管理、成本管理、设备管理等模块。

1. 销售管理

销售管理帮助销售人员完成客户档案及信用管理、产品销售价格管理、销售订单(合同)管理、销售提货、服务管理及发票管理等一系列销售事务。为销售人员提供客户信用信息、产品订货情况及产品的销售情况和获利情况,指导企业生产经营活动顺利进行,提高企业的客户管理水平,使企业的市场适应能力加强,以便始终能在竞争中保持优势地位。

2. 采购管理

采购管理就是对采购业务过程进行组织、实施与控制的管理过程,采购业务包括以下5个过程,即接收物资需求或采购指示、选择供应商、下达订单、订单跟踪和验收货物。

3. 库存管理

库存管理是企业物料管理的核心，是指企业为了生产、销售等经营活动需要而对计划存储、流通的有关物品进行相应的管理，如对存储的物品进行接收、发放、存储保管等一系列的管理活动。

4. 主生产计划

主生产计划（Master Production Schedule，MPS）在 ERP 系统中是一个重要的计划层次，是传统手工管理没有的新概念。主生产计划是确定每一个具体产品在每一个具体时间段的生产计划。

5. 物料需求计划

物料需求计划（MRP）是主生产计划（MPS）需求的进一步展开，也是实现 MPS 的保证和支持。它根据 MPS、物料清单和物料可用量，计算出企业要生产的全部加工件和采购件的需求量。按照产品出厂的优先顺序，计算出全部加工件和采购件的需求时间，并提出建议性的计划订单。为了适应客观不断发生的变化，MRP 需要不断修订。

6. 能力需求计划

能力需求计划的对象是工作中心的能力，相对物料而言，由于随生产效率、人员变动、设备完好率等因素的影响而变化，不定因素较多，比较抽象。运行能力需求计划，是根据物料需求计划中的加工件的数量和需求时段、它们在各自工艺路线中使用的工作中心及占用时间，对比工作中心在该时段的可用能力，生成能力需求报表。

7. 车间管理

车间管理的目标是按物料需求计划的要求，按时、按质、按量与低成本地完成产品的加工制造任务。车间管理的过程主要依据物料需求计划、制造工艺路线与各工序的能力编排加工计划，下达车间生产任务单，并控制计划进度，最终完成产品生产。

8. 质量管理

质量是企业持续生存的根本，是产品进入市场的"通行证"。所以，质量是企业的生命，是改善企业生产经营管理、降低成本以提高效益的重要途径。质量管理覆盖企业生产经营活动的全过程，从原材料的采购、产品的制造到产品的销售、售后服务等都贯穿了质量管理活动。

9. 财务管理

它是指传统的财务管理，包括账务管理、应收账管理、应付账管理、工资管理、现金管理、材料、销售核算等业务。

10. 成本管理

成本管理包括成本核算、成本控制等管理业务。

11. 设备管理

设备管理通过对企业的设备台账的基本信息、运行情况、保养情况、故障和事故处理情况、设备使用部门的变动情况及有关备件使用情况等信息的管理，使各级部门能及时地了解设备从安装、使用、变动到报废等过程的信息。

ERP 系统的总流程图如图 3-6 所示。

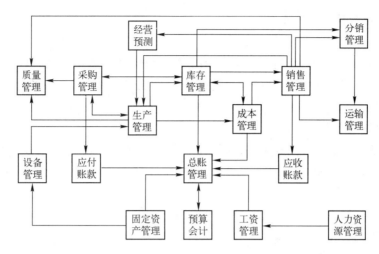

图 3-6　ERP 系统总流程图

3.1.4 ERP 系统的目标

ERP 管理体系作为支持企业谋求新形式下竞争优势的手段，其涉及面很广，包含了企业的所有资源，同时，其应用又起到了"管理驱动"的作用。总的来说，ERP 在 MRP Ⅱ 原有功能的基础上，使 MRP Ⅱ 向内、外两个方向延伸，向内主张以精益生产方式改造企业生产管理系统，向外则增加战略决策功能和供应链管理功能。这样，ERP 管理系统主要由以下六大功能目标组成。

1. 支持企业整体发展战略的战略经营系统

该系统的目标是在多变的市场环境中建立与企业整体发展战略相适应的战略经营系统。具体地说，就是实现 Intranet 与 Internet 相连接的战略信息系统；完善决策支持服务体系，为决策者提供企业全方位的信息支持；完善人力资源开发与管理系统，做到既面向市场，又注重培训企业内部的现有人员。

2. 实现全球大市场营销战略与集成化市场营销

这是对市场营销战略的一个扩展，目标是实现在市场规划、广告策略、价格策略、服务、销售、分销、预测等方面的信息集成和管理集成，以顺利推行基于"顾客永远满意"的经营方针；建立和完善企业商业风险预警机制和风险管理系统；进行经常性的市场营销与产品开发、生产集成性评价工作；优化企业的物流系统，实现集成化的销售链管理。

3. 完善企业成本管理机制，建立全面成本管理系统

目前，我国企业所处的环境可以说是一个不完全竞争的市场环境，价格在竞争中仍旧占据着重要的地位。ERP 中这部分的作用和目标就是建立和保持企业的成本优势，并由企业成本领先战略体系和全面成本管理系统予以保障。

4. 应用新的开发技术和工程设计管理模式

ERP 的一个重要目标就是通过对系统各部门持续不断的改进，最终提供给顾客满意的产品和服务。从这个角度出发，ERP 致力于构筑企业核心技术体系；建立和完善开发与控制系统之间的递阶控制机制；实现自顶向下和自底向上的技术协调机制；利用 Internet 实现企业与外界的良好的信息沟通。

5. 建立敏捷后勤管理系统

ERP 的核心是 MRP Ⅱ，而 MRP Ⅱ 的核心是 MRP。很多企业存在着供应链影响企业生产柔性的情况。ERP 的一个重要目标就是在 MRP 的基础上建立敏捷后勤管理系统，以缩短生产准备周期；增加与外部协作单位技术和生产信息的及时交互；改进现场管理方法，缩短关键物料供应周期。

6. 实施精益生产方式

由于制造业企业的核心仍是生产，应用精益生产方式对生产系统进行改造不仅是制造业的发展趋势，而且也将使 ERP 的管理体系更加牢固，所以，ERP 主张将精益生产方式的哲理引进企业的生产管理系统，其目标是通过精益生产方式的实施使管理体系的运行更加顺畅。作为企业谋求 21 世纪竞争优势的先进管理手段，ERP 系统所涉及的内容和应当实现的目标是不断扩展的，相信还会有更新的管理方法和管理模式产生。在日趋激烈的市场竞争中，任何管理方法和手段的最终目标只有一个，即开发、保持和发展企业的竞争优势，使企业在竞争中永远立于不败之地。

3.2 供应链管理系统

随着经济全球化和信息全球化，任何一个企业单靠自己的资源很难应对日趋激烈的竞争环境，只有联合行业中上下游企业，建立一条经济利益相连、业务关系紧密的行业供应链，充分利用一切可利用的资源来实现优势互补，才能共同增强市场竞争力，赢得客户、赢得市场，进而得以生存和发展，因此供应链管理（Supply Chain Management，SCM）系统应运而生。

3.2.1 供应链管理的概念

供应链管理就是围绕核心企业，通过对信息流、物流、资金流的控制，从采购原材料开始，制成中间产品及最终产品，最后由销售网络把产品送到消费者的整个过程中，对由供应商、制造商、分销商、零售商和最终用户形成的这个功能网链进行管理的过程。

供应链不仅是一条连接供应商到最终用户的物料链，而且是一条增值链，物料在供应链上因加工、运输等过程而增加其价值，给相关的企业带来收益。根据供应链的定义，供应链的网状结构模型如图 3-7 所示。在这种模型中，一般有一个核心企业，各节点企业在需求的驱动下，通过供应链的职能分工、合作，以资金流、物流和服务流为媒介实现整个供应链的不断增值。

当供应链上的成员不断增加时，供应链也变得非常复杂，难以管理。供应链中的每个环节都能利用上下游之间的相关信息来协同工作，实现产品从起点开始，以尽可能快的速度、最少的成本和更为完美的供需平衡流向客户的最终目标。

3.2.2 供应链的特征

从供应链的结构模型可以看出，供应链是一个网链结构，由围绕核心企业的供应商、供应商的供应商和用户、用户的用户组成。一个企业是一个节点，节点企业之间是一种需求与供应关系。供应链的主要特征如下。

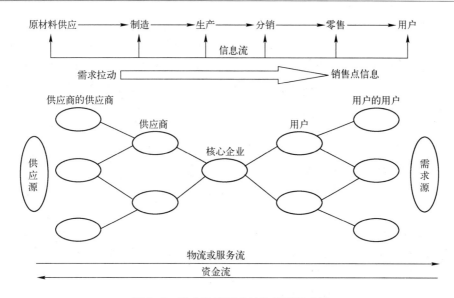

图 3-7 供应链的网状结构模型示意图

1. 复杂性

因为供应链节点企业组成的跨度（层次）不同，供应链往往由多个、多类型甚至多国企业构成，所以供应链结构模式比一般单个企业的结构模式更为复杂。

2. 动态性

供应链管理因企业战略和适应市场需求变化的需要，其中节点企业需要动态地更新，这就使得供应链具有明显的动态性。

3. 面向用户需求

供应链的形成、存在、重构，都是基于一定的市场需求而发生，并且在供应链的运作过程中，用户的需求拉动是供应链中信息流、产品/服务流、资金流运作的驱动源。

4. 交叉性

节点企业可以是这个供应链的成员，同时又是另一个供应链的成员，众多的供应链形成交叉结构，增加了协调管理的难度。

3.2.3 供应链的类型

根据不同的划分标准，可以将供应链分为以下几种类型。

1. 内部供应链和外部供应链

根据供应链存在的范围划分，可以将供应链分为内部供应链和外部供应链。内部供应链是指企业内部产品生产和流通过程中所涉及的采购部门、生产部门、仓储部门、销售部门等组成的供需网络。外部供应链则是指企业外部的，与企业相关的产品生产和流通过程中涉及的原材料供应商、生产厂商、储运商、零售商及最终消费者组成的供需网络。内部供应链和外部供应链共同组成了企业产品从原材料到成品到消费者的供应链。可以说，内部供应链是外部供应链的缩小化。如对于制造厂商，其采购部门就可看作外部供应链中的供应商。它们的区别只在于外部供应链范围大，涉及企业众多，企业间的协调更困难。

2. 稳定的供应链和动态的供应链

根据供应链存在的稳定性划分，可以将供应链分为稳定的供应链和动态的供应链。基于相对稳定、单一的市场需求而组成的供应链稳定性较强，而基于相对频繁变化、复杂的需求而组成的供应链动态性较高。在实际管理运作中，需要根据不断变化的需求，相应地改变供应链的组成。

3. 平衡的供应链和倾斜的供应链

根据供应链容量与用户需求的关系可以划分为平衡的供应链和倾斜的供应链。一个供应链具有一定的、相对稳定的设备容量和生产能力（所有节点企业能力的综合，包括供应商、制造商、运输商、分销商、零售商等），但用户需求处于不断变化的过程中，当供应链的容量能满足用户需求时，供应链处于平衡状态，而当市场变化加剧，造成供应链成本增加、库存增加、浪费增加等现象时，企业不是在最优状态下运作，供应链则处于倾斜状态。平衡的供应链可以实现各主要职能（采购/低采购成本、生产/规模效益、分销/低运输成本、市场/产品多样化和财务/资金运转快）之间的均衡。

4. 有效性供应链和反应性供应链

根据供应链的功能模式（物理功能、市场中介功能和客户需求功能）可以把供应链划分为两种：有效性供应链（Efficient Supply Chain）和反应性供应链（Responsive Supply Chain）。有效性供应链主要体现供应链的物理功能，即以最低的成本将原材料转化成零部件、半成品、产品，以及在供应链中运输等；反应性供应链主要体现供应链的市场中介的功能，即把产品分配到满足用户需求的市场，对未预知的需求作出快速反应等；创新性供应链主要体现供应链的客户需求功能，即根据最终消费者的喜好或时尚的引导，进而调整产品内容与形式来满足市场需求。

3.2.4 供应链管理的内容和效益

供应链管理覆盖了从供应商的供应商到客户的客户的全部过程，主要涉及四个主要领域：供应（Supply）、生产计划（Schedule Plan）、物流（Logistics）、需求（Demand）。供应链管理是以同步化、集成化生产计划为指导，以各种技术作为支持，尤其以 Internet/Intranet 为依托，围绕供应、生产作业、物流（主要指制造过程）、满足需求来实施的。供应链管理主要包括计划、控制从供应商到用户的物料（零部件和成品等）和信息。供应链管理的目标在于提高用户服务水平和降低总的交易成本，并且寻求两个目标之间的平衡（这两个目标往往有冲突）。

在以上四个领域的基础上，可以将供应链管理细分为职能领域和辅助领域。职能领域主要包括产品工程、产品技术保证、采购、生产控制、库存控制、仓储管理、分销管理。而辅助领域主要包括客户服务、制造、设计工程、会计核算、人力资源、市场营销。

由此可见，供应链管理的内容不仅仅是物料实体在供应链中的流动，还包括以下内容：

(1) 战略性供应商和用户合作伙伴关系管理；
(2) 供应链产品需求预测和计划；
(3) 供应链的设计（全球节点企业、资源、设备等的评价、选择和定位）；
(4) 企业内部与企业之间物料供应与需求管理；
(5) 基于供应链管理的产品设计与制造管理、生产集成化计划、跟踪和控制；

(6) 基于供应链的用户服务和物流（运输、库存、包装等）管理；

(7) 企业间资金流管理（汇率、成本等问题）；

(8) 基于 Internet/Intranet 的供应链交互信息管理等。

供应链管理注重总的物流成本（从原材料到最终产成品的费用）与用户服务水平之间的关系，为此要把供应链各个职能部门有机地结合在一起，从而最大限度地发挥出供应链整体的力量，达到供应链企业群体获益的目的。

1997 年 PRTM（Pittiglio Rabin Todd & Mcgrath）公司进行的一项关于集成化供应链管理的调查（调查涉及 6 个行业的 165 个企业，其中化工 25%、计算机电子设备 25%、通信 16%、服务 15%、工业 13%、半导体 6%）表明，通过实施供应链管理，企业可以达到以下多方面的效益：

(1) 总供应链管理成本（占收入的百分比）降低 10% 以上；

(2) 中型企业的准时交货率提高 15%；

(3) 订单满足提前期缩短 25% ~ 35%；

(4) 中型企业的增值生产率提高 10% 以上；

(5) 绩优企业资产运营业绩提高 15% ~ 20%；

(6) 中型企业的库存降低 3%，绩优企业的库存降低 15%；

(7) 绩优企业在现金流周转周期上具有比一般企业少 40 ~ 65 天的优势。

而戴维德·霍尔（David Hole）认为，通过良好的供应链管理可以在进入新市场、开发新产品、开发新分销渠道、改善售后服务水平、提高用户满意程度、降低库存与后勤成本、单位制造成本、提高工作效率等方面获得满意效果。

3.3 客户关系管理系统

当前市场竞争日趋激烈，产品同质现象已经非常普遍。如果说 20 世纪是产品的世纪，那么 21 世纪可以称得上是服务的世纪，因为仅仅依靠产品已经很难留住客户，必须为客户提供全方位的服务，才能在激烈的商务竞争环境中处于有利地位。因此，服务已经成为克敌制胜、提高竞争力的强有力手段。"吸引一个新顾客的成本，是留住一个老顾客成本的 10 倍"，这一论断正在成为许多企业的经营准则。

3.3.1 客户关系管理的概念

客户关系管理是一种旨在改善企业与客户之间关系的新型管理机制，它实施于企业的市场营销、销售、服务与技术支持等与客户相关的领域。客户关系管理（Customer Relationship Management，CRM）就是企业利用各种信息技术，通过对顾客进行跟踪、管理和服务，留住老顾客、吸引新顾客的思想、方法和手段。客户关系管理的目标是通过提供更快速和周到的优质服务吸引和保持更多的客户，通过对业务流程的全面管理来降低企业的成本。

客户关系管理既是一种概念，也是一套管理软件和技术，利用客户关系管理系统，企业能搜集、跟踪和分析每一个客户的信息，从而知道什么样的客户需要什么东西，同时还能观察和分析客户行为对企业收益的影响，使企业与客户的关系及企业利润得到最优化。

3.3.2 客户关系管理的主要内容

客户关系管理和 ERP（企业资源规划）及 SCM（供应链管理）已经成为现代企业提高竞争力的三大法宝。

客户关系管理的指导思想就是对客户进行系统化的研究，以便改进对客户的服务水平，提高客户的忠诚度，并因此为企业带来更多的利润。这就要求客户关系管理系统要能够识别所有的产品、服务及客户与商家之间的关系，并且了解从这种关系发生开始客户与商家之间进行的所有交互操作。客户关系管理的主要内容包括三个方面：营销自动化（Marketing Automation，MA）、销售过程自动化（Sales Force Automation，SFA）和客户服务。这三个方面是影响商业流通的重要因素，对客户关系管理项目的成功起着至关重要的作用。

1. 营销自动化

传统的数据库营销软件是静态的，经常需要几个月时间才能对一次市场营销战役的结果作出一个分析统计表格，许多重要的商业机遇经常在此期间失去。新一代的营销管理软件建立在多个营销战役交叉的基础上，能够对客户的活动及时作出反应，因而能够更好地抓住各种商业机遇。

企业必须能够协调多种营销渠道，如电话销售、电视营销、直接邮寄、传真、E-mail 和 Web 等方式之间的通信，并且防止渠道间的营销策划发生交叉或冲突。

MA 系统直接与客户进行通信，直接了解客户的需求，还必须确保产生的客户数据和相关的支持资料能够以各种有效的形式散发到各种销售渠道。反过来，销售渠道也必须及时返回同客户交互操作的数据，以便系统及时地对本次营销战役进行评估和改进。对于已经建立固定联系的客户，MA 应该紧密地集成到销售和服务项目中，从而实现下列目标：同具有特殊要求的客户进行交互操作（个性化营销）；在 B2B 模式的环境中，确保不同产品间关系的清晰；在 B2C 环境中，要尽可能发现 B2C 和 B2B 之间的可能关系（如一个 BtoC 客户可能是一个重要的 BtoB 客户的家庭成员等）。

从总体上讲，MA 系统可以被分成三个领域：高端营销管理、Web 方式营销、营销分析。

高端营销管理主要集中在涉及 B2C 营销（如金融服务和电信等）的企业里。它的重点一般是帮助企业制订营销计划、管理和跟踪（而不是执行）计划的执行。B2C 企业一般都具有很大的用户规模。有时用户数量可以达到成千上万甚至几十万，相应的用户数据库会超过 TB 级。这些数据库的规模和需要的基础设施引起了硬件厂商，如 Digital/Compaq、IBM、NCR 和 Seqent 的极大兴趣。这些厂商已经开发了全套的企业 MA（EMA）产品来满足 B2C 市场的需求。高端营销管理需要用户已经实现了一个数据仓库结构，并且具有成熟的基础来管理庞大的数据仓库。

Web 方式营销绝大多数用在 B2B 市场上（较少的用户数量，所有的目标用户都具有现成的 E-mail 地址）。这些用户除了直接邮寄、传真和打电话外，还使用 Internet 作为主要营销工具。Web 营销包括旨在收集更多客户信息的大量电子邮件、反映营销全过程的 Web 站点和用于某些目标客户的个性化的 Web 页面。

营销分析的重点是分析销售和营销的所有主要方面（如赢利），并且将它与客户活动数据和 ERP 数据关联起来，以便进一步改进营销策略。

2. 销售过程自动化

销售过程自动化是客户关系管理中增长最快的一个领域，它的关键功能包括领导/账户管理、合同管理、定额管理、销售预测、赢利/损失分析及销售管理等。

销售过程自动化是客户关系管理中最困难的一个过程。这不仅是因为它的动态性（不断变化的销售模型、地理位置、产品配置等），而且也因为销售部门的观念阻碍了销售过程的自动化。销售部门一般习惯于自己的一套运行方式，往往会抵制外部强制性的变化。在销售过程自动化过程中要特别注意：目标客户的产生和跟踪；订单管理；订单完成；营销和客户服务功能的集成。

3. 客户服务

客户服务主要集中在售后活动上，有时也提供一些售前信息，如产品广告等。售后活动主要发生在面向企业总部办公室的呼叫中心，但是面向市场的服务（一般由驻外的客户服务人员完成）也是售后服务的一部分。产品技术支持一般是客户服务最重要的功能，提供技术支持的客户服务代表需要与驻外的服务人员（必须共享/复制客户交互操作数据）和销售力量合作。总部客户服务与驻外服务机构的合作及客户交互操作数据的统一使用是现代客户关系管理的一个重要特点。

客户关系管理系统分为三个层面：第一层是操作层次客户关系管理，主要方便与客户的交流，简化操作流程；第二层是分析层次客户关系管理，了解客户的需求；第三层是协同层次的客户关系管理，例如整合各种渠道，协调各个部门之间的联系。

3.3.3 客户关系管理的功能模块

典型的客户关系管理系统主要包括以下功能。

1. **客户管理**

主要功能包括：客户基本信息、与此客户相关的基本活动和活动历史、联系人的选择；订单的输入和跟踪、建议书和销售合同的生成。

2. **联系人管理**

主要功能包括：联系人概况的记录、存储和检索；跟踪同客户的联系，如时间、类型、简单的描述、任务等，并可以把相关的文件作为附件；客户的内部机构的设置概况。

3. **时间管理**

主要功能包括：日历；设计约会、活动计划，有冲突时，系统会提示；进行事件安排，如 To-dos、约会、会议、电话、电子邮件、传真；备忘录；进行团队事件安排；查看团队中其他人的安排，以免发生冲突；把事件的安排通知相关的人；任务表；预告/提示；记事本；电子邮件；传真。

4. **潜在客户管理**

主要功能包括：业务线索的记录、升级和分配；销售机会的升级和分配；潜在客户的跟踪。

5. **销售管理**

主要功能包括：组织和浏览销售信息，如客户、业务描述、联系人、时间、销售阶段、业务额、可能结束时间等；产生各销售业务的阶段报告，并给出业务所处阶段、所需的时间、成功的可能性、历史销售状况评价等信息；对销售业务给予战术、策略上的支持；对地域（省市、邮编、地区、行业、相关客户、联系人等）信息进行维护；把销售员归入某一地域并授权；地域的重新设置；根据利润、领域、优先级、时间、状态等标准，用户可定制关于将要进行的活动、业务、客户、联系人、约会等方面的报告；提供类似 BBS 的功能，用户可把销售秘诀贴在系统上，还可以进行某一方面销售技能的查询；销售费用管理；销售佣金管理。

6. 电话营销和电话销售

主要功能包括：电话本；生成电话列表，并把它们与客户、联系人和业务建立关联；把电话号码分配到销售员；记录电话细节，并安排回电；电话营销内容草稿；电话录音，同时给出书写器，用户可作记录；电话统计和报告；自动拨号。

7. 营销管理

主要功能包括：产品和价格配置器；在进行营销活动（如广告、邮件、研讨会、网站、展览会等）时，能获得预先定制的信息支持；把营销活动与业务、客户、联系人建立关联；显示任务完成进度；提供类似公告板的功能，可张贴、查找、更新营销资料，从而实现营销文件、分析报告等的共享；跟踪特定事件；安排新事件，如研讨会、会议等，并加入合同、客户和销售代表等信息；信函书写、批量邮件，并与合同、客户、联系人、业务等建立关联；邮件合并；生成标签和信封。

8. 客户服务

主要功能包括：服务项目的快速录入；服务项目的安排、调度和重新分配；事件的升级；搜索和跟踪与某一业务相关的事件；生成事件报告；服务协议和合同；订单管理和跟踪；问题及其解决方法的数据库。

9. 呼叫中心

主要功能包括：呼入呼出电话处理；互联网回呼；呼叫中心运行管理；软电话；电话转移；路由选择；报表统计分析；管理分析工具；通过传真、电话、电子邮件、打印机等自动进行资料发送；呼入呼出调度管理。

10. 合作伙伴关系管理

主要功能包括：对公司数据库信息设置存取权限，合作伙伴通过标准的 Web 浏览器以密码登录的方式对客户信息、公司数据库、与渠道活动相关的文档进行存取和更新；合作伙伴可以方便地存取与销售渠道有关的销售机会信息；合作伙伴通过浏览器使用销售管理工具和销售机会管理工具，如销售方法、销售流程等，并使用预定义的和自定义的报告；产品和价格配置器。

11. 知识管理

主要功能包括：在站点上显示个性化信息；把一些文件作为附件贴到联系人、客户、事件概况等上；文档管理；对竞争对手的 Web 站点进行监测，如果发现变化，会向用户报告；根据用户定义的关键词对 Web 站点的变化进行监视。

12. 商业智能

主要功能包括：预定义查询和报告；用户定制查询和报告；可看到查询和报告的 SQL 代码；以报告或图表形式查看潜在客户和业务可能带来的收入；通过预定义的图表工具进行潜在客户和业务的传递途径分析；将数据转移到第三方的预测和计划工具；柱状图和饼图工具；系统运行状态显示器；能力预警。

13. 电子商务

主要功能包括：个性化界面、服务；网站内容管理；店面；订单和业务处理；销售空间拓展；客户自助服务；网站运行情况的分析和报告。

3.4 电子商务

Internet 为商业、企业、消费者传播信息、寻找市场等活动提供了快速通道，借助电子商务，企业可以获得新的竞争优势。

3.4.1 电子商务的概念

欧洲委员会 1997 年把电子商务（Electronic Commerce，EC）定义为"以电子方式进行商务交易"。其内容包含两个方面：一是电子方式，二是商贸活动。因此，电子商务指的是利用简单、快捷、低成本的电子通信方式，买卖双方不谋面地进行各种商贸活动。电子商务以数据（包括文本、声音和图像）的电子处理和传输为基础，包含许多不同的活动（如商品服务的电子贸易、数字内容的在线传输、电子转账、商品拍卖、协作、在线资源利用、消费品营销和售后服务）。它涉及产品（消费品和工业品）和服务（信息服务、财务与法律服务）；传统活动与新活动（虚拟商场）。

EC 涵盖的业务范围包括：信息传递与交换、售前及售后服务（提供产品和服务的细节、产品使用技术指南及回答顾客意见）、网上交易、电子支付（电子转账、信用卡、电子支票、数字现金）、运输（商品的配送管理、运输跟踪，以及采用网上方式传输产品）、组建虚拟企业（组建一个物理上不存在的企业，集中一批独立的中小公司的权限，提供比任何单独公司多得多的产品和服务）。

实现完整的电子商务会涉及很多方面，除了买家、卖家外，还要有银行或金融机构、政府机构、认证机构、配送中心等机构的加入才行。由于参与电子商务中各方在物理上是互不谋面的，因此整个电子商务过程并不是物理世界商务活动的翻版，网上银行、在线电子支付等条件和数据加密、电子签名等技术在电子商务中发挥着重要的不可或缺的作用。

3.4.2 电子商务的形式

电子商务主要有以下几种形式。

1. 按电子商务参加主体划分

（1）B2C（Business to Consumer）。企业对消费者，也称商家对个人或商业机构对消费者。

（2）B2B（Business to Business）。企业对企业，也称商家对商家或商业机构对商业机构。

（3）B2G（Business to Government）。企业对政府机构。

（4）C2G（Consumer to Government）。消费者对政府机构。

2. 按电子商务交易过程划分

按电子商务交易过程可以划分为交易前、交易中、交易后三类电子商务。

（1）交易前电子商务。主要是指买卖双方和参加交易各方在签订贸易合同前的准备活动，包括：买方准备购货款，制订购货计划，进行市场调查、分析及查询，了解卖方国家的贸易政策，反复修改购货计划和进货计划，确定和审批购货计划，确定购买商品的种类、数量、规格、价格和交易方式等，利用互联网来寻找自己满意的商品和商家；卖方根据自己所销售的商品召开新闻发布会，进行广告宣传及市场调查和分析，制定销售策略和方式，了解买方国家的贸易政策，利用互联网发布广告，寻找贸易伙伴和交易机会。其他参加交易的各方如中介方、金融机构、海关系统、商检系统、保险公司、税务系统、运输公司等也都为进行电子商务做好相应准备；买卖双方对所有交易细节进行谈判，签订电子商务贸易合同，对所购买商品的种类、数量、价格、交货地点、交易方式、违约和索赔等合同条款，全部以电子交易合同作出全面、详细的规定，可以通过数字签名等方式签名。

（2）交易中电子商务。主要是指买卖双方签订合同后到合同开始履行之前办理各种手续的过程。交易中涉及有关各方，如中介方、金融机构、海关系统、运输公司等。买卖双方要利用 EDI 与有关各方进行各种电子票据和电子单证的交换，直到办理完将所购商品从卖方开始向买方发货的一切手续为止。

（3）交易后电子商务。从买卖双方办完所有手续开始，卖方要备货、组货，同时进行报关、保险、取证、发信用证等，将所售商品交付给运输公司包装、起运、发货，买卖双方可以通过电子商务服务器跟踪发出的货物，金融机构也按照合同处理双方收付款，进行结算，出具相应的银行单据等，直到买方收到自己所购商品才完成整个交易过程。索赔是指在买卖双方交易过程中出现违约时进行违约处理的工作，受损方要向违约方索赔。

3. 按电子商务交易对象划分

（1）有形商品电子商务。有形商品指的是占有三维空间的实体类商品。这类商品在交易过程中所包含的信息流和资金流可以完全实现网上传输，但交易的商品就必须由卖方通过某种运输方式送达买方指定地点。所以有形商品电子商务还必须解决好货物配送的问题。电子商务中的商品配送具有范围大、送货点分散、批量小等特点。有形商品电子商务由于三流（信息流、资金流、物流）不能完全在网上传输，也可称非完全电子商务。

（2）无形商品电子商务。无形商品指包括软件、电影、音乐、电子读物、信息服务等可以数字化的商品，无形商品网上交易与有形商品网上交易的区别在于前者可以通过网络将商品直接送到购买者手中，也就是说无形商品电子商务完全可以在网络上实现，因而被称为完全电子商务。

3.4.3 电子商务的功能模块

电子商务通过 Internet 可提供在网上交易和管理全过程的服务，具有以下七大功能。

1. 广告宣传

电子商务使企业可通过自己的 Web 服务器、网络主页（Home Page）和电子邮件（E-mail）在全球范围做广告宣传，在 Internet 上宣传企业形象和发布各种商品信息，客户用网络浏览器可以迅速找到所需的商品信息。与其他各种广告形式相比，在网上的广告成本最为低廉，而给顾客的信息量却最为丰富。

2. 咨询洽谈

电子商务使企业可借助非实时的电子邮件（E-mail）、新闻组（News Group）和实时的讨论组（chat）来了解市场和商品信息、洽谈交易事务，如有进一步的需求，还可用网上的白板会议（Whiteboard Conference）、公告板 BBS 来即时交流。在网上的咨询和洽谈能超越人们面对面洽谈的限制,提供多种方便的异地交谈形式。

3. 网上订购

电子商务通过 Web 中电子邮件的交互传送实现客户在网上的订购。企业的网上订购系统通常都是在商品介绍的页面上提供十分友好的订购提示信息和订购交互表格,当客户填完订购单后,通常系统会回复确认信息来保证订购信息的收悉。订购信息也可采用加密的方式使客户和商家的商业信息不会泄漏。

4. 网上支付

网上支付是电子商务交易过程中的重要环节,客户和商家之间可采用信用卡、电子钱包、电子支票和电子现金等多种电子支付方式进行网上支付,采用在网上电子支付的方式节省了交易的开销。对于网上支付的安全问题现在已有实用的 SET(Secure Electronic Transcation,安全电子交易)协议等来保证信息传输安全性。电子账户交易的网上支付由银行、信用卡公司及保险公司等金融单位提供,客户的信用卡号或银行账号是电子账户的标志。电子账户通过客户认证、数字签名、数据加密等技术措施保证电子账户操作的安全性。

5. 服务传递

通过服务传递系统将客户所订购的商品尽快地传递到已订货并付款的客户手中。对于有形的商品,服务传递系统可以对本地和异地的仓库在网络中进行物流的调配并通过快递业完成商品的传送;而无形的信息产品如软件、电子读物、信息服务等则立即从电子仓库中将商品通过网上直接传递到用户端。

6. 意见征询

电子商务能方便地采用网页上的"选择"、"填空"等格式文件收集客户对商品和销售服务的反馈意见,使企业的市场运作形成一个良性的封闭回路。客户的反馈意见不仅能提高网上交易售后服务的水平,更能使企业获得改进产品、发现市场的商业机会。

7. 交易管理

电子商务的交易管理系统可以完成对网上交易活动全过程中的人、财、物、客户及本企业内部的各方面进行协调和管理。

电子商务的上述功能,对网上交易提供了一个良好的交易服务和进行管理的环境,使电子商务的交易过程得以顺利和安全地完成,并可以使电子商务获得更广泛的应用。

3.5 决策支持系统

20 世纪 60 年代后,管理信息系统迅猛发展,在各个行业得到了普遍的应用。随着应用的深入,也逐渐暴露了管理信息系统的一些问题,为解决这些问题出现了决策支持系统(Decision Support System,DSS)。

3.5.1 决策支持系统的概述

1. DSS 的概念

自从 20 世纪 80 年代以来,决策支持系统的研究和发展十分迅速,一些研究和开发的系统,已经达到或接近实用阶段,但到目前为止,还没有一个严格的决策支持系统的定义,但是对 DSS 看法也有很多共同之处,比如 DSS 只是支持而不能代替决策者;DSS 主要是支持上层管理的半结构化决策问题;DSS 是交互的计算机系统,具有适用的人机交互界面等。所以可将决策支持系统概括为：是以管理科学、计算机科学、行为控制论为基础，以计算机技术、人工智能技术、经济数学方法和信息技术为手段，主要面对半结构化的决策问题，支持中高级决策者的决策活动的一种人机交互系统。该系统能为决策者迅速而准确地提供决策需要的数据、信息和背景材料，帮助决策者明确目标，建立和修改模型，提供备选方案，评价和优选各种方案，通过人机对话进行分析、比较和判断，为正确决策提供有力支持。

2. DSS 的基本特征

决策支持系统的基本特征可以归纳如下。

（1）面向决策者。DSS 的输入和输出、起源和归宿都是决策者。

（2）主要针对半结构化的决策问题。对管理人员经常面对的结构化程度不高、说明不够充分的问题，电子数据处理和管理信息系统支持不够，而决策支持系统则可帮助管理人员，使得部分问题的分析工作系统化。

（3）强调支持的概念。DSS 辅助和支持管理人员，力求提高决策者作出科学决策的能力，而不是代替高层决策者作出决策。因此，系统既不应该试图提供答案，也不应该给决策者强加一套预先规定的分析顺序。

（4）模型和用户共同驱动。决策过程是动态的，是根据决策的不同层次、周围环境、用户要求及现阶段人们对于决策问题的理解和已获得的知识等动态确定的。

（5）强调交互式的处理方式。使非计算机专业人员可以人—机对话方式，方便地将计算机系统无法处理的因素（如人的偏好、主观判断能力、经验、价值观念等）输入计算机，并依此来规定和影响决策的进程，让决策者在依据自己的实际经验和洞察力的基础上，主动利用各种支持功能，在人机交互的过程中反复学习和探索，最后作出科学的决策。

3. DSS 的任务和功能

DSS 的主要任务是：分析和识别问题；以某种方式描述和表达决策问题及决策知识；形成候选的决策方案（目标、规则、方法和途径等）；构造决策问题的求解模型（如数学模型、运筹学模型）；建立评价决策问题的各种准则（如价值准则、科学准则、效益准则等）；当有多方案、多目标、多准则时，要进行比较和优化；最后进行综合分析，包括把决策结果或方案分到特定的环境中所做的"情景分析（scenario analysis）"，决策结果或方案对实际问题可能产生的作用和影响分析，以及各种环境因素、变量对决策方案或结果的影响程度分析等。

要完成上述任务，DSS 所应该具有的功能如下。

（1）管理并随时提供与决策问题有关的组织内部信息。例如，工厂的生产能力、库存状况、财务报表及重要设备的运行情况等。

（2）收集、管理并及时提供与决策问题有关的组织外部信息。例如，政策法规、经济统计、市场行情、同行动态与科技进展等。

（3）收集、管理并提供各项决策方案执行情况的反馈信息。例如，订单或合同执行进程、物料供应计划落实情况、生产计划完成情况、产品销售情况、用户反映信息等。

（4）能够用一定的方式存储和管理与决策问题有关的各种模型。例如，库存控制模型、生产调度模型等。

（5）能够存储及提供常用的数学与运筹学的方法及算法。例如，统计检验方法、回归分析方法、线性规划方法等。

（6）能够由用户方便地改变和增添各种数据、模型、方法。例如，数据模式的变更、模型的连接和修改等。

（7）能够灵活运用模型与方法对数据进行加工、汇总、分析和预测，以便用户能随时得到所需要的综合信息与预测信息。

（8）具有方便的人机对话接口和图形输出功能，不仅能够随机查询所要求的数据，而且能够回答"如果……，则……"（"What……if……"）之类的问题。

（9）提供良好的数据传输功能，以保证及时收集所需要的信息，并向使用者提供加工结果。

（10）具有一定的加工速度与响应时间。避免处理太慢或者屏幕响应时间过长，给决策者带来不必要的时间浪费，影响用户应用 DSS 的情绪。

4. DSS 的分类

随着 DSS 的发展和在不同领域的应用，出现了各种各样的决策支持系统，不少人从不同角度提出了对其分类的方法。

按照系统的输出能直接确定决策的程度，即根据系统所能完成的各种工作、实现的功能、解决问题的类型、工作方式等进行分类，决策支持系统可以分为文档管理系统、数据分析系统、分析信息系统、统计模型系统、样本模型系统、最优模型系统和建议模型系统七种。

按照 DSS 支持决策情况的性质，决策支持系统可以分为通用的 DSS 和专门的 DSS，通用的 DSS 处理的是具有循环特性的决策，而专门的 DSS 处理那些通常不能预见或非循环的特殊情况。

按照支持对象多少的不同，决策支持系统可以分为个人支持系统、群体支持系统和组织支持系统。个人支持系统的重点集中在单个用户，其任务相对独立；群体支持系统的重点集中在一组人，其中每个人致力于单独的任务，但所有的任务又是紧密关联的；组织支持系统重点集中在组织的任务或活动上，它涉及一系列顺序操作、不同职能领域和需要的资源。

按照 DSS 系统结构的不同，决策支持系统可以分为网络型、桥型、分层型和塔型系统等。

3.5.2 决策支持系统的结构

1. DSS 的概念结构

决策支持系统的概念结构反映 DSS 的形式及其与"真实系统"、人和外部环境的关系。它的建立是开发中最初阶段的工作，它由对决策问题与决策过程的分析加以描述。基本概念结构如图 3-8 所示。

图 3-8 中，一个完整的决策支持系统的概念结构被表示为 DSS 本身（由模型库系统、数据库系统和人机对话系统等组成）以及它与真实系统、决策者和外部环境的关系。其中，决策者处于核心位置，他运用自己的知识和经验，将其与 DSS 的响应输出结合起来，对他所管理的"真实系统"进行决策。决策者在决策中往往需要协作人员的帮助。"真实系统"将提出的问题和操作的数据作为输出信息传给决策者，而决策者的决策信息则是真实系统的输入信息。一个完整的决策支持系统还应包括与 DSS 有关的一些基础数据，如来自"真实系统"并经过处理的信息（如管理信息系统的 MIS 信息、统计信息等）、环境信息、与人的

行为有关的信息等。

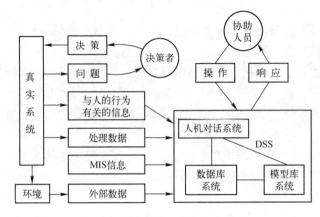

图 3-8 决策支持系统的概念结构

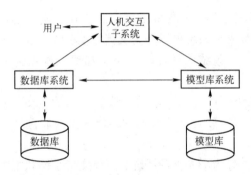

图 3-9 决策支持系统的三部件结构

2. DSS 的系统结构

决策支持系统的结构是研制开发决策支持系统的关键。1980 年，Spraque 提出了决策支持系统的结构，即决策支持系统是由人机交互子系统（部件）、模型库系统（模型部件）和数据库系统（数据部件）三个部件所组成的。三个部件相互配合，组成如图 3-9 所示的三角形分布的结构，所以又称三角式结构。三部件结构是 DSS 最基本的结构。

（1）人机交互子系统。人机交互子系统是一般计算机信息系统的组成部分，它提供用户和系统间的对话功能，是用户与系统联系的桥梁。早期的人机交互系统是由命令语言形成的字符界面，目前多采用图形用户界面。在决策支持系统中，决策者作为 DSS 的用户通过该子系统输入必要的信息和数据，提出信息查询的请求或决策支持的请求，子系统对接收到的请求做检验，形成命令，控制决策支持系统的实际运行。同时，系统通过人机交互功能向用户显示运行的情况及最后的结果。

（2）模型库系统。模型库系统是指决策支持系统以模型库为主体，通过定量分析进行辅助决策的系统。模型库中的模型不仅有数学模型，还应有数据处理模型、图形模型等多种形式。决策支持系统的本质是将多个模型有机组合起来，对数据库中的数据进行处理而形成决策问题模型。决策支持系统的辅助决策能力从运筹学、管理科学的单模型辅助决策发展到多模型综合决策，使辅助决策能力上了一个新台阶。

模型库系统是存储、生成和管理模型的系统。模型库系统按一定的结构形式将众多的模型组织起来，存储在计算机中，并对模型进行定义、组织、提取、访问、更新和合成等管理操作，实现对各个模型进行有效的管理和使用。

（3）数据库系统。在决策支持系统中，数据库系统包括数据库和数据库管理系统。数据库系统是各类计算机信息系统的基础。数据库是存储大量数据的数据集合，组织成易于进行数据操作的形式。数据库由数据库管理系统来管理和维护。

决策支持系统的三部件结构是为达到支持决策的系统目标而形成的。可以认为，三部件的有机结合形成了决策支持系统。其中，人机交互系统将模型库系统、数据库系统进行有机的集成，对决策支持的请求将识别问题与构建模型，从数据库读取数据，运行模型库中的模型，运行结果通过人机交互子系统传送给用户或暂存数据库待用。

3.5.3 决策支持系统的发展

DSS 产生以来，研究与应用一直很活跃，新概念新系统层出不穷。随着信息技术和管理思想的不断发展，DSS 正在向智能化、群体和行为导向等方面发展。

1. 群体决策支持系统

群体决策支持系统（Group Decision Supporting System，GDSS），是一种在 DSS 基础上利用计算机网络与通信技术，供多个决策者为了一个共同的目标，通过某种规程相互协作地探寻半结构化或非结构化决策问题解决方案的信息系统。在系统环境中，多个决策参与者共同进行思想和信息的交流，群策群力，寻找一个令人满意和可行的方案，但在决策过程中只由某个特定的人作出最终决策，并对决策结果负责。群体决策支持系统从 DSS 发展而来，通过决策过程中参与者的增加，使得信息的来源更加广泛；通过大家的交流、磋商、讨论而有效地避免了个体决策的片面性和可能出现的独断专行等弊端。

GDSS 的基本功能是：通过加强通信，消除差异，控制、协调参与者的关系；提高讨论者的地位和结论的公正性；系统的实施可以是永久性的（稳定和正式的程序集合）或暂时性的（必要时才使用的系统）。从技术上要实现对决策过程中的数据信息交流的控制；自动选择合适的群体决策；对可行的决策方案进行分析计算和解释；如果群体决策无法得出一致意见，则讨论个体决策差异或提出重新定义问题的建议等功能。

与传统的会议决策或传递式群体决策相比，GDSS 有以下一些特点：

（1）不受时间与空间的限制；
（2）能让决策者相互之间便捷地交流信息与共享信息，减少片面性；
（3）决策者可克服消极的心理影响，无保留地发表自己的意见；
（4）能集思广益，激发决策者思路，使问题的方案尽可能趋于完美；
（5）可防止小集体主义及个性对决策结果的影响；
（6）可提高决策群体成员对决策结果的满意程度和置信度。
（7）群体越大效果越显著。

从理论上讲，GDSS 对群体决策是非常有益的手段，但它涉及的面很广。GDSS 要面对不同风格与偏好的个人，要综合决策科学、人工智能、计算机网络、运筹学、数据库技术、心理学及行为科学等多种学科的理论、方法与技术，实用系统研究与开发的难度非常大。目前国内外能投入实际运行的 GDSS 还很少。

GDSS 的类型在很大程度上取决于待决策问题的类型和问题所处的组织环境，一般可将 GDSS 划分为四种类型。

（1）决策室（Decision Room）。相当于传统意义的电子会议室，决策参与者面对面地集中到一间支持群体决策的特殊会议室，通过特殊的终端或节点参与决策过程，相互合作完成决策事务。决策室是相对简单的 GDSS，在这种环境下的决策过程都有一定的时间限制。

（2）局域决策网（Local Decision Network）。GDSS 可建立计算机局域网，参与者没有地域的限制，只要局域网上的中央处理器存储有公共的 GDSS 软件和数据库，参与者就可以通过局域网进行成员间相互交流，共享存于网络服务器或中央处理机的公共决策资源，在某种规程的控制下实现群体决策。其主要优点是可克服时间、地点的限制，决策者可在决策周期内任何时间分散地参与决策。

（3）传真会议（Teleconferencing）。针对决策成员在地理上分散但又需要集中决策的群体。在这种情况下，两个或两个以上的决策室通过视频和通信连接在一起，其方法与决策室相同，而且使用了传真会议。它的优点是能克服空间距离的限制。

（4）远程决策（Remote Decision Marketing）。主要针对需要定期在一起作决策而又不能会面的决策成员。远程决策网充分利用广域网等信息技术来支持群体决策，它综合了局域决策网与传真会议的优点，可使决策参与者异时异地共同对同一问题作出决策。这种类型目前还不成熟。

上面四种类型的 GDSS，前一种属于集中性的，而后三种属于分散性的。

2. 智能决策支持系统

智能决策支持系统（Intelligence Decision Supporting System，IDSS），是人工智能（Artificial Intelligence，AI）和 DSS 相结合，应用专家系统（Expert System，ES）技术，使 DSS 能够更充分地应用人类的知识，如关于决策问题的描述性知识，决策过程中的过程性知识，求解问题的推理性知识，通过逻辑推理来帮助解决复杂的决策问题的辅助决策系统。

IDSS 的概念最早由 Bonczek 等人于 20 世纪 80 年代提出，它的功能是，既能处理定量问题，又能处理定性问题。IDSS 的核心思想是将 AI 与其他相关科学成果相结合，使 DSS 具有人工智能。

智能决策支持系统具有以下特点：
（1）基于成熟的技术，容易构造出实用系统；
（2）充分利用了各层次的信息资源；
（3）基于规则的表达方式，使用户易于掌握使用；
（4）具有很强的模块化特性，并且模块重用性好，系统的开发成本低；
（5）系统的各部分组合灵活，可实现强大功能，并且易于维护；
（6）系统可迅速采用先进的支撑技术，如 AI 技术等。

本章小结

本章主要介绍了信息系统在不同领域的典型应用，包括企业资源计划（ERP）、供应链管理（SCM）、客户关系管理（CRM）、电子商务（EC）、决策支持（DS）等系统。

ERP 经历了基本 MRP 阶段、闭环 MRP 阶段、MRP II 阶段和 ERP 的形成阶段。包括销售管理、采购管理、库存管理、主生产计划、物料需求计划、能力需求计划、质量管理、账务管理、成本管理等模块。

SCM 是围绕核心企业，通过对信息流、物流、资金流进行控制，从采购原材料开始，制成中间产品及最终产品，最后由销售网络把产品送到消费者的整个过程中，对由供应商、制造商、分销商、零售商和最终用户形成的这个功能网链进行管理的过程。

CRM 是一种旨在改善企业与客户之间关系的新型管理机制，它实施于企业的市场营销、销售、服务与技术支持等与客户相关的领域。其目标是一方面通过提供更快速和周到的优质服务吸引和保持更多的客户，另一方面通过对业务流程的全面管理来降低企业的成本。

电子商务是指利用简单、快捷、低成本的电子通信方式，买卖双方不谋面地进行各种商贸活动。其业务范围包括：信息传递与交换、售前及售后服务、网上交易、电子支付、运输、组建虚拟企业。

决策支持系统是以管理科学、计算机科学、行为控制论为基础，以计算机技术、人工智能技术、经济数学方法和信息技术为手段，主要面对半结构化的决策问题，支持中高级决策者的决策活动的一种人机交互系统。其发展包括智能决策系统和群体决策系统。

习题

1. 填空题

（1）ERP 的形成大致经历了_____、_____、_____和_____四个阶段。

（2）ERP 的成本管理包括_____、_____等管理业务。

（3）供应链管理就是围绕核心企业，通过对_____、_____和_____进行控制，对由供应商、制造商、分销商、零销商和最终用户形成的这个功能网链进行管理的过程。

2. 选择题

（1）ERP 的管理思想主要体现在（　　）。
　　A. 对整个供应链资源进行管理的思想
　　B. 精益生产、同步工程和敏捷制造的思想
　　C. 事先计划与事中控制的思想
　　D. 以上说法都正确

（2）电子商务的功能包括（　　）。
　　A. 广告宣传　　B. 网上订购　　C. 网上支付　　D. 以上说法都正确

（3）智能决策支持系统是（　　）和 DSS 相结合的产物。
　　A. 人工智能　　B. 文本库　　C. 推理机　　D. 知识管理

（4）下列说法正确的是（　　）。
　　A. GDSS 能够改善决策过程和决策方案
　　B. GDSS 是对用户友好的，能适应不同知识层次的用户系统
　　C. GDSS 可以是专用的或者是通用的
　　D. 以上说法都正确

3. 简答题

（1）请简述供应链的特征。
（2）请简述电子商务的主要形式。
（3）ERP 方法的形成经历了哪几个阶段？
（4）简述 ERP 方法包含哪些基本模块。

第 4 章　MIS 战略规划

管理信息系统的建设是一项耗资大、历时长、技术复杂且涉及面广的社会技术系统工程。科学的规划可以减少系统开发的盲目性，使系统具有良好的整体性、较高的环境适应性和开发工作良好的阶段性，科学的规划还可以缩短系统的开发周期，节约系统的开发费用。所以，在进行信息系统开发之前，必须认真地制定有充分依据的管理信息系统战略规划，这项工作的好坏是管理信息系统成败的关键。

4.1　MIS 的战略规划的概念

MIS 的战略规划是关于 MIS 长远发展的规划，它是将组织目标和提供组织目标所需的信息和信息系统，以及信息系统的开发工作等要素集成的信息系统方案。

4.1.1　MIS 战略规划的任务、目标和内容

制定信息系统的战略规划，必须了解信息系统战略规划的任务、目标和内容等。

1. MIS 战略规划的任务

管理信息系统战略规划的主要任务如下。

（1）制定信息系统的发展战略。信息系统服务于企业管理，其发展战略必须与整个企业的战略目标协调一致。制定信息系统的发展战略，首先要调查分析企业的目标和发展战略，评价现行信息系统的功能、环境和应用状况，然后在此基础上确定信息系统的使命，制定信息系统的战略目标及相关政策。

（2）确定信息系统开发的总体方案，安排项目开发计划。在调查分析企业信息需求的基础上，提出信息系统的总体方案。根据发展战略和总体结构方案，确定系统和应用项目开发顺序及时间安排。

（3）制定信息系统建设的资源分配计划。提出实现开发计划所需要的硬件、软件、技术人员、资金等计划，作出人、财、物及工作进度计划等各种计划和安排。

（4）预测未来发展，提供系统今后的发展、研究方向和准则。

2. MIS 战略规划的作用

制订 MIS 战略规划的作用如下。

（1）合理分配和利用信息资源（信息、信息技术和信息生产者），以节省信息系统的投资。

（2）通过制订规划，找出存在的问题，更正确地识别出为实现企业目标，MIS 系统必须完成的任务，促进信息系统的应用，带来更多的经济效益。例如，存在产品质量问题的某企业战略规划中确定的战略是：为新产品建立全面质量管理控制规程；由此导出的管理信息系统的战略为：建立新产品的全面质量管理控制数据库系统。

（3）指导管理信息系统开发，用规划作为将来考核系统开发工作的标准。

3. MIS 战略规划的内容

MIS 战略规划一般包括三年或更长期的计划,也包括一年的短期计划。规划的内容如下。

(1) 信息系统的目标、约束及总体结构。信息系统的目标确定了 MIS 应实现的功能;信息系统的约束包括 MIS 实现的环境、条件(如管理的规章制度、人力、物力等);信息系统的总体结构指明了信息的主要类型和主要的子系统。

(2) 组织的状况。包括计算机软件及硬件情况、产业人员的配备情况及开发费用的投入情况等。

(3) 业务流程的现状、存在的问题和不足,以及流程在新技术条件下的重组。企业流程重组实际上是根据信息技术的特点,对原信息系统的业务流程进行根本性的再思考和再设计。

(4) 对影响规划的信息技术发展的预测。这些信息技术主要包括计算机硬件技术、网络技术及数据处理技术等。这些技术的不断更新将给 MIS 的开发带来深刻的影响(如处理效率、响应时间等),与 MIS 的性能有着密切的联系,决定着 MIS 的优劣。因此,在规划过程中应及时吸取相关技术的最新成果,从而使所开发的管理信息系统具有更强大的生命力。

4.1.2 MIS 战略规划的组织

管理信息系统规划的制定,决定着管理信息系统最终能否成功开发,因此,制定 MIS 开发战略规划需要一个领导小组,并进行有关人员的培训,同时明确规划工作的进度。

1. 战略规划领导小组

战略规划领导小组应由组织的主要决策者之一负责。领导小组的其他成员应该是组织中各部门的主要业务骨干,他们的主要任务是协助系统分析人员完成有关业务的调研和分析工作及数据准备工作。

2. 人员培训

制定战略规划需要掌握一套科学的方法,为此,需要对组织的高层管理人员、分析员和战略规划领导小组的成员进行培训,使他们掌握制定管理信息系统战略规划的方法。

3. 规定进度

在明确和掌握了制定战略规划的方法后,应进一步为战略规划工作各个阶段给出一个大致的时间安排,便于对战略规划过程进行严格管理,避免因过分拖延而丧失信誉或被迫放弃。

4.1.3 制定战略规划的具体步骤

(1) 确定规划的性质。明确 MIS 战略规划的年限及具体的方法。

(2) 收集相关信息。

(3) 进行战略分析。对 MIS 的目标、开发方法、功能结构、计划活动、信息部门的情况、财务情况、风险度和政策等进行分析。

(4) 定义约束条件。根据单位(企业、部门)的财务资源、人力及物力等方面的限制,定义 MIS 的约束条件和政策。

（5）明确战略目标。确定 MIS 的开发目标，明确 MIS 应具备的功能、服务范围和质量等。

（6）提出未来的略图。给出 MIS 的初步框架，包括各子系统的划分等。

（7）选择开发方案。选定优先开发的项目，确定总体开发顺序、开发策略和开发方法。

（8）提出实施进度。估计项目成本和人员需求，并列出开发进度表。

（9）通过战略规划。将战略规划形成文档，经组织（企业、部门）领导批准后生效。

4.1.4　MIS 战略规划的特点

信息系统战略规划具有以下几个特点。

（1）系统规划工作是面向长远的、未来的、全局性和关键性的问题，因此它具有较强的不确定性，非结构化程度较高。

（2）其工作环境是组织管理环境，高层管理人员是工作的主体。

（3）系统规划是为整个系统建设确定目标、战略、系统总体结构方案和资源计划，因而整个工作过程是一个管理决策过程。

（4）系统规划人员对管理与技术环境的理解程度、对管理与技术发展的见识及开创精神与务实态度是战略规划工作的决定因素。目前尚无可以指导系统规划全过程的适用方法，因此必须采用多种方法相互配合。

（5）系统规划必须纳入整个组织的发展规划。

4.1.5　MIS 战略规划的原则

MIS 系统规划应遵循以下原则。

（1）主持企业的总体目标。企业的战略目标是系统规划的出发点，信息系统规划应从企业目标出发，分析企业管理的信息需求，逐步导出信息系统的战略目标和总体结构。

（2）整体上着眼于高层管理，兼顾管理层的要求。

（3）摆脱信息系统对组织机构的依从性。企业最基本的活动和决策可以独立于任何管理层和管理职责。例如，"库存管理"可以定义为"原材料、零件的收发控制和库存量估计过程"，这个过程可以由一个部门独立完成，也可以由多个部门联合完成，组织结构可以变动，但库存管理的过程大体上是不变的。对企业过程的了解往往从现行组织机构入手，但要摆脱对它的依从性，才能提高信息系统的应变能力。

（4）系统结构有良好的整体性。信息系统的规划和实现过程大体如图 4-1 所示，它是一个"自顶向下规划，自底向上实现"的过程。采用自顶向下的规划方法，可以保证系统结构的完整性和信息的一致性。

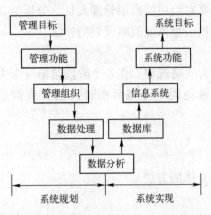

图 4-1　信息系统的规划与实现

（5）便于实施。系统规划应给后续工作提供指导，要便于实施。方案选择应追求实效，选择最经济、简单、易于实施的方案。

4.2 信息系统战略规划模型

把计算机应用到一个单位（企业、部门）的管理中去，一般要经历从初级到成熟的成长过程。因此，制定 MIS 的战略规划，只有了解组织的 MIS 系统发展目前所处的阶段，才能有的放矢的进行战略规划的制定。本节将介绍典型的诺兰（Nolan）阶段模型和信息系统战略规划三阶段模型。

4.2.1 诺兰阶段模型

美国管理信息系统专家诺兰通过对 200 多个公司、部门发展信息系统的实践和经验的总结，提出了著名的信息系统进化的阶段模型，即诺兰阶段模型，如图 4-2 所示。

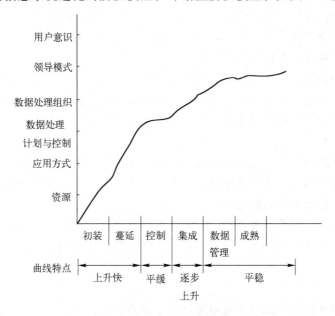

图 4-2 诺兰阶段模型

1. 诺兰阶段模型的结构

诺兰认为，任何组织由手工信息系统向以计算机为基础的信息系统发展时，都存在着一条客观的发展道路和规律。数据处理的发展涉及技术的进步、应用的拓展、计划和控制策略的变化及用户的状况几个方面。1979 年，诺兰将计算机信息系统的发展道路划分为六个阶段。诺兰强调，任何组织在实现以计算机为基础的信息系统时都必须从一个阶段发展到下一个阶段，不能实现跳跃式发展。

诺兰模型的六个阶段分别是：初装阶段、蔓延阶段、控制阶段、集成阶段、数据管理阶段和成熟阶段。

诺兰模型是信息系统规划工作的框架，是反映信息系统发展阶段特征的模型。图 4-2 中，水平方向列出了信息系统的六个发展阶段，垂直方向列出了增长要素，曲线表示各个阶段的信息系统预算。

2. 信息系统发展阶段

（1）初装阶段。初装阶段是管理人员、用户对信息系统从不认识到有一些认识的阶段。

管理者通过支持和组织开发、运行一两个简单的应用系统（工资管理、人事管理系统），通过系统运行所带来的效率和效益能够使管理者对信息系统的认识得到极大的提高。

（2）蔓延阶段。随着计算机应用初见成效，信息系统从少数部门扩散到多数部门，并开发了大量的应用系统，使单位的事务处理效率有了提高，这便是蔓延阶段。显然，在该阶段中，数据处理能力发展得最为迅速，但同时也出现了许多有待解决的问题，如数据冗余性、不一致性、难以共享等。可见，此阶段只有部分计算机的应用收到了实际效益。

（3）控制阶段。管理部门了解到计算机数量超出控制，计算机预算每年以30%～40%或更高的比例增长，而投资的回收却不理想。同时随着应用经验逐渐丰富，应用项目不断积累，客观上也要求加强组织协调，于是就出现了由企业领导和职能部门负责人参与的领导小组出面，对整个企业的系统建设进行统筹规划，特别是利用数据库技术解决数据共享问题。这时，严格的控制阶段便代替了蔓延阶段。这一阶段的发展速度较慢。

出于控制数据处理费用的需要，管理者开始召集来自不同部门的用户组成委员会，以共同规划信息系统的发展。管理信息系统成为一个正式部门。

（4）集成阶段。这一阶段，组织从管理计算机转向管理信息资源，这是一个质的飞跃。从第一阶段到第三阶段，通常产生了很多独立的实体。在第四阶段，开始使用数据库和远程通信技术，努力整合现有的信息系统。由于重新装备大量设备，该阶段预算费用又一次迅速增长。

（5）数据管理阶段。信息系统开始从支持单项应用发展到在逻辑数据库支持下的综合应用。组织开始全面考察和评估信息系统建设的各种成本和效益，全面分析和解决信息系统投资中各个领域的平衡与协调问题。

（6）成熟阶段。高层管理者开始认识到管理信息系统是组织不可缺少的，正式的信息资源计划和控制系统投入使用，以确保管理信息系统支持业务计划。信息资源管理的效用充分体现出来。

3. 增长要素

诺兰阶段模型还指明了信息系统发展过程中的六种增长要素。

（1）计算机硬软资源。计算机技术从早期的磁带向最新的分布式计算机发展。

（2）应用方式。计算机处理和应用方式从批处理方式到联机方式。

（3）计划控制。数据处理计划与控制从短期的、随机的计划到长期的、战略的计划。

（4）MIS在组织中的地位。MIS从附属于别的部门发展为独立的部门。

（5）领导模式。开始时，技术领导是主要的，随着用户和上层管理人员越来越了解MIS，上层管理部门开始与MIS部门一起决定发展战略。

（6）用户意识。从作业管理级的用户发展到中、上层管理级用户。

诺兰阶段模型总结了发达国家信息系统发展的经验和规律。一般认为模型中的各阶段都是不能跳越的。因此，无论在确定开发管理信息系统的策略，或者在制定管理信息系统规划时，都应首先明确本组织当前处于哪一生长阶段，进而根据该阶段特征来指导MIS建设。

4.2.2 信息系统战略规划三阶段模型

信息系统战略规划三阶段模型阐明了广义信息系统战略规划制定活动及其顺序、可选用的技术和方法。信息系统战略规划三阶段模型如图4-3所示。

图 4-3　信息系统战略规划三阶段模型

1. 战略规划

这一阶段的关键是要使 MIS 的战略规划与整个组织的战略规划和目标协调一致。要进行的工作如下。

（1）评价组织的战略与目标。

（2）根据组织的目标和战略确定 MIS 的使命，对 MIS 的建设或更新提出报告。

（3）对目前 MIS 的功能、应用环境和应用现状进行评价。

（4）制定建设 MIS 的政策、目标和战略。

2. 组织的信息需求分析

这一阶段要进行的工作如下。

（1）确定目前和规划中的组织在决策支持和事务处理方面的信息需求，以便为整个组织或其主要部门提出 MIS 的总体结构方案。

（2）制定主发展计划，即根据发展战略和系统总体结构，确定系统和应用项目的开发次序和时间安排。

3. 资源分配

制定为实现主开发计划而需要的软、硬件资源，数据通信设备，人员，技术，服务，资金等计划，提出整个系统的建设概算。

4.3　MIS 战略规划方法

MIS 战略规划的常用方法有企业系统规划法、关键成功因素法、战略目标集转化法、组织计划引出法、战略栅格表法、目的手段分析法、投资回收法、零点预算法等，本节将介绍企业系统规划法和关键成功因素法。

4.3.1　企业系统规划法

企业系统规划法（Business System Planning，BSP）是通过全面调查、分析企业信息需求，帮助规划人员根据企业目标制定出 MIS 战略规划的一种规范的、结构化方法。

BSP 方法的作用是：确定未来信息系统的总体结构，明确系统的子系统组成和开发子系统的先后顺序；对数据进行统一规划、管理和控制，明确各子系统之间的数据交换关系，保证信息的一致性。

BSP 方法的优点在于利用它能保证信息系统独立于企业的组织机构，使信息系统具有对环境变更的适应性。即使将来企业的组织机构或管理体制发生变化，信息系统的结构体系也不会受到太大的冲击。

1. BSP 方法的步骤

BSP 方法包括定义企业目标、定义企业过程、定义数据类和定义信息系统总体结构四个主要步骤，如图 4-4 所示。

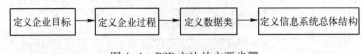

图 4-4 BSP 方法的主要步骤

(1) 定义企业目标。通过查阅资料，深入各级管理层，了解企业有关决策过程、组织职能、部门的主要活动和存在的主要问题，确定企业各级管理的统一目标，各个部门的目标要服从总体目标。

(2) 定义企业过程。定义企业过程是 BSP 方法的核心。企业过程指的是企业管理中必要且逻辑上相关的、为了完成某种管理功能的一组活动。

(3) 定义数据类。数据类是指支持业务过程所必需的逻辑上相关的数据。对数据进行分类是按业务过程进行的，即分别从各项业务过程的角度将与该业务过程有关的输入数据和输出数据按逻辑相关性整理出来归纳成数据类。

(4) 定义信息系统总体结构。定义信息系统总体结构是指确定未来信息系统的框架，划分子系统，确定信息系统各个部分及其相关数据之间的关系，确定各子系统实施的先后顺序。具体实现可利用 U/C 矩阵。

2. 定义企业目标

为了确定拟建的信息系统的目标，需要调查了解企业的目标和为了达到这个目标所采取的经营方针及实现目标的约束条件。一个企业的目标一般包括若干个方面，每个目标可以分解成若干个子目标，子目标可以用一定的指标来衡量，整体目标体系可用目标树来描述。如图 4-5 所示是医院目标树的一部分。

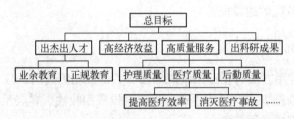

图 4-5 医院目标树（部分）

目标调查是指通过调查各级管理部门，帮助他们提炼、归纳、汇总目标，绘制出目标树。各子目标要服从它所属的目标，目标之间不能相互矛盾，也不应完全相关。子目标的指标是根据上级指标，本企业历年统计数据，同类企业的最好指标等数据来确定的。一个信息系统的优劣，不在于它的设备是否先进，而在于它是否适合企业的目标，能否解决企业需要解决的问题，因此，企业目标的合理定义十分重要。

3. 定义企业过程

企业过程是管理各类资源的各类相关活动和决策的组合。管理人员通过管理和利用这些资源，以支持企业管理目标。

(1) 资源及其生命周期。这里说的"资源"是广义的，指被管理的对象。通常有关键性资源、支持性资源和战略计划与控制资源三种资源。关键性资源是指企业的产品和服务，不同的企业，它们的产品与服务不同。机械厂的产品是机械设备、零部件等，科研单位的产品是科研成果，服务公司的产品则是提供各种服务。支持性资源是指为实现企业目标必须使用和消耗的资源，如原材料、资金、设备、人员等。战略计划和控制资源是指不具备产品形式的管理对象。

资源的生命周期是指一项资源由取得到退出所经历的阶段。一般将资源的生命周期划分为四个阶段。

① 产生阶段。对资源的需求、计划、度量和控制等，即决定需要多少产品和资源，获取它们的计划及确定计划要求的度量和控制。

② 获得阶段。对资源的开发活动，如产品的生产、学生入学、人员聘用等。

③ 服务阶段。对资源的存储和服务的延续活动，如库存控制等。

④ 归宿阶段。终止资源或服务的活动和决策，如产品的销售等。

（2）定义企业过程的步骤。通过对关键性资源和支持性资源生命周期的分析，给出它们相应的企业过程定义；而战略计划与控制不是面向孤立的产品和资源，对其作特殊的考虑，从而识别出全部的企业过程。

① 计划和控制过程。在准备工作阶段收集到的有关计划、关键成功因素和它们的度量标准等信息，以及组织计划的一些样本，从中可识别出有关的过程，它们一般被组合成为战略计划和管理控制两大类。战略计划是长远的发展计划，而管理控制则可看作是操作计划、管理计划、资源计划。表 4-1 为一个计划和控制过程的例子。

表 4-1 计划和控制过程

战略计划	策略制定	管理控制	资金计划
经济预测	目标开发	市场预测	操作计划
组织计划	产品系列设计	产品预测	预算

② 关键资源过程。从企业的工作目标出发，分析关键性资源的生命周期，识别企业过程。表 4-2 给出某电子元件厂的关键资源过程。

表 4-2 某电子元件厂的关键资源过程

产生阶段	获得阶段	服务阶段	归宿阶段
市场计划	工程设计与开发	订单处理和控制	销售
市场研究	产品说明	接收和存储	订货服务
预测	工程记录	控制产品质量	运输
定价	生产安排表	检验、包装	
材料需求	生产操作	库存管理	
能力计划	采购		

③ 支持资源过程。根据支持性资源的生命周期识别企业过程，如表 4-3 所示。

表 4-3 支持性资源过程

支持性资源	生命周期			
	产生阶段	获得阶段	服务阶段	归宿阶段
财务	财务计划	资金获取	银行业务	付账款
	成本控制	应收款	普通会计	

支持性资源	生命周期			
	产生阶段	获得阶段	服务阶段	归宿阶段
人事	人员计划	招聘	福利报酬	解聘
	工资管理	调动	专业开发	退休
材料	生产需求	采购	库存控制	订购控制
设备	设备更新计划	设备采购	设备维护	设备报废

④ 过程的归并与汇总。对以上三个方面识别出的企业过程进行归并与汇总,以减少层次上的不一致性和重叠,并对同类型的过程进行归类。表4-4是一个过程归并与汇总的例子。

表4-4 经过归并与汇总的过程表

市场	产品	日常管理	高层管理	销售操作
市场计划	安排生产	普通会计	企业计划	销售
市场研究	能力计划	成本计划	组织分析	区域管理
市场预测	材料需求	预算记账	风险管理	订货服务
材料管理	财务	工程	设备管理	人力资源
材料采购	财务计划	产品设计和开发	维护	人事计划
库存控制	资金获取	产品说明和维护	设备性能	招聘、培训
材料运输	经费管理	信息控制		解雇、退休

⑤ 组织过程矩阵。识别过程之后,可以把过程和组织之间的关系画在一张表上,这就是组织/过程矩阵。组织/过程矩阵表达了组织与过程之间的关系现状,还表达了它们之间的合理关系。系统分析阶段要按过程对各组织做进一步的调查。表4-5是组织/过程矩阵的例子。

表4-5 组织/过程矩阵

过程 组织	市场		销售			工程		材料管理		财务		……
	计划	预测	销售区管理	销售	订货服务	设计开发	产品规格	采购进货	库存控制	财务计划	成本核算	
财务科	×			/			/		/	○	○	
销售科	○	○	○	○								
设计科		×										
供应科		×						×	×			
……												

注:"×"表示参加;"/"表示一般参与;"○"表示主要负责。

4. 定义数据类

在总体规划中,把系统中密切相关的信息归成一类数据,称为数据类,如客户、产品、合同等,都可以称为数据类。

识别数据类的目的在于了解企业目前的数据状况和数据要求,查明数据共享的关系,建立过程/数据类矩阵,为定义信息结构提供基本依据。

定义数据类一般用实体法进行。与企业有关的可以独立考虑的事物都可以定义为实体,如客户、产品、材料、现金、人员等。每个实体可用四种类型的数据来描述,即文档类数据、事务类数据、计划类数据和统计类数据,其特点如表4-6所示。将实体与数据类做在一张表上，可得到实体/数据类矩阵，如表 4-7 所示。

表 4-6 四种数据类型及其特点

类型	反映的内容	特　　点
文档类数据	反映实体的现状	● 一个数据仅和一个实体有关 ● 可能为结构型（如表格）和描述型（如文本）
事务类数据	反映生命周期各阶段过渡过程相关文档型数据的变化	● 一个数据要涉及各个文档型数据，以及时间、数量等多个数据 ● 这种数据的产生可能有文档型数据的操作
计划类数据	反映目标、资源转换过程等计划值	● 可能与多个文档型数据有关
统计类数据	反映企业状况、提供反馈信息	● 来自其他类型数据的采样 ● 历史性、对照性、评价性的数据 ● 数据综合性强

表 4-7 实体/数据类矩阵

数据类＼实体	产品	客户	设备	材料	资金	人员
计划	产品计划	市场计划	设备计划	材料需求	预算	人员计划
统计	产品需求	销售历史	利用率	需求历史	财务统计	人员统计
文档	产品规范成品	客户	工作负荷运行	原材料产品组成表	财务会计	职工档案
事务	订货	发运记录	进出记录	采购记录	应收业务	人事调动记录

5. 定义信息系统总体结构

定义信息系统的总体结构的步骤如下：首先，根据前面形成的企业过程和数据类，生成过程/数据类矩阵（U/C 矩阵）；其次，调整 U/C 矩阵，划分子系统；最后，确定子系统，并确定子系统的实施顺序。

（1）过程/数据类矩阵（U/C 矩阵）。过程和数据类都定义好之后，可以得到一张过程/数据类表，该表可以描述过程与数据类之间的关系，如表 4-8 所示。其中，C 表示这个数据类由相应的过程产生，U 表示这个过程使用某相应的数据类。

表 4-8 U/C 矩阵

过程＼数据类	客户	订货	产品	操作顺序	材料表	成本	零件规格	材料库存	成品库存	职工	销售区域	财务	计划	机器负荷	材料供应	工作令
经营计划						U						U	C			
财务计划						U				U		U	C			
资产规模												C				
产品预测	U		U								U		U			
产品设计开发	U		C	U	C											
产品工艺			U	C	C	U										
库存控制							C	C							U	U
调度			U											U		C
生产能力计划				U										C	U	
材料需求			U		U										C	

续表

数据类\过程	客户	订货	产品	操作顺序	材料表	成本	零件规格	材料库存	成品库存	职工	销售区域	财务	计划	机器负荷	材料供应	工作令
操作顺序				C										U	U	U
销售区域管理	C	U	U													
销售	U	U	U								C					
订货服务	U	C														
运输		U	U							U						
普通会计	U		U							U						
成本会计		U				C										
人员计划										C						
人员考核										U						

(2) 划分子系统。划分子系统的步骤如下。调整 U/C 矩阵。首先,将同类型的过程按过程组排列,每一个过程组中按资源生命周期的四个阶段排列。例如"经营计划"、"财务计划"属于计划类,可归入"经营计划"过程组。其次,调整数据类的顺序,使得U/C 矩阵中的 C、U 尽可能地靠近主对角线。表 4-8 所示的 U/C 矩阵经过调整之后,得到如表 4-9 所示的 U/C 矩阵。

表4-9 调整后的 U/C 矩阵

数据类\过程	计划	财务	产品	零件规格	材料表	材料库存	成品库存	工作令	机器负荷	材料供应	操作顺序	客户	销售区域	订货	成本	职工
经营计划	C	U												U		
财务计划	C	U												U		U
资产规模		C														
产品预测	U		U									U	U			
产品设计开发			C	C	U							U				
产品工艺			U	C	C						U					
库存控制						C	C	U		U						
调度		U						C	U							
生产能力计划								C	U	U						
材料需求				U	U					C						
操作顺序								U	U	U	C					
销售区域管理			U									C	U			
销售			U									U	C	U		
订货服务			U									U		C		
运输			U					U								
普通会计			U									U				U
成本会计												U			C	U
人员计划																C
人员考核																U

（3）确定子系统。画出过程组对应的方框并命名，即可得到子系统。如表 4-10 所示。

表 4-10 划分子系统

过程	数据类	计划	财务	产品	零件规格	材料表	材料库存	成品库存	工作令	机器负荷	材料供应	操作顺序	客户	销售区域	订货	成本	职工
经营计划	经营计划	C	U													U	
	财务计划	C	U													U	U
	资产规模		C														
技术准备	产品预测	U		U									U	U			
	产品设计开发			C	C	U							U				
	产品工艺			U	C	C	U										
生产制造	库存控制						C	C	U		U						
	调度				U				C	U							
	生产能力计划									C	U	U					
	材料需求				U		U				C						
	操作顺序								U	U	U	C					
销售	销售区域管理			U									C	U			
	销售			U									C	U	U		
	订货服务			U									U		C		
	运输							U							U		
财会	普通会计		U										U			U	
	成本会计		U												U	C	
人事	人员计划																C
	人员考核																U

（4）确定子系统的实施顺序。由于资源的限制，系统的开发应该有个先后顺序，而不可能全面展开。划分子系统之后，根据企业目标和技术约束确定子系统实现的先后顺序。一般来讲，对企业贡献大、需求迫切、容易开发的子系统应优先开发。

通过对管理人员、决策者的调查访问，进行定性评估。根据评估准则（如潜在效益、对企业的影响、迫切性等），让管理人员和决策者针对每个子系统用评分的办法进行评估，每个子系统的得分作为考虑优先顺序的参考。

4.3.2 关键成功因素法

关键成功因素法（Critical Success Factors，CSF）是由哈佛大学的 William Zani 和 MIT 大学的 John Bockart 提出的。实践证明这是一种帮助高层管理人员确定重要信息的较为有效的方法。

在现行系统中，总存在着多个变量影响系统目标的实现，其中若干个因素是关键的和主要的（即成功变量）。通过对关键成功因素的识别，找出实现目标所需的关键信息集合，从而确定系统开发的优先次序。

关键成功因素指的是对企业成功起关键作用的因素。关键成功因素法就是通过分析找出使得企业成功的关键因素，然后再围绕这些关键因素来确定系统的需求，并进行规划。

关键成功因素法主要包含以下几个步骤。

（1）了解企业或 MIS 的战略目标。

（2）识别所有的成功因素。主要是分析影响战略目标的各种因素和影响这些因素的子因素。

（3）确定关键成功因素。不同行业的关键成功因素各不相同，即使是同一个行业的不同组织，由于各自所处的外部环境的差异和内部条件的不同，其关键成功因素也不尽相同。

（4）明确各关键成功因素的性能指标和评估标准。

关键成功因素法的步骤如图 4-6 所示。

图 4-6　关键成功因素的步骤

关键成功因素法的优点是能够使所开发的系统具有强烈的针对性，能够较快地取得收益。应用关键成功因素法需要注意的是，当关键成功因素解决后，又会出现新的关键成功因素，就必须再重新开发系统。

4.3.3　战略目标集转移法

战略目标集转移法（Strategy Set Transformation，SST）是由 W. King 提出的。他把整个战略目标看成一个"信息集合"，由使命、目标、战略和其他战略变量（如管理水平、发展趋势、环境约束）等组成。信息系统的战略规划过程是把组织的战略目标转变为信息系统战略目标的过程，其过程可用图 4-7 表示。

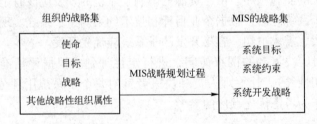

图 4-7　战略目标集转移法过程

1．组织的战略集

组织的战略集是组织本身战略规划过程的产物，包括组织的使命、目标、战略和其他一些与 MIS 有关的组织属性。

（1）组织的使命。描述该组织是什么、为什么存在、它能作出什么贡献。简言之，就是描述该组织属于什么具体的行业或部门。

（2）组织的目标。是指组织将来希望达到的目的。这些目标可以是定量的，也可以是定性的，但它们首先应该是长期的和广泛的。

(3) 组织的战略。就是组织为达到它的目标所制定的总的方针。

(4) 其他战略性组织属性。是指管理水平、管理者对信息技术了解的程度、采用新技术的态度等，虽然难以度量，但对 MIS 的建设影响很大。

2. MIS 的战略集

MIS 战略集由系统目标、系统约束和系统开发战略构成。

(1) 系统目标。主要定义 MIS 的服务要求。其描述类似组织目标的描述，但更加具体。

(2) 系统约束。包括内部约束和外部约束。内部约束产生于组织本身，如人员组成、资金预算等。外部约束来自企业外部，如政府和企业界对组织报告的要求、同其他系统的接口环境等。

(3) 系统开发战略。这是该战略集的重要元素，相当于系统开发中应遵循的一系列原则，如系统安全可靠、应变能力等要求，开发的科学方法及合理的管理等。

3. MIS 战略规划过程

MIS 战略规划的过程将组织战略集转换成与它相关联和一致的 MIS 战略集，通常分两步进行。

(1) 识别和解释组织战略规划。组织战略集的某些元素可能有书面的形式，如组织的战略计划或长期计划。但是，对这些元素的描述不一定适应管理选择的目的。为此，MIS 规划者就需要一个明确的战略集元素的确定过程。这个过程可按以下步骤进行。

① 画出组织的关联集团结构："关联集团"是与该组织有利害关系者，如客户、股东、雇员等。

② 确定关联集团的要求。

③ 定义组织相对于每个关联集团的任务和战略。

(2) 进一步解释和验证组织战略集。有了一组关于组织使命、目标和战略的初步描述后，送交组织的最高管理者审查，收集反馈信息，分析最高管理者同意或不同意的程度，判断战略集元素优先次序，评价其他战略性组织属性。

本章小结

首先，本章讨论了管理信息系统战略规划的基本概念，即管理信息系统战略规划的任务、内容、目标及诺兰阶段模型。MIS 战略规划是一个组织的战略规划的重要组成部分，是关于 MIS 长远发展的规划。MIS 战略规划的内容包括信息系统的目标、约束、总体结构、单位的现状、对影响规划的信息技术发展的预测。制定 MIS 开发规划，需要一个领导小组，并进行有关的人员培训，同时明确规划工作的进度。该诺兰阶段模型把信息系统的成长过程划分为六个阶段，即初装、蔓延、控制、集成、数据管理、成熟等六个阶段。

其次，本章讨论了制订 MIS 战略规划的常用方法。重点介绍了企业系统规划法、关键成功因素法和战略目标集转化法。

习题

1. 填空题

(1) 关键成功因素法就是通过分析找出使得_____的关键因素，然后再围绕这些关键因素来确定系统的需求，并进行规划。

(2) 战略规划三阶段模型的三个阶段是指_____、_____、_____。
(3) 定义数据类的方法有_____和_____两种。

2. 选择题

(1) 诺兰阶段模型是（   ）。
    A. 管理信息系统分析中提出的一个优化模型
    B. 研制管理信息系统的网络计划模型
    C. 在一个范围内有关信息系统发展规律的模型
    D. 在一个范围内有关信息系统的逻辑模型

(2) 一个企业在计算机管理应用的发展过程中，如果它开始摆脱各下属单位自行开发信息系统不共享的混乱局面，而进入以整个企业进行统筹规划，并开始向数据管理为主的转换，就说明该企业进入了诺兰阶段模型的（   ）。
    A. 第三阶段（控制）   B. 第四阶段（集成）
    C. 第五阶段（数据管理）   D. 第六阶段（成熟）

(3) 按照诺兰阶段模型，信息系统发展的六个阶段是（   ）。
    A. 可以跳过某些阶段的   B. 不能超越的
    C. 是可以前后置换的   D. 仅是可以去掉第二阶段

(4) 用来划分子系统的 U/C 矩阵由以下两者之间的关系形成：（   ）。
    A. 管理功能和数据类   B. 项目和字段
    C. 代码和数据项   D. 管理层次和管理功能

3. 简答题

(1) 简述 MIS 战略规划的任务、目标和内容。
(2) 简述 MIS 战略规划的特点和原则。
(3) 简述诺兰阶段模型的六个阶段。
(4) 常见的制定 MIS 战略规划的方法有哪几种？
(5) 简述 BSP 方法的步骤。

第 5 章 系 统 分 析

MIS 的系统分析是系统开发过程的关键步骤,是系统设计与系统实施的基础,由系统分析人员和业务人员共同参与。MIS 系统分析的任务是在对现行系统充分认识的基础上,通过对组织内部的业务流程和数据流程的调查与分析,明确新系统应"做什么",最终提出新系统的逻辑模型。系统分析过程可分为以下四个阶段。

(1) 系统的初步调查和可行性分析。
(2) 现行系统的详细调查:
- 组织结构的调查;
- 业务流程的调查;
- 数据流程的调查。
(3) 提出新系统的逻辑模型。
(4) 编写系统分析报告。

5.1 系统的初步调查和可行性分析

系统的初步调查和可行性分析,是系统分析的第一步。其中系统初步调查是系统可行性分析的前提,可行性分析是在系统初步调查的基础上进行的。

5.1.1 系统的初步调查

系统初步调查的主要目的就是明确系统总体目标,通过初步调查,收集相关信息,用以进行可行性分析。管理信息系统初步调查包括以下基本内容。

(1) 系统的基本情况。系统基本情况包括:系统外部约束条件、系统规模、历史、管理目标、主要业务及组织目前面临的主要问题。

(2) 系统信息处理情况。系统信息处理情况的调查主要包括:现行信息系统的组织结构、基本工作方式、工作效率、可靠性、人员及技术情况。

(3) 系统资源情况。系统资源情况包括:技术力量、能够投入的人力和财力情况。

(4) 态度。态度是指组织中各类管理人员对开发管理信息系统的态度,主要包括:对开发新系统支持和关心的程度,对管理信息系统的认识程度和看法。

5.1.2 可行性分析

可行性分析的任务就是确定是否值得开发新系统及开发新系统的条件是否具备,即明确新系统开发的必要性和可行性,必要性来自对新系统开发的迫切性,而可行性则取决于开发新系统所具备的资源和条件。可行性分析是建立在对系统进行初步调查基础之上的。

1. 必要性分析

分析新系统开发的必要性,应从"显见"必要性和"预见"必要性两个方面考虑。所谓"显见"必要性是指现实系统已无法满足越来越高的管理需求,必须开发新的系统。例如，管理中要处理的数据量越来越大，无论是增加人力还是提高工作效率，都无法及时、正确地完成任务。而"预见"必要性是指根据对组织和技术发展趋势的预测，必须开发新的信息系统。

2. 可行性分析

对新系统开发的可行性分析的内容如下。

（1）管理可行性。管理可行性是指管理人员对新系统开发的态度和管理方面的条件。如果高中层管理人员不支持新系统的开发，就有必要等一等，积极做工作，创造条件。管理方面的条件主要指管理方法是否科学，相应的管理制度改革的时机是否成熟，规章制度是否齐全及原始数据是否正确等。

（2）经济可行性。经济可行性包括对系统开发费用的分析和系统开发成功之后可能带来经济效益的分析。如果不能提供开发新系统所需的经费，系统的开发显然是不可行的。经济效益应从直接经济效益和间接经济效益两方面综合考虑，直接经济效益是指可以用钱衡量的效益，如加快流动资金周转，减少资金积压等；间接经济效益是指难以用钱衡量的效益，如提供更多、更高质量的信息，提高信息的存取速度等。

（3）技术可行性。技术可行性是指根据现有的技术条件能否实现新系统的开发。技术可行性可以考虑以下几个方面的因素。

- 硬件。包括计算机外部设备的功能、效率、可靠性，通用设备的功能、质量是否满足要求。
- 软件。包括操作系统提供的接口能力是否符合需要，实时处理能力或批处理能力是否具备，分时系统的响应时间是否可接受，数据库管理系统的功能是否足够，程序设计语言的种类和表达能力及网络软件的性能是否满足需求等。
- 技术人员。各类技术人员的数量、能力等。

5.1.3 可行性分析报告

可行性分析报告是可行性分析最终形成的文档，其内容如下。

1. 系统简述

简单地说明与系统开发有关的各种情况和因素，主要内容如下。

（1）引言。说明系统的名称和功能，项目的产生，系统开发的背景、必要性和意义等。

（2）系统的基本环境。如组织的地理位置及分布，组织的机构、人员等。

2. 系统的目标

介绍系统的目标及初步需求，主要包括：

（1）系统应达到的目标；

（2）系统的边界；

（3）系统的主要功能；

（4）系统的软硬件配置；

（5）系统的大致投资；

（6）开发工作的时间安排。

3. 系统的可行性结论

可行性分析的结果有以下几种。

(1) 可以立即开发。
(2) 目前不可行，或者需推迟到某些条件具备以后再进行。
(3) 改进原系统。
(4) 没有必要进行新系统的开发。

可行性分析报告要尽量取得有关管理人员的一致认识，并经过主管领导批准，才可付诸实施，进入系统详细调查阶段。

5.2 系统的详细调查

系统详细调查的对象是现行系统（现行手工系统或旧的计算机系统）。其目标是在可行性分析的基础上对现行系统进行全面、深入的调查分析，弄清现行系统的运行状况，发现问题和薄弱环节，收集资料，为下一步的系统化分析和提出新系统的逻辑方案做好准备。

5.2.1 系统详细调查概述

对现行系统进行详细调查，有必要了解系统详细调查的原则、方法和内容，下面分别介绍。

1. 系统详细调查的方法

对于不同的系统或同一系统的不同部分，应分别采用适当的调查方法。系统详细调查的常见方法包括以下几种。

(1) 走访用户。走访用户是指系统分析人员直接访问组织中的各类业务人员，其目的是了解组织的业务流程、数据流程和数据处理方法等。

(2) 发问卷调查表。发问卷调查表就是由系统分析人员，将与系统开发有关的问题以问卷的形式，发给组织中的有关人员，通过回答问题的方式，了解系统现状和系统需求。其原则是：问卷的信息量不要太大，问题要简单、明确、直接，突出主题和中心思想。切忌表述不清、容易产生二义性的问题出现。问卷方式可以采用自由式问卷或选择式问卷。

(3) 召开调查会。召开调查会是系统调查最常用，也是最有效的方式之一。其目的是尽可能使管理人员和系统开发人员在新系统的功能和与之联系的修改方案及措施方面取得一致。

(4) 直接参与业务实践。直接参加业务实践是系统分析人员深入、准确、完整了解系统中的一些复杂环节的最佳方式。通过参加业务实践，分析人员可以更好地掌握系统输入、处理、输出、传递、存储的具体过程和内容，并能体验和找出系统中的各种缺陷、有可能出现的问题等。

2. 详细调查的原则

详细调查的原则是：用户参与。即由组织的业务人员、主管人员和设计部门的系统分析人员、系统设计人员共同进行。设计人员熟悉计算机技术但对组织的业务不够清楚，而管理人员熟悉本身业务但不一定掌握计算机技术。所以，只有将两者结合在一起，互补不足，才能更深入地发现系统存在的问题，共同研讨解决的方案。

3. 详细调查的内容

为了全面、准确地反应现行系统的结构和需求，必须明确系统详细调查的内容。系统详细调查的内容包括：

（1）组织结构调查；

（2）现行系统的目标、主要功能和用户需求调查；

（3）业务流程调查；

（4）数据流程调查；

（5）处理功能分析。

以下将对详细调查的几个主要内容进行重点讲解。

5.2.2 组织结构调查

所谓组织结构是指组织内部的部门划分及它们之间的相互关系。组织结构调查就是对组织结构与功能进行分析，弄清组织内部的部门划分、各部门之间的隶属关系、信息传递关系、物资流动关系及资金流动关系等，了解各部门的工作内容与职责。此外，还应详细了解各级组织存在的问题及对新系统的要求等。组织结构调查的结果可以用组织结构图来表示，它是一张反映组织内部各部门之间隶属关系的树状结构图。如图 5-1 所示是某酒店的组织结构图。

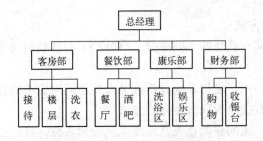

图 5-1　某酒店组织结构图

5.2.3 业务流程调查

组织结构图仅反映了组织内部各部门之间的隶属关系，但对于组织内部各部门之间的业务联系、各自的业务职能没有反映出来，因此有必要对整个系统的业务流程进行调查。

业务流程调查是建立在系统详细调查与组织结构调查基础之上的。管理业务流程调查应顺着原系统信息流动的过程逐步进行，内容包括各环节的处理业务、信息来源、处理方法、信息流向、提供信息的时间和形态（报告、单据、屏幕显示等）。

业务流程调查的结果可以用业务流程图表示。业务流程图是一种描述系统内各单位、人员之间业务关系、作业顺序和管理信息流向的图表，利用它可以帮助分析人员找出业务流程中的不合理流向。

1. 绘制业务流程图的基本符号

业务流程图是系统开发人员根据对现行系统业务过程的调查分析最终形成的结果性文档，是系统开发人员与业务人员共同参考的资料，因此，在绘制业务流程图时，应使用统一的符号，以便于相互交流。目前，绘制业务流程图的符号还没有统一的标准，本书中用到的基本符号如图 5-2 所示。

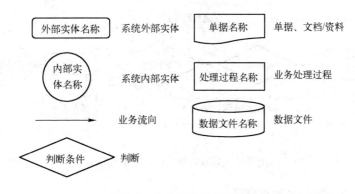

图 5-2 业务流程图常用符号

2. 业务流程调查举例

对某酒店的业务流程进行详细调查之后，得出其业务流程如下。

（1）顾客进入酒店，由总台服务员根据房源信息情况，为顾客办理入住手续，并登记顾客信息、修改房源信息。

（2）由客房部安排顾客入住，并在顾客离开前将房费单送交财务部。

（3）顾客入住酒店之后，可在餐饮部和康乐部消费，消费完毕，顾客签单之后，将消费单交财务部结账。

（4）结账完毕之后，顾客可离开酒店。

（5）顾客离开酒店之后，客房部整理房间，并通知总台恢复房源信息、修改顾客信息。

根据上述业务流程，可以绘制出酒店的业务流程图，如图 5-3 所示。

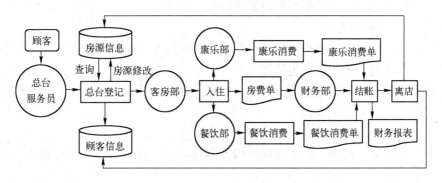

图 5-3 某酒店业务流程总图

分析图 5-3 中各个处理过程，可以发现某些处理只是一个很粗的过程，并没有详细展开。例如，"总台登记"处理过程，可能存在没有房源或有房源但顾客不满意的情况；"入住"处理过程可能存在顾客换房等情况；在"结账"处理时，顾客可能用现金、刷卡或记账等方式结算，对不同的顾客可给予不同程度的优惠等。所以，有必要对某些处理过程进行进一步的细化。如图 5-4 所示，是"总台登记"处理过程的第二层业务流程图。读者可以对某酒店的业务流程作进一步的调查，画出"入住"和"结账"两个处理过程的详细业务流程图。

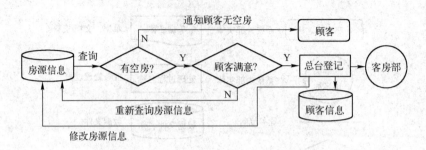

图 5-4 某酒店第二层业务流程图

3. 绘制业务流程图的注意事项

分析上述酒店业务流程图的绘制过程,可总结得出,在绘制管理信息系统业务流程图时应注意下面几点。

(1) 以功能为中心展开,找出业务活动的主线,明确系统的边界和范围。如图 5-3 所示,以顾客入店、消费、结账、离开为主线,展开餐饮、康乐消费等业务活动。

(2) 对于业务过程较复杂的组织,可先绘制简单的业务流程总图(如图 5-3 所示),再逐步绘制各业务活动的详细流程(如图 5-4 所示),直到将所有的业务过程描述清楚为止。

5.2.4 数据流程调查

业务流程调查过程中绘制的业务流程图虽然形象地表达了管理中信息的流动和存储过程,但仍没有完全摆脱物质要素(如货物、产品等),而用计算机进行信息管理的最终目的是从现行系统中舍去物质要素,抽象出信息流。这就有必要对现行系统的数据流程进行分析,并将分析的最终结果用数据流程图表示出来。

1. 数据流程调查的内容

进行数据流程分析首先要对组织进行数据流程的调查,数据流程调查就是尽可能详细地收集组织的信息资料,这些资料包括如下内容。

(1) 现行系统中全部的输入单据(如入库单、收据、凭证)、输出报表和数据存储介质(如账本、清单)的典型格式。

(2) 弄清各环节的处理方法和计算方法。

(3) 在各种单据、报表、账本上标注清楚制作单位、报送单位、存放地点、发生频度、高峰时间及数量等。

(4) 在各种单据、报表、账册上注明各项数据的类型(数字、字符)、长度、取值范围(指最大值和最小值)等指标。

2. 数据流程图

数据流程分析的结果要通过数据流程图表现出来。数据流程图(Data Flow Diagram,DFD)是一种全面描述信息系统逻辑模型的主要工具,它可以用少数几种符号综合地反映出信息在系统中的流动、处理和存储的逻辑关系。

数据流程图具有抽象性和概括性两大特征。抽象性是指数据流程图完全舍弃了具体的物质要素,将系统的业务过程抽象成数据流动、数据处理和数据存储。这种抽象性便于我们总结出信息处理的内部规律性;概括性是指把系统对各种业务的处理过程联系起来考虑,形成一个总体。而业务流程图只能孤立地分析各个业务，不能反映出各业务之间的数据关系。

（1）数据流程图的组成。数据流程图由外部实体、数据流、数据存储和数据处理过程四部分组成，所对应的基本符号如图 5-5 所示。

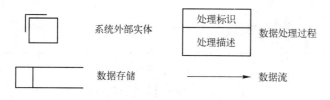

图 5-5　数据流程图基本符号

- 系统外部实体。外部实体是指存在于系统以外但与系统有联系的人或事物。它是数据的外部来源和去向，例如顾客、职工、供货单位或另外一个信息系统等。
- 数据处理过程。数据处理过程是指对数据的逻辑加工，即对数据的变换功能。
- 数据流。数据流是指数据处理过程的输入或输出。对每个数据流要加以简单的描述，使用户和系统设计人员能够理解一个数据流的含义。数据流的描述应写在箭线的上方。
- 数据存储。数据存储表示数据存储的地方。例如数据文件、账本等。用一个右开口的长方形表示，可标出数据存储的标识和数据存储描述。

（2）绘制数据流图的原则。绘制数据流图的一般原则如下。
- 明确系统界面。数据流图表示某个子系统或某个系统的逻辑模型。系统分析人员要根据详细调查过程所获得的资料，识别出那些不受所描述系统的控制，但又影响系统运行的外部环境，这些外部环境是系统数据输入的来源和输出的去向，它们就是当前系统的外部实体。确定了系统和外部环境的界面，就可以集中力量分析、确定系统本身的功能。
- 自顶向下逐步扩展。管理信息系统庞大而复杂，其中包含了大量的数据处理、外部实体、数据存储、数据流，如果将它们画在一张数据流图上，势必出现表述不清的现象，不利于系统设计人员和业务人员对系统的正确理解，这可能导致整个系统开发的失败。因此，在绘制数据流图时，一般采用自顶向下逐步扩展的方法，这是一条自然且较有条理的思考过程。
- 合理布局。数据流图各种符号要布局合理、分布均匀、整齐、清晰，便于各方人员的交流，避免出现误解。一般将系统数据主要来源的外部实体尽量安排在数据流图的左边，而将数据输出去向的外部实体尽量安排在数据流图的右边，数据流的箭头线尽量避免交叉或过长，必要时可用重复的外部实体和数据存储。如图 5-6 和图 5-7 所示。

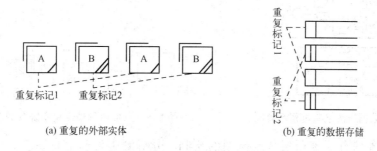

图 5-6　重复项的表示方法

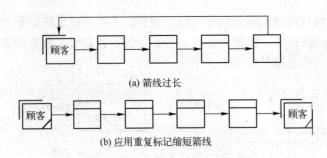

(a) 箭线过长

(b) 应用重复标记缩短箭线

图 5-7　应用重复标记缩短箭线

- 多方合作。数据流图的绘制过程，就是系统逻辑模型的形成过程，因此，必须始终与用户密切联系，充分讨论，反复修改，同时也要与其他系统开发人员共同商讨，以便获得一致性意见。

(3) 数据流图的绘制方法。数据流图的绘制一般采用自顶向下逐步扩展的方法，其步骤如下。

首先，在系统详细调查研究的基础上，明确所描述系统与各外部实体之间的信息联系，绘制出最高层的数据流图——关联图，在关联图中，将整个系统作为一个数据处理过程，着重描述系统与外部实体的联系，明确系统的边界。

然后，确定系统的几个主要的综合性的逻辑功能，绘制顶层数据流图，其中每个逻辑功能由一个数据处理过程描述。顶层数据流图是对关联图中的数据处理过程进行分解所形成的系统较详细的数据流图。

接着，对顶层数据流图中的数据处理进一步分解，形成系统更详细的数据流图，即第一层数据流图。

最后，逐层扩展、细化，直到最底层的数据流图表示了所有具体的数据处理过程和输入输出关系为止。如图 5-8 所示，是数据流图绘制过程的示意图。

(4) 数据流图举例。下面仍以某酒店管理信息系统为例，来说明数据流图的绘制方法。

- 酒店管理信息系统关联图的绘制。因为整个系统数据的输入来源于顾客，消费完毕之后的数据输出去向也是顾客，所以与酒店管理信息系统有关的外部实体就是顾客，该系统的关联图如图 5-9 所示。

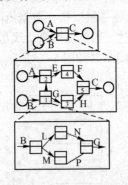

图 5-8　数据流图绘制过程示意图

图 5-9　某酒店管理信息系统关联图

- 酒店管理信息系统顶层数据流图的绘制。分析酒店管理信息系统的业务流程（如图 5-3 和图 5-4 所示），可以得出，整个系统可包括"总台登记"、"消费"和"结账"三个基本的数据处理过程，同时，在进行有关的数据处理过程时，要参考"房源信息"、"价目表"两个数据存储，并产生了"在店顾客信息"数据存储。其顶层数据流图如图 5-10 所示。

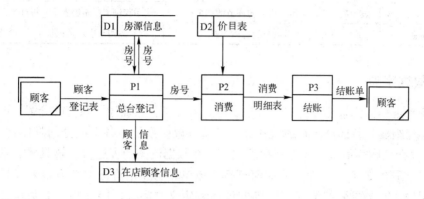

图 5-10　某酒店顶层数据流图

- 酒店管理信息系统第一层数据流图的绘制。分别对"消费"处理和"结账"处理进一步展开、细化形成该系统的第一层数据流图，如图 5-11 和图 5-12 所示。

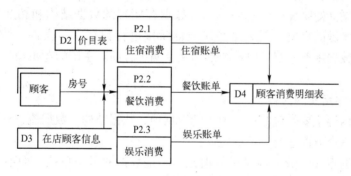

图 5-11　"消费"处理第一层数据流图

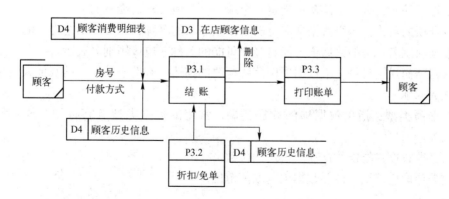

图 5-12　"结账"处理第一层数据流图

（5）数据流图与程序流程图的区别。数据流图（DFD）与传统的程序流程图（Program Flow Chart，PFC）都是管理信息系统中描述信息处理功能的图形工具。它们之间的差别如表 5-1 所示。

表 5-1 数据流图与程序流程图的区别

	数 据 流 图	程 序 流 程 图
描述的主要方面	从系统各部分数据的联系与处理功能来描述	从实现某项功能的数据流加工过程来描述
图中箭线表示的内容	表示数据流,是给所指向的环节的加工材料	表示控制流,是触发下一级开始工作的信号
应用范围	适用于表示系统的总体功能	适用于表示数据加工的执行细节

5.2.5 数据字典

数据流图是结构化系统分析中不可缺少的有力工具,它描述了系统的分解,即描述了系统由哪几部分组成,各部分之间的联系等。但没有说明系统中各个成分的具体含义。例如,图 5-11 中"在店顾客信息"应包括哪些内容,在数据流图中表达得不够具体、准确。又如图 5-12 中"折扣/免单"处理,应如何打折、免单,从数据流图上看不出来。只有当数据流图中出现的每一个成分都给出了明确的说明或定义之后,才能完整、准确地描述一个系统。因此,有必要使用其他系统分析工具对数据流图加以补充说明,数据字典就是这样的工具之一。

所谓数据字典,就是在系统数据流图的基础上,进一步定义和描述所有数据的工具,包括对一切动态数据(数据流)和静态数据(数据存储)的数据结构和相互关系的说明,是数据分析和数据管理的重要工具,是系统设计阶段进行数据库(文件)设计的参考依据。数据流程图配以数据字典,就可以从图形和文字两个方面对系统的逻辑模型作进一步完整的描述。

1. 数据字典中定义的内容

数据字典的内容主要是对数据流图中的数据项、数据结构、数据流、处理逻辑、数据存储和外部实体等六个方面进行具体的定义。

(1) 数据项的定义。数据项又称数据元素,是数据的最小单位,即不可再分的数据单位。在数据字典中,数据项的定义包括以下属性。

- 数据项编号:每一个数据项指定一个编号,一般要求是唯一的。
- 数据项的名称:每个数据项应有表示该数据项的名称,一般要求是唯一的。
- 数据项别名:有的数据项可能有多个可能的名称,应该用别名表示。
- 数据项简述:对每一个数据项做简明扼要的描述,有助于系统中的其他人员正确理解该数据项。
- 数据项类型:指出数据项的数据类型,常用的数据类型有字符型、数字型、日期型等。
- 数据项长度:指定数据项应占用的位数。
- 数据项取值范围:说明数据项的取值范围。

举例如下。

数据项定义。

数据项编号:GZ01-01

数据项名称:职工代码

数据项别名:职工代码

数据项简述：某职工的职工代码

数据项类型：字符型

数据项宽度：4 位

数据项取值范围："0001"~"9999"

（2）数据结构。数据结构描述某些数据项之间的关系。一个数据结构可以由若干个数据项组成，也可以由若干个数据结构组成，还可以由若干个数据项和数据结构组成。数据字典中对数据结构的定义包括以下内容。

- 数据结构的编号：每个数据结构应指定其编号。
- 数据结构的名称：用于标识一个数据结构，以区别于其他系统中的数据结构。如"顾客信息"、"消费明细账"等。
- 数据结构的简述：简明扼要地说明数据结构的基本内容。
- 数据结构的组成：指明某数据结构中包含的数据项或其他数据结构。

如表 5-2 所示，用户订货单数据结构就是由三个数据结构组成的，表中用 DS 表示数据结构，用 I 表示数据项。

表 5-2 用户订货单数据结构

DS03-01：用户订货单		
DS03-02：货单标识	DS03-03：用户信息	DS03-04：配件信息
I1：订货单编号	I3：用户代码	I8：配件代码
I2：日期	I4：用户名称	I9：配件名称
	I5：用户地址	I10：配件规格
	I6：用户姓名	I11：订货数量
	I7：开户银行	

如果是一个简单的数据结构，只要列出它所包含的数据项即可。但如果是一个嵌套的数据结构，则需列出它所包含的数据结构的名称，因为这些被包含的数据结构在数据字典的其他部分已有定义。

举例如下。

数据结构定义。

数据结构的编号：DS03-01

数据结构的名称：用户订货单

数据结构的简述：用户信息及订货单信息

数据结构的组成：DS03-02 + DS03-03 + DS03-04

（3）数据流。数据流表明数据项或数据结构在系统中的传输方向。在数据字典中，对数据流的定义如下。

- 数据流来源：数据流的输入点，它可能来自系统的外部实体，也可能来自系统内的某个处理过程或是一个数据存储单元。
- 数据流去向：数据流的输出点，可能终止于系统的某外部实体、处理过程或数据存储。
- 数据流组成：指数据流所包含的数据项或数据结构。
- 数据流的流量：指在单位时间内，该数据流的传输次数。如 500 次/天。

- 高峰时的流量：指在业务高峰时段，数据流的传输次数。

举例如下。

数据流的定义。

数据流编号：F03-08

数据流名称：领料单

数据流简述：车间开出的领料单

数据流来源：车间

数据流去向：发料处理模块

数据流组成：材料编号+材料名称+数量+日期+领料单位

数据流的流通量：10 份/小时

高峰时的流通量：20 份/小时（上午9:00—11:00）

（4）数据存储。数据存储是指数据结构暂时或永久保存的地方。在数据字典中，只能对数据存储从逻辑上加以简单的描述，而不涉及具体的设计和组织。定义数据存储的主要内容如下。

- 数据存储的名称。
- 数据存储的相关处理。
- 数据存储的组成。
- 数据存储的关键字。

举例如下。

数据存储定义。

数据存储编号：F03-08

数据存储名称：库存账

数据存储简述：存放配件的库存量和单价

数据存储组成：配件编号+配件名称+单价+库存量+备注

数据存储的关键字：配件编号

数据存储的相关处理：P02、P03

（5）数据处理过程。数据处理过程的定义仅对数据流图中最底层的数据处理过程加以描述。有的数据处理过程可能非常复杂，简单的描述不能说明问题，因此，需要用专门的工具来描述，将在本章后面介绍，这里只对数据处理过程作简单的说明。

举例如下。

定义数据处理过程。

数据处理过程编号：P03-08

数据处理过程逻辑名称：计算电费

数据处理过程逻辑简述：计算应缴纳的电费

输入的数据流：用电量、电价

数据处理过程：总电费=用电量×电价

输出的数据流：应扣款文件

数据处理频率：每月一次

（6）外部实体。在数据字典中，对外部实体定义包括：外部实体编号、名称、简述及有关数据流的输入和输出。一个系统的外部实体不应过多，否则系统的独立性不好，此时，应重新分析系统界面,设法减少外部实体的数量。

举例如下。

外部实体的定义。

外部实体编号:S03-08

外部实体名称:用户

外部实体简述:购置本单位配件的用户

输入的数据流:D03-04,D03-05

输出的数据流:D03-07

数据字典一旦建立,从系统分析到系统设计、系统实施都要一直使用它。在数据字典的建立、修改和补充过程中,始终要注意保证数据的一致性和完整性。数据字典可以人工建立,也可以用专用的数据字典软件来建立与管理。

2. 数据字典应用举例

以图 5-10 中的处理过程"总台登记"P1 为例,建立相应的数据字典。

(1)数据项定义,如表 5-3 和表 5-4 所示。

表 5-3 数据项"姓名"定义

数据项	数据项值	数据项	数据项值
系统名	酒店管理信息系统	总编号	1-001
数据项名称	姓名	编号	I1
数据项别名	姓名	简述	入住本酒店的顾客姓名
数据长度	8	数据类型	字符型

表 5-4 数据项"房号"定义

数据项	数据项值	数据项	数据项值
系统名	酒店管理信息系统	总编号	1-002
数据项名称	房号	编号	I2
数据项别名	房号	简述	前 2 位为楼层号,后 3 位为房间号,共 5 位组成房号
数据长度	5	数据类型	字符型
取值范围	01001~99999		

其他数据项定义由读者自己列出。

(2)数据流定义,如表 5-5 所示。

表 5-5 数据流"顾客登记表"定义

项目名	项目值	项目名	项目值
系统名	酒店管理信息系统	总编号	2-001
数据流名称	顾客登记表	编号	F01
数据流别名	顾客登记表	简述	入住本酒店的顾客登记信息
数据来源	顾客	数据去向	处理过程"总台登记"
数据流量	200 份/天	高峰期流量	300 份/天(上午 9 点到 11 点)

(3) 数据存储定义，如表 5-6 和表 5-7 所示。

表 5-6 数据存储"房源信息"定义

项目名	项目值	项目名	项目值
系统名	酒店管理信息系统	总编号	3-001
数据存储名称	房源信息	编号	D01
数据存储别名	房源信息	简述	本酒店客房的状态
数据存储组成	房号 + 状态	相关处理	P1、P3
关键字	房号		

表 5-7 数据存储"在店顾客信息"定义

项目名	项目值	项目名	项目值
系统名	酒店管理信息系统	总编号	3-002
数据存储名称	在店顾客信息	编号	D02
数据存储别名	在店顾客信息	简述	目前入住本酒店顾客基本信息
数据存储组成	姓名 + 性别 + 身份证号码 + 房号 + 入住时间	相关处理	P1、P3
关键字	身份证号码		

(4) 处理过程定义，如表 5-8 所示。

表 5-8 处理过程"总台登记"定义

项目名	项目值	项目名	项目值
系统名	酒店管理信息系统	总编号	4-001
数据处理名称	总台登记	编号	P02
处理功能	确定房号，登记在店顾客信息	简述	来客登记
输入数据流	顾客登记表	输出数据流	在店顾客信息、顾客账单、房号

5.2.6 处理逻辑的描述工具

在数据字典中对数据流图中的每个处理过程的功能都已经作了定义，但比较粗糙，不能为系统设计员和程序员的工作提供充分的依据，因此有必要采用其他的描述工具进行更为详细的说明。处理逻辑描述从另一个侧面刻画了系统的局部和细节。对数据流图作了必要的补充。数据流图、数据字典和处理逻辑三者构成了系统的逻辑模型。

常用的处理逻辑描述工具有结构化语言、判断树和判断表。

1. 结构化语言

结构化语言是专门用来描述处理逻辑的一种规范化语言，它介于自然语言和程序设计语言之间。与程序设计语言的区别是它没有严格的语法规定，与自然语言的区别是它只有极其有限的词汇和语句。结构化语言有三种基本语句，即简单祈使语句、判断语句和循环语句。

(1) 简单祈使语句。简单祈使语句用于表达要做什么事情，包括一个动词和一个宾语。

动词表示要执行的动作，宾语表示动作的对象。例如，录入顾客信息、修改房源信息、分配房号、建立账号等。使用简单祈使语句，应注意以下几点。

- 力求精练，不使用修饰词。
- 动词要能明确表达执行的动作，不用"做"、"处理"等意义不具体的动词。
- 名词必须在数据字典中有定义。

（2）判断语句。这是一种类似计算机语言的处理逻辑描述方法，它使用由"IF"、"THEN"、"ELSE"等词组成的规范化语言。

例如，在酒店管理信息系统中，用自然语言描述"折扣"处理过程是：如果某用户的消费额在 2000 元以上，用现金结账打八折，记账打八五折；如果消费额在 1000 元与 2000 元之间，用现金结账打八五折，记账打九折；如果消费额在 1000 元以下，用现金结账打九折，记账不打折。

上述处理过程可用如下的判断语句来描述。

```
IF 消费额≥2000 元 THEN
    IF 用现金结账 THEN
        打八折
    ELSE
        打八五折
    END IF
END IF
IF 2000 元 > 消费额≥1000 元 THEN
    IF 用现金结账 THEN
        打八五折
    ELSE
        打九折
    END IF
END IF
IF 消费额 < 1000 元 THEN
    IF 用现金结账 THEN
        打九五折
    ELSE
        不打折
    END IF
END IF
```

（3）循环语句。循环语句是指在某种条件满足时，重复执行相同的动作，直到这个条件不成立为止。例如，在酒店管理信息系统中，"总台登记"处理过程是：当顾客到达酒店时，由总台服务员查询房源信息，当有空房时，则询问顾客是否满意，如果顾客满意，则由总台服务员录入顾客信息、分配房号、建立账号；如果顾客不满意，则继续查询是否还有空房。可用如下的循环语句来描述。

```
WHILE 有空房间
    IF 用户满意 THEN
```

　　　　录入顾客信息
　　　　分配房号
　　　　建立账单
　　END IF
WEND

2. 判断树

如果一个处理过程不只是依赖一个条件,而是与多个条件有关,那么它的表达就比较复杂。如果用前面介绍的判断语句表示,就会有多重嵌套,可读性势必下降。用判断树来表示,可以更直观一些。前面介绍的"打折"处理过程,用判断树表示,如图5-13所示。

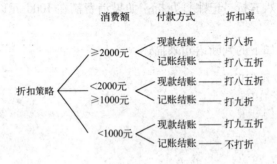

图5-13 酒店消费"打折"判断树

3. 判断表

在处理过程中,如果判断条件较多,各种条件又相互组合,在这种情况下用判断树来描述,树的结构比较复杂,图中各项注释比较烦琐。判断表为描述这类处理逻辑提供了表达清楚、简洁的方法,判断表的基本构成如表5-9所示。图5-13所示的判断树用判断表来表示,如表5-10所示。

表5-9 判断表的构成

条件	状态
决策方案	决策规则

表5-10 酒店消费"打折"判断表

条件	消费额≥2000元	Y	Y	N	N	N	N	状态
	消费额<1000元	N	N	N	N	Y	Y	
	用现金结账	Y	N	Y	N	Y	N	
折扣方案	打八折	√						决策规则
	打八五折		√		√			
	打九折						√	
	打九五折			√				
	不打折					√		

5.3 系统化分析

在原系统详细调查的基础上进行系统分析是提出新系统逻辑模型的重要步骤。这一步骤通过对原有系统的调查和分析,找出原系统业务流程和数据流程的不足,提出优化和改进的方法,给出新系统的逻辑方案。本节将介绍系统化分析的主要内容。

5.3.1 分析系统目标

根据详细调查对可行性分析报告中提出的系统目标作再次考察，对项目的可行性和必要性进行重新考虑，并根据对系统建设的环境和条件的调查修正系统目标，使系统目标适应组织的管理需求和战略目标。

5.3.2 分析业务流程

分析原有系统中存在的问题以对现有业务流程进行重组，产生新的更为合理的业务流程。业务流程分析过程包括以下内容。

（1）原有业务流程分析。分析原有的业务流程各处理过程是否具有存在的价值，其中哪些过程可以删除或合并，原有业务流程中哪些过程不尽合理，可以进行改进或优化。

（2）业务流程优化。原有业务流程中哪些过程存在冗余信息处理，可以按计算机信息处理的要求进行优化。

（3）确定新业务流程。根据业务流程重组的具体情况，确定并画出新系统的业务流程图。

（4）新系统的人机界面。新的业务流程中人与机器的分工，即哪些工作可由计算机自动完成，哪些必须有人的参与，由人机共同完成。

5.3.3 分析数据流程

与业务流程的改进和优化相对应，数据流程的分析和优化一直是系统分析的重要内容。数据流程分析的内容如下。

（1）原有数据流程的分析。分析原有的数据流程各处理过程是否具有存在的价值，其中哪些过程可以删除或合并，原有数据处理流程中哪些过程不尽合理，可以进行改进或优化。

（2）数据流程的优化。原有数据流程中哪些过程存在冗余信息处理，可以按计算机信息处理的要求进行优化。

（3）确定新的数据流程。画出新的数据流程图。

（4）新系统的人机界面。新的数据流程图中人与机器的分工，即哪些工作可由计算机自动完成，哪些必须有人的参与。

5.3.4 功能分析和划分子系统

为了实现系统目标，系统必须具备一定的功能。功能就是做某项工作的能力。目标和功能的关系如图 5-14 所示。目标可看作是系统，第二层的功能可看作是子系统，再下面就是各项更具体的功能。

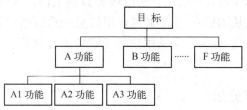

图 5-14 目标与功能的关系

把系统划分为子系统可以大大简化设计工作,因为划分子系统后,只要子系统之间的接口关系明确,每一子系统的设计、调试等就可以互不干扰地、各自相对独立地进行。将来,如要修改或扩充系统,可以在有关系统范围内进行,而不至于牵动全局。

对于大系统来说,划分子系统的工作应在系统规划阶段进行(参见前面第 4 章的企业系统规划法),常用的是 U/C 矩阵。

划分子系统的下一步工作是确定各子系统的目标和下属功能。为此,有必要分析原系统的数据流程图,由此来确定应当增加、取消、合并或改进的功能。

5.3.5 数据属性分析

数据用"属性名"和"属性值"来描述事物某方面的特征。一个事物的特征可能表现在各个方面,需要用多个属性名和其相应的值来描述。例如,对某职工来说,其属性名/属性值有:姓名/黄之清,性别/男,年龄/54,基本工资/800 等。

数据属性分析包括静态特性分析和动态特性分析两部分。

1. 数据的静态特性分析

数据的静态特性分析是指分析数据的类型(字符型、数据型、日期型等)、数据的长度(位数、小数位数)、取值范围(最大值、最小值)和发生的业务量(如每天发生几笔)。

2. 数据的动态特性分析

数据的属性按动态特性可以分为以下三类。

(1) 固定值属性。具有固定值属性的数据,其值基本上固定不变,叫做固定值属性数据,也叫固定半固定数据。例如,成本系统中的定额材料消耗量,工资系统中的职工姓名和应发工资等,在一段时间内基本不变。

(2) 固定个体变动属性。这类数据项,对总体来说具有相对固定的个体集,但其值是变动的属性。例如,工资系统中,电费扣款一项,扣款人员变动不大,但每个人所扣电费则每月都在变化。

(3) 随机变动属性。这种数据项,其个体是随机出现的,值也是变动的。例如,工资系统中的病事假扣款。

区分数据属性的动态特性的目的是正确地确定数据和文件的关系,也就是确定把哪些数据安排在哪种数据文件中。

通常把具有固定属性的数据存放在主文件中,把具有固定个体变动属性的数据存放在周转文件中(参见第 6.4.2 节),把随机变动属性的数据存放在处理文件中。

5.3.6 数据存储分析

数据存储分析是数据库设计在系统分析阶段要做的工作,其内容首先是分析用户需求,也就是调查清楚用户希望从 MIS 中得到哪些有用信息,然后通过综合处理,用适当的工具(如 E-R 图等)进行描述。因为这是从用户角度看到的数据库,所以称之为数据库的概念模型。

5.3.7 数据查询要求分析

通过调查和分析,将用户需要查询的问题列出清单或给出查询方式示意图。例如,产品库存系统的查询方式如图 5-15 所示。另外，还可以将用户可能的查询用一系列的问题罗列。例如，"查询某型号的产品"、"查询某型号产品某日期的入库量"等。

图 5-15　产品库存系统查询方式

5.3.8　数据的输入输出分析

分析各种数据输入的目的和适用范围、数据量的大小及存在的问题。例如，输入的数据是否都得到了有效的利用，哪些数据的输入是多余的或者是不符合实际需要的，现在的数据输入方式是否能满足要求，输入速度是否能满足系统的要求，是否需要改变输入方式和增加输入设备，哪种输入方式更符合用户的需要，还要分析数据的精确程度和数据间的相互联系等。

除明确数据查询要求外，还应对各种输出报表（包括手工填写的）的目的和使用范围进行分析，弄清哪些报表是多余的，或者是不符合实际要求的，系统的处理速度和打印速度是否能满足输出的要求等。

5.3.9　绘制新系统的数据流图

新系统的数据流图是在以上分析过程中逐步完善的。这是一项需要经过多次反复、去伪存真的细致工作。为了明确新系统的人机接口关系，还应在绘成的数据流图上标明哪些部分由计算机完成，哪些部分由人工完成。

数据流图虽然能对系统作出全面性的描述，但并未对图中的数据流、处理过程和存储等元素作进一步的说明，为此，需完善数据字典，并用专用的描述工具描述比较复杂的处理逻辑。

5.3.10　确定新系统的数据处理方式

数据处理的方式可分为两类：批处理方式和联机实时处理方式。

1. 批处理方式

批处理方式按一定时间间隔（小时、日、月）把数据积累成批后一次输入计算机进行处理。例如，订货系统将一天内收到的订货单在计算机处理之前集中起来，并作一定的汇总，然后加以处理。批处理的特点是费用较低而又可有效地使用计算机，通常适用于以下四种情况。

（1）固定周期的数据处理。
（2）需要大量的来自不同方面的数据的综合处理。

(3) 需要在一段时间内累积数据后才能进行的数据处理。
(4) 没有通信设备而无法采用联机实时处理的情况。

2. 联机实时处理方式

联机实时处理方式的特点是面向处理，数据直接从数据源输入中央处理机进行处理，由计算机即时作出回答，将处理结果直接传给用户。这种处理方式的特点是及时，但费用较高。通常适用于以下三种情况。

(1) 需要反应迅速的数据处理。
(2) 负荷易产生波动的数据处理。
(3) 数据收集费用较高的数据处理。

5.4 提出新系统的逻辑方案

逻辑方案是新系统开发中要采用的管理模型和信息处理方法。系统分析阶段的详细调查、系统化分析都是为建立新系统的逻辑方案做准备。逻辑方案是系统分析阶段的最终成果，也是今后进行系统设计和实施的依据。逻辑方案的内容如下。

(1) 新系统的业务流程。这是业务流程分析和业务流程优化重组后的结果，包括以下内容：
- 原系统的业务流程的不足及其优化过程；
- 新系统的业务流程；
- 新系统业务流程中的人机界面划分。

(2) 新系统的数据流程。这是数据流程分析的结果，包括下列内容：
- 原数据流程的不合理之处及优化过程；
- 新系统的数据流程；
- 新的数据流程中的人机界面划分。

(3) 新系统的逻辑结构。即新系统中的子系统划分。
(4) 新系统中数据资源的分布。即确定数据资源如何分布在服务器或主机中。
(5) 新系统中的管理模型。确定在某一具体管理业务中采用的管理模型和处理方法。

5.5 系统分析说明书

系统分析说明书是系统分析阶段的重要文档，用户可以通过它来验证和认可新系统的开发策略和开发方案，而系统设计人员则可以用它来指导系统设计工作和以后的系统实施标准，此外系统分析说明书还可用作评价项目开发成功与否的标准。系统分析说明书主要包括以下内容。

(1) 概述。简要说明新系统的名称，主要目标及功能，新系统开发的有关背景，新系统与功能系统之间的主要差别。

(2) 现行系统概况。用本章介绍的一些系统分析工具，如组织结构图、业务流程图、数据流图、数据字典等，详细描述现行组织的目标、现行组织中信息系统的目标、系统的主要功能、组织结构、业务流程等。另外，各个主要环节对业务的处理量、总的数据存储量、处理速度要求、处理方式和现有的各种技术手段等，都应做一个扼要的说明。

(3) 系统需求说明。在掌握现行系统的真实情况的基础上，针对系统存在的问题，全面了解组织中各层次的用户对新系统的各种需求。

（4）新系统的逻辑方案。根据原有系统存在的问题，明确提出更加具体的新系统目标。围绕新系统的目标，确定新系统的主要功能划分，新系统的各层次数据流图，新系统的数据字典等，并与原有系统进行比较。

（5）系统开发资源与时间进度估计。

本章小结

系统分析是管理信息系统开发的重要环节，包括问题识别、可行性分析、详细调查、系统化分析等步骤，最后完成新系统的逻辑方案设计，形成系统分析报告。

新系统的开发往往来自于对原系统的不满，在系统开发之前，应根据组织的战略目标和用户要求，对原系统存在的问题进行识别，对要开发的系统进行可行性分析，明确系统开发的必要性和可行性，包括管理上的可行性、技术上的可行性及经济上的可行性，形成可行性分析报告。

详细调查主要针对现行系统的业务流程和数据流程进行，以便完整掌握现行系统的现状，找出存在的问题和薄弱环节，产生业务流程图和数据流图，为进一步的系统化分析作准备。

系统化分析主要是在详细调查的基础上，找出不合理的业务流程和数据流程，进而提出新系统的逻辑模型，包括原系统的不足、新系统的目标、子系统的划分、数据属性分析和数据字典的建立及新系统中所要采用的管理方法。

系统化分析的最终目标是提出新系统的逻辑方案。逻辑方案反映了系统分析的结果和对新系统的设想。

习题

1. 填空题

（1）可行性分析的结果包括_____、_____、_____或者_____四种。

（2）详细调查应遵循_____的原则。

（3）管理业务调查包括_____、_____和_____等。

（4）管理业务流程调查可以用_____和_____来描述。

（5）数据字典的内容主要是对数据流程图中的_____、_____、_____、_____、_____和_____等六个方面进行具体的定义。

（6）描述处理逻辑的常用工具包括_____、_____和_____三种。

2. 选择题

（1）开发 MIS 的系统分析阶段的主要工作内容是（　　）。
    A. 完成新系统的逻辑设计　　　　B. 完成新系统的功能分析
    C. 完成新系统的物理设计　　　　D. 完成新系统的数据分析

（2）表格分配图是系统分析阶段用来描述（　　）。
    A. 管理业务流程的图表　　　　　B. 数据流程的图表
    C. 功能结构的图表　　　　　　　D. 数据处理方式的图表

（3）数据流程图是描述信息系统的（　　）。

A. 物理模型的主要工具　　　　B. 优化模型的主要工具
C. 逻辑模型的主要工具　　　　D. 决策模型的主要工具

（4）描述数据流程图的基本元素包括（　　）。
A. 数据流，内部实体，处理功能，数据存储
B. 数据流，内部实体，外部实体，信息流
C. 数据流，信息流，物流，资金流
D. 数据流，处理功能，外部实体，数据存储

（5）数据的静态特性分析指的是分析数据的（　　）。
A. 类型、记录的属性、取值范围、小数点后位数
B. 类型、长度、取值范围、单位时间内发生的业务量
C. 类型、发生的频率、密集度、结构化程度
D. 类型、相对固定属性、结构化程度、处理性质

（6）绘制数据流程图指的是绘制（　　）。
A. 新系统的数据流程图
B. 原系统的数据流程图
C. 新系统和原系统的数据流程图
D. 与计算机处理有关部分的数据流程图

（7）数据流的具体定义是（　　）。
A. 数据处理流程图的内容　　　　B. 数据字典的内容
C. 新系统边界分析的内容　　　　D. 数据动态特性分析的内容

（8）判断表由以下几方面内容组成：（　　）。
A. 条件、决策规则和应采取的行动
B. 决策问题、决策规则、判断方法
C. 环境描述、判断方法、判断规则
D. 方案序号、判断规则、计算方法

（9）系统分析阶段中进行新系统边界分析的目的是（　　）。
A. 为了确定管理人员和计算机人员之间的分工
B. 为了划分子系统
C. 为了确定系统的人机接口
D. 为了确定新系统的业务流程

（10）系统分析的首要任务是（　　）。
A. 尽量使用户接受分析人员的观点
B. 正确评价当前系统
C. 彻底了解管理方法
D. 弄清用户要求。

3. 简答题
（1）系统分析过程可分为哪几个阶段？
（2）系统可行性分析的内容有哪几个方面？
（3）请描述系统详细调查的方法和内容。

(4) 描述处理逻辑的工具有哪些？

4. 应用题

(1) 请按下述的产品库存管理的业务过程画出其业务流程图。

产品入库管理的过程是：各生产车间随时将制造出来的产品连同填写好的入库（入库小票）一起送至仓库。仓库人员首先进行检验，一是抽检产品的质量是否合格，二是核对产品的实物数量和规格等是否与入库单上的数据相符，当然还要校核入库单上的产品代码。检验合格的产品立即进行产品入库处理，同时登记产品入库流水账。检验不合格的产品要及时退回车间。

产品出库管理的过程是：仓库保管员根据销售科开出的有效产品出库单（出库小票）及时付货，并及时登记相应的产品出库流水账。

每天出、入库处理结束后，仓库管理员要根据入库流水账和出库流水账按产品及规格分别进行累计，并将本日内发生的累计数填入库存台账。

(2) 某大学每月末发放工资，发放前的工资处理过程是每月20日到23日由财务科根据上月工资清单和人事科送来的人员及工资变动表填写本月工资发放清单中的有关项目。总务科于每月24日将扣款清单送交财务科，再由财务科按扣款清单将扣款数填入本月工资发放清单。最后计算出每位教职工的应发工资数，并填入工资发放清单，为工资发放人员发放工资做好准备。请根据以上过程画出该工资管理系统的数据流程图。

(3) 请按如下所述的银行存（取）款过程画出业务流程图和数据流图。

储户将填好的存（取）款单及存折送交分类处理处。分类处理处按三种不同情况分别处理。如果存折不符或存（取）单不合格，则将存折及存（取）单直接退还储户重新填写；如果是存款，则将存款单交存款处理处处理。存款处理处登记底账后，将存折退还储户。如果是取款，则将存折及取款单交取款处理处处理。取款处理处提取现金、登记底账后，将现金给储户并将存折退还储户，从而完成存取款过程。

(4) 铁路货运收费标准如下：若收货地点在本省内，快件每公斤5元，慢件每公斤3元；若收货地点在本省外，重量小于或等于20公斤的，快件每公斤7元，慢件每公斤5元，重量大于20公斤的，超重部分每公斤加收1.5元。请分别用判断语句、判断表和判断树表示收费决策的逻辑功能。

第6章 系统设计

管理信息系统设计阶段的主要目的是将系统分析阶段所提出的反映用户信息需求的系统逻辑方案转换成可以实施的基于计算机与通信系统的物理方案。任务是在系统分析阶段形成的系统逻辑模型的基础上,科学合理地进行信息系统物理模型的设计。信息系统物理模型主要解决系统"怎样做"的问题。本章将详细介绍系统设计的基本概念、设计方法和系统设计的具体过程。

6.1 系统设计概述

系统设计阶段是结构化系统开发过程中的关键环节,系统设计工作的好坏将直接影响系统开发的质量,因此,在进行系统设计之前,应首先明确系统设计的依据、内容和原则。

6.1.1 系统设计的依据

系统设计是在系统分析的基础上由抽象到具体的过程,同时,还应该考虑到系统的内外环境和客观条件,因此,应该本着实事求是的客观态度进行这一阶段的工作。通常,系统设计阶段工作的主要依据可从如下几个方面考虑。

(1) 系统分析的成果。从工作流程看,系统设计是系统分析的继续,因此,系统设计人员必须严格按照系统分析阶段的成果,即"系统分析说明书"所规定的目标、任务和逻辑功能进行系统设计,对系统逻辑功能的充分理解是系统设计成功的关键。

(2) 现行技术。现行技术主要指可供选用的计算机硬件技术、软件技术、数据管理技术、数据通信技术和计算机网络技术,现行的信息管理和信息技术标准、规范和有关法律制度。

(3) 用户需求。系统的直接使用者是用户,进行系统设计时应充分尊重和理解用户的要求,特别是用户在操作使用方面的要求,尽可能使用户感到满意。

(4) 系统运行环境。新系统的目标要和现行的管理方法相匹配,与组织的改革与发展相适应。也就是说,既要符合当前需要,又要适应系统的工作环境,如基础设施的配置情况、直接用户的空间分布情况、工作地点的自然环境及安全保密方面的要求等。在系统设计中还应考虑现行系统的软、硬件状况和管理与技术环境的发展趋势,在新系统的技术方案中既要尽可能地保护已有的投资,又要有较强的应变能力,以适应未来的发展。

6.1.2 系统设计的内容

系统设计阶段的工作是一项技术性强、涉及面广的活动,其内容包括以下几个方面。

(1) 系统总体结构设计。
- 系统总体设计的原则。
- 系统功能结构设计。
- 系统流程设计。

- 系统模块结构设计。

（2）系统详细设计。
- 代码设计。
- 数据库设计。
- 输出设计。
- 输入设计。
- 系统界面设计。
- 处理过程设计。
- 制定设计规范。

（3）系统物理配置方案设计。
- 系统硬件配置方案的设计。
- 系统软件配置方案的设计。
- 系统网络结构的设计。

（4）编写系统设计说明书。

6.1.3 系统设计原则

（1）功能性。这是系统开发最基本的要求，它包括系统是否解决了用户希望解决的问题，是否有较强的数据校验功能，是否进行所需的运算，能否提供符合用户需要的信息输出等。

（2）系统性。系统是作为统一整体而存在的，因此，在系统设计中，要从整个系统的角度进行考虑，系统的代码要统一，设计规范要标准，程序设计语言要一致，对系统的数据采集要做到数出一处、全局共享。

（3）灵活性。为保持系统具有较强的生命力，要求系统具有很强的环境适应性，为此，系统应具有较好的开放性和结构的可变性。在系统设计中，应尽量采用模块化结构，提高模块间的独立性，尽可能减少模块间的数据耦合，使各子系统间的数据依赖减至最低限度。这样，既便于模块的修改，又便于增加新的内容，提高系统适应环境变化的能力。

（4）可靠性。可靠性是指系统抵御外界干扰的能力及受外界干扰时的恢复能力。一个成功的管理信息系统必须具有较高的可靠性，如安全保密性、检错及纠错能力、抗病毒能力等。

（5）经济性。经济性指在满足系统需求的前提下，尽可能减小系统的开销。一方面，在硬件投资上不能盲目追求技术上的先进，而应以满足应用需要为前提；另一方面，系统设计中应尽量避免不必要的复杂化，各模块应尽量简洁，以便缩短处理流程、减少处理费用。

（6）高效性。系统的高效性是指系统的运行效率，系统的运行效率包括：处理能力，即单位时间内处理的事务个数；处理速度，即处理单个事务的平均时间；响应时间，即从发出处理要求到给出回答所需的时间。

6.2 系统总体结构设计

系统总体结构设计的主要任务是将整个系统合理地划分成各个功能模块，正确地处理模块之间的调用关系和数据联系，定义各模块的内部结构等。系统总体结构设计是否合理，对提高系统的各项指标至关重要，这些指标包括系统的可行性、可用性、可维护性、易读性及系统的工作效率等。

6.2.1 系统总体设计的原则

为高质量地完成系统总体结构设计，应遵循以下几条原则。

1. 分解—协调原则

整个系统是一个整体，具有整体目标和功能。但这些目标和功能的实现又是相互联系的各个组成部分共同工作的。解决复杂问题的一个很重要的原则，就是把它分解成多个易于解决、易于理解的小问题分别处理，在处理过程中根据系统总体要求协调各部分的关系。在软件系统中，这种分解和协调都有一定的要求和依据。

分解的主要依据如下。

（1）按系统的功能进行分解。
（2）按管理活动和信息运动的客观规律分解。
（3）按信息处理方式和手段分解。
（4）按系统的工作规程分解。
（5）按用户工作的特殊需要分解（如有保密和其他要求）。
（6）按开发、维护和修改的方便性分解。

协调的主要依据如下。

（1）目标协调。
（2）工作进程协调。
（3）工作规范和技术规范协调。
（4）信息协调（指信息的提供和收回）。
（5）业务内容协调（如某些业务指标的控制）。

2. 信息隐蔽—抽象的原则

上一阶段只负责为下一阶段的工作提供原则和依据，并不规定下一阶段或下一步工作中要负责决策的问题，即上层模块只规定下层模块做什么和所属模块间的协调关系，但不规定怎么做，以保证各模块的相对独立性和内部结构的合理性，使得模块与模块之间层次分明，易于理解、实施和维护。

3. 自顶向下的原则

首先抓住总的功能目标，然后逐层分解，即先确定上层模块的功能，再确定下层模块的功能。

4. 一致性原则

要保证整个系统设计过程中具有统一的规范、统一的标准、统一的文件模式等。

6.2.2 系统功能结构设计

系统功能结构的设计，就是从系统整体功能出发，逐步进行功能分解的过程。管理信息系统的各子系统可以看作是系统整体目标下层的功能，对其中每项功能还可以继续分解为更多的功能层次，从概念上讲，上层功能包括下层功能，越上层功能越笼统，越下层功能越具体。功能分解就是一个由抽象到具体、由复杂到简单的过程。

系统功能结构设计的结果，可以用功能结构图表示。所谓功能结构图就是将系统的功能进行分解，按功能从属关系表示的图表。功能模块可以根据具体情况分得大一点或小一点，小的功能模块可以是一个程序中的每个处理过程，而较大的功能模块则可能是完成某任务的一组程序。

图 6-1 是某酒店管理信息系统的功能结构图。

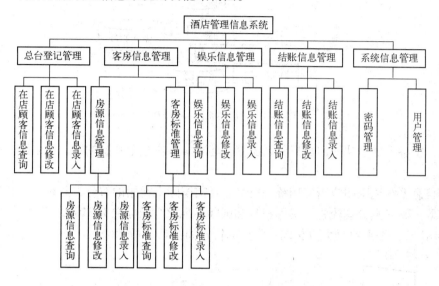

图 6-1 某酒店管理信息系统功能结构图

6.2.3 系统流程设计

功能结构图主要从功能的角度描述了系统的结构，但并未表达各功能之间的数据传递关系。事实上，系统中许多业务或功能都是通过数据文件联系起来的。例如，某一功能模块向某数据文件中存入数据，而另一个功能模块则从该数据文件中读取数据。再比如，虽然在数据流程图中的某两个功能模块之间原来并没有通过数据文件发生联系，但为了处理方便，在具体实现中有可能在两个处理功能之间设立一个临时的中间文件以便把它们联系起来。上述这些关系在设计中是通过绘制系统流程图来从整体上表达的。

系统流程图是在新系统的数据流程图的基础上绘制而成的，通常用它表达系统的执行过程。它用图形符号描述所有的输入/输出和与之有关的处理过程，同时也包括所有文件的建立过程。系统流程图也表达了数据在系统中的流向。但是，它着重表达的是数据在系统中传输时所通过的存储介质和工作站点，与物理技术有密切的关系，因而，绘制系统流程图的主要根据如下。

（1）信息处理的步骤和内容。

（2）每一步所涉及的物理过程。主要包括：输入/输出的内容和形式，存储要求，加工所用的物理设备。

（3）各步骤之间的物理和逻辑关系。

系统流程图既表示信息联系，又表示加工的逻辑顺序，还反映人—机关系，但不考虑加工方法和人—机对话过程。

绘制系统流程图的基本思路如下：

首先，为数据流程图中的处理功能画出数据关系图。图 6-2 是数据关系图的一般形式，它反映了数据之间的关系，即输入数据、中间数据和输出信息之间的关系。

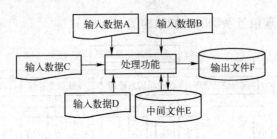

图 6-2　数据关系的一般形式

最后，把各个处理功能的数据关系图综合起来，形成整个系统的数据关系图，即信息系统流程图。

绘制信息系统流程图应当使用统一符号。目前国际上所用的符号日趋统一，我国国家标准 GB 1526—79 信息处理流程图图形符号和国际标准化组织标准 ISO1028、2636 及美国国家标准协会 ANSI 的图形符号大致相同。常用的符号如图 6-3 所示。

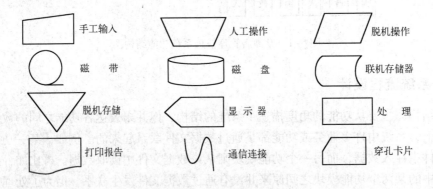

图 6-3　绘制系统流程图的常用符号

应当指出，从数据流程图变换成系统流程图并不是单纯的符号变换，系统流程图中表示的只是计算机的处理流程，而并不像数据流程图那样还反映人工操作的内容。因此绘制系统流程图的前提是已经确定了系统的边界、人机接口和数据处理方式。从数据流程图到系统流程图还应考虑哪些处理功能可以合并，或进一步分解，然后把有关的处理看成是系统流程图中的一个处理功能。

酒店管理信息系统的系统流程图如图 6-4 所示。

6.2.4　系统模块结构设计

系统模块结构设计就是将系统合理地划分成若干个模块，并画出模块结构图。

1. 模块化基本概念

模块化的基本概念包括模块的概念、模块化和模块独立性，下面分别介绍。

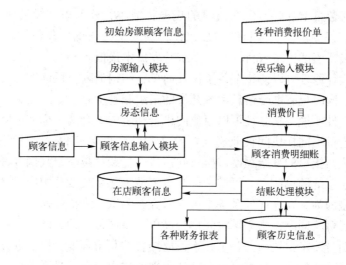

图 6-4 某酒店管理信息系统流程图

（1）模块。所谓模块（modular），是指一组程序语句或描述，它包括输入输出、逻辑处理功能、内部信息及其运行环境。

- 输入输出：模块的输入来源和输出去向在正常情况下都是同一个调用者，即模块。从调用者处获得输入信息，经过模块本身的处理后，再将输出反送给调用者。
- 逻辑处理功能：模块的逻辑处理功能描述了该模块能够做什么，具备什么样的功能，即将输入信息能够加工成什么样的输出信息。
- 内部信息：模块的内部信息是指模块执行的指令和在模块运行时所需要的属于该模块自己的数据。
- 运行环境：模块的运行环境说明了模块调用与被调用的关系。

在系统设计中，只关心模块的外部信息，即研究模块能完成什么样的功能，具体的实现将在系统实施阶段完成。

（2）模块化。所谓模块化，简单地说就是把系统划分为若干个模块，每个模块完成一个特定的功能，然后将这些模块汇集起来组成一个整体（即系统），用以完成指定功能的一种方法。

一般情况下，把复杂的问题分解为若干个子问题，原来的问题也就变得容易解决了。那么能否认为，如果无限地分割系统，最终将导致最基本模块的设计非常容易，因而使得设计系统的工作量非常小呢？事实上，这个结论是错误的。图 6-5 显示了模块化与系统成本之

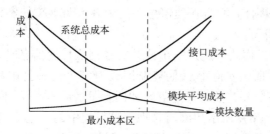

图 6-5 模块化与系统成本

间的关系，当模块数量增加时，每个模块的规模将减小，开发单个模块所需的工作量（成本）确实减少了，但随着模块数目的增加，设计模块间接口的工作量也将增加，因此每个系统都存在一个最适当的模块数目，使得系统开发成本最低。

采用模块化设计原理可以使整个系统设计简单，结构清晰，可读性、可维护性增强，提高系统的可行性，同时也有助于信息系统开发的组织和管理。

(3) 模块独立性。模块独立性可以由块间耦合和块内聚合两个标准来度量。

块间耦合是度量不同模块间彼此相互依赖（联结）的紧密程度。块间耦合强弱取决于模块间的联系形式及接口的复杂程度，模块间接口的复杂性越高，其耦合程度也越高。块间耦合程度直接影响系统的可读性、可维护性和可靠性。在系统设计中应尽可能追求块间耦合松散的系统。这是因为，在这样的系统中可以研究、测试、维护任何一个模块，而不需要对其他模块有很多了解。同时，由于模块间耦合简单，错误传输的可能性相对也较小。

块内聚合是衡量一个模块内部各个元素彼此结合的紧密程度。模块内部的元素是指模块程序中的一条或若干条指令。追求每一个模块高度的块内聚合，是系统设计的基本原则。

2. 模块间耦合形式

两个模块之间的耦合通常有数据耦合、控制耦合、公共耦合和内容耦合四种形式。下面分别讨论这几种耦合形式及它们的联系程度。

(1) 数据耦合。数据耦合是指两个模块之间仅仅是通过数据信息相互依赖的关系。如图 6-6 (a) 所示，是数据耦合的一般形式，模块 A 和其子模块 B、C 间仅仅存在数据传递关系。如图 6-6 (b) 所示，为酒店管理信息系统中客人入住总费用计算的模块结构，属于数据耦合。数据耦合是一种最低的模块间耦合，是一种理想的块间联系方式。

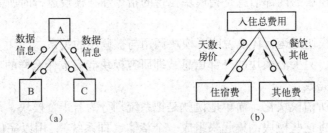

图 6-6 模块间的数据耦合形成

(2) 控制耦合。如果两个模块间传递的信息中存在控制信息，那么这种耦合称为控制耦合。如图 6-7 (a) 所示，是控制耦合的一般形式，模块 A 和模块 B 之间传递的既有数据信息，也有控制信息，因此，这是一种控制耦合。控制耦合可以通过适当的方式（例如，模块再分解）转化为数据耦合。酒店管理信息系统中客人类型模块和住宿费处理模块之间的关系，如图 6-7 (b) 所示。

(3) 公共耦合。如果模块间通过一个公共的数据区传递信息时，则称之为公共耦合或公共数据耦合。公共数据区实际上就是被设计成为多个模块公用数据的区域，例如，一个公共数据缓冲区或一个公共数据文件等。如图 6-8 (a) 所示，模块 A、D、F 共用了公共数据区 P；如图 6-8 (b) 所示，酒店管理信息系统中的"总台登记模块"和"顾客离店处理模块"共用了公共数据区"房源信息"，尽管它们之间没有直接联系，但仍然存在着公共耦合。

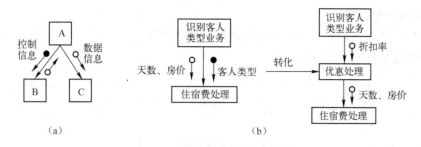

图 6-7 模块间的控制耦合形式

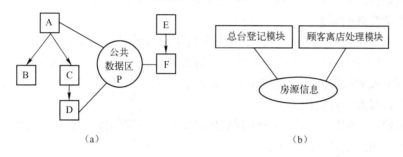

图 6-8 模块间的公共耦合形式

由于公共耦合会给数据保护、数据维护造成很大的困难，因此，在进行系统设计时应尽可能避免使用。但如果模块之间需要传递大量的数据，公共耦合可以作为数据耦合的一种补充形式。

（4）内容耦合。如果一个模块需要涉及另一个模块内部的信息，则这种联系称为内容耦合。例如，下面是内容耦合的常见形式：
- 一个模块访问另外一个模块内部的数据；
- 一个模块调用另一个模块中的部分程序代码；
- 一个模块存在多个入口、出口。

由于内容耦合严重影响了模块间的独立性，因此，进行系统设计时应尽可能避免使用。

分析以上四种模块间耦合的形式，它们的特点及之间的区别如表 6-1 所示。

表 6-1 模块间四种耦合方式的比较

块间耦合形式	可 读 性	错误扩散能力	可修改性	通 用 性
数据耦合	好	弱	好	好
控制耦合	中	中	中	中
公共耦合	不好	强	不好	较差
内容耦合	最差	最强	最差	差

在对一个系统进行模块设计时，应当遵循下列原则：
- 模块间尽量使用数据耦合；
- 必要时才采用控制耦合；
- 对公共耦合应限制耦合的模块数；
- 坚决不用内容耦合。

3. 模块内聚合形式

模块内聚合主要表现在一个模块内部各组成部分之间的联系，共有 7 种形式的模块内聚合，其组合程度如图 6-9 所示。

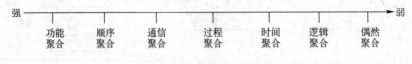

图 6-9　模块内聚合程度的比较

（1）偶然聚合。偶然聚合是指一个模块所要完成的动作之间没有任何关系，即使有某种关系，也是非常松散的联系。

例如，当设计模块 A、B、C 时，发现三个模块均有相同的部分 a，则把 a 抽出作为一个模块，如图 6-10 所示，这样便产生了模块内偶然聚合。事实上，a 只是若干无关语句的集合，其本身与系统的数据流、控制流无关，因此，其内部的紧密程度等于零。偶然聚合的最大缺陷就是不易修改、可读性差。

（2）逻辑聚合。逻辑聚合是指一个模块内部的各个组成部分在逻辑上具有相似的处理功能，但功能上、用途上却彼此无关。

例如，在图 6-11 所示的结构中，假设 E、F、G 均为报表输出模块，即从逻辑上讲它们是类似的，如果把 E、F、G 合并到一个模块 H 中，则产生了模块内逻辑组合。模块 H 实际上是逻辑上相似的功能 E、F、G 的简单组合。

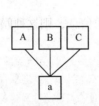

图 6-10　模块内的偶然聚合

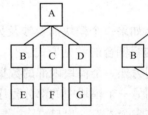

图 6-11　模块内的逻辑聚合

在调用逻辑聚合的模块时，必须完全知道该模块的内部属性。因为，它和其他模块之间有相当复杂的模块间耦合，其可修改性差，维护困难。

（3）时间聚合。时间聚合是指一个模块内部各组成部分所包含的处理动作必须在同一时间内执行。时间聚合的联系程度也较低，它的缺陷是可修改性较差，维护较困难。

（4）过程聚合。过程聚合是指一个模块内部各个组成部分所要完成的动作彼此间没有什么关系，但必须以特定的次序执行。过程聚合模块常常是程序流程图直接演变来的，在同一控制流支配下的处理动作汇集在一个模块中，这里的次序是非常重要的，可能是顺序、判断或循环。

（5）通信聚合。通信聚合是指一个模块内部的各个组成部分所完成的动作都使用了同一输入数据或产生了同一输出数据。

例如，在图 6-12 中，模块 A、B 调用 C 时，使用文件编号作为参数调用，而 C 将该文件保存并打印，其中保存、打印均是针对同一文件。这里 C 就称为通信聚合。

（6）顺序聚合。对于一个模块内部的各个组成部分，如果前一部分处理动作的输出是后一部分处理动作的输入,则称之为顺序聚合。

如图 6-13 所示,模块 A 由两部分组成,前半部分读入数据,后半部分编辑读入的数据。显然,读入部分的输出数据作为编辑部分的输入,因此,A 是顺序组合方式的模块。

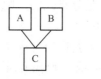

图 6-12　模块内通信聚合

图 6-13　模块内顺序聚合

(7) 功能聚合。功能聚合是指一个模块内部各个组成部分全部属于一个整体执行同一功能。例如,顾客信息输入模块等。功能聚合模块都具有一个目的、有单一的功能。因而其界面非常清楚,与其他模块联系低,可读性、可修改性、可维护性、可测试性均很好。在进行系统设计时,应尽可能追求功能聚合。

表 6-2 显示了各种聚合形式的比较。

表 6-2　聚合形式的比较

聚合形式	可 读 性	可修改性	通 用 性	联系程度
功能聚合	好	好	好	高 ↑
顺序聚合	好	好	较好	
通信聚合	较好	较好	不好	
过程聚合	较好	较好	不好	
时间聚合	一般	不好	最坏	
逻辑聚合	不好	最坏	最坏	
偶然聚合	最坏	最坏	最坏	↓ 低

通过以上分析可以得出,在进行系统设计时应遵循的一般原则是:尽可能提高模块内的聚合程度,降低模块间的耦合程度,争取获得较高的模块独立性。

6.3　系统配置方案设计

系统配置方案设计包括系统软、硬配置设计、系统总体布局设计及网络结构设计。

6.3.1　设计依据

为了使系统具有较强的适应性,系统设计要依据诸多方面的因素,比如,系统的吞吐量、响应时间等。

(1) 系统的吞吐量。每秒钟执行的作业数称为系统的吞吐量。系统的吞吐量越大,则系统的处理能力就越强。系统的吞吐量与系统硬、软件的选择有着直接的关系,如果要求系统具有较大的吞吐量,就应当选择具有较高性能的计算机和网络系统。

(2) 系统的响应时间。从用户向系统发出一个作业请求开始,经系统处理后,给出应答结果的时间称为系统的响应时间。如果要求系统具有较短的响应时间,就应当选择运算速度较快的计算机及具有较高传递速率的通信线路。

(3) 系统的可靠性。系统的可靠性可以用连续工作时间表示。例如，对于每天需要 24 小时连续工作的系统，则系统的可靠性就应该很高，这时可以采用双机双工结构方式。

(4) 集中式还是分布式。如果一个系统的处理方式是集中式的，则信息系统既可以是主机系统，也可以是网络系统；如果一个系统的处理方式是分布式的，则采用网络系统将更能有效地发挥系统的性能。

(5) 地域范围。对于分布式系统，要根据系统覆盖的范围决定采用广域网还是局域网。

(6) 数据管理方式。如果数据管理方式为文件系统，则操作系统应具备文件管理功能。

6.3.2 系统总体布局设计

系统总体布局是指系统的软件、硬件及数据等资源在空间上的分布特征。根据系统的硬件、软件组成上的不同，系统中用户多少的不同，系统中各用户所处的地理位置和应用需求不同，MIS 的系统总体布局一般有单用户结构、多用户结构、服务器－工作站结构、客户－服务器结构、浏览器－服务器结构。

1. 单用户结构

所谓单用户结构，是指由一台微型计算机承担系统的所有功能需求，系统软件、应用软件、数据资源存储在同一个计算机系统，仅仅服务于一个用户，这是一种典型的集中式处理系统。通常用于解决某一个或某几个具体的、规模较小的应用问题，例如，中小企业的人事管理系统、工资管理系统等。

由于系统规模较小，因此单用户结构的显著优点是结构简单、应用灵活、操作简单、安全性强。其缺点也是显而易见的，例如，不能实现资源共享，各部门之间不能进行协调与合作等。

2. 多用户结构

所谓多用户结构，是指由一台功能强大的计算机和多个用户终端构成的系统，所有的应用软件、数据资源都存储在主机上，系统可同时为多个用户提供服务，多个用户同时共享主机 CPU 资源和数据资源。多用户系统结构的优点是可以实现集中管理，安全性强，但其缺点是费用昂贵，系统负载不平衡。

例如，"酒店管理信息系统"对应的多用户系统，其结构如图 6-14 所示。

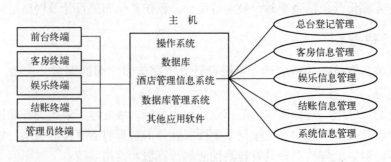

图 6-14 多用户结构

3. 服务器－工作站结构

服务器－工作站结构是由服务器和工作站构成的系统。服务器专门用于整个网络的管理，负责工作站之间信息、数据的传递，实现整个系统的资源共享，它不包含任何子系统，也不进行任何的数据处理工作。各子系统和其相应的数据资源分布在不同的工作站中，各工作站间互不干扰、相互独立，具有较强的适应性和灵活性。

"酒店管理信息系统"对应的服务器-工作站系统，其结构如图6-15所示。

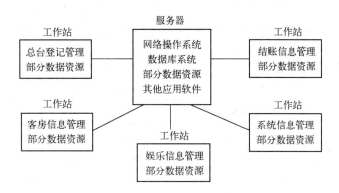

图6-15 服务器-工作站系统结构

4. 客户-服务器结构

随着计算机网络的发展，20世纪80年代末以来，客户-服务器结构成为流行的网络计算模式。在客户-服务器结构系统中，应用被分为前端（客户）和后端（服务器），客户机完成屏幕交互和输入、输出等前台任务，而服务器则完成大量的数据处理及存储管理等后台任务。客户机和服务器工作在不同的逻辑实体中，它们协同工作，客户机向服务器发出请求，服务器根据客户机的请求完成相应的操作，然后将结果返回给客户端。

"酒店管理信息系统"对应的客户-服务器系统，其结构如图6-16所示。

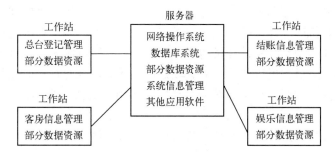

图6-16 客户-服务器系统结构

5. 浏览器-服务器结构

随着Internet技术的发展，浏览器-服务器（B/S）结构已经成为目前MIS系统结构的主要方式。它以Web为中心，采用TCP/IP、HTTP传输协议，客户端通过浏览器访问Web及与Web相连的后台数据库，实现了用户接口、应用程序、后台数据三部分相对独立，应用程序和数据库分别位于应用服务器和数据库服务器中，客户端只需要浏览器即可实现系统运行。MIS的B/S模式一般结构如图6-17所示。

"酒店管理信息系统"对应的浏览器-服务器系统，其结构如图6-18所示。

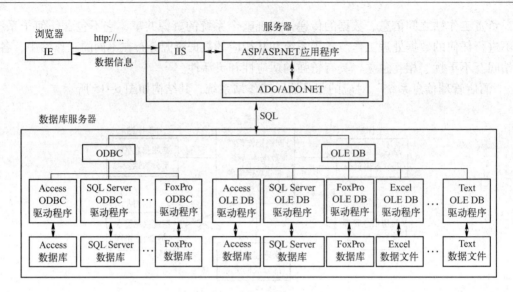

图 6-17 MIS 的 B/S 结构

图 6-18 浏览器-服务器系统示例

6.3.3 信息系统硬件配置方案设计

计算机硬件的选择取决于数据的处理方式和运行的软件。管理信息系统对计算机硬件的基本要求是处理速度快、存储容量大、操作灵活方便，但计算机的性能越高，其价格也就越昂贵，因此，在计算机硬件的选择上应全面考虑。一般来说，如果系统的数据处理是集中式的，系统应用的主要目的是利用计算机的强大计算能力，则可以采用主机-终端系统，以大型机或中小型机作为主机，可以使系统具有较好的性能。对企业管理等应用来说，其应用本身就是分布式的，使用大型主机主要是为了利用其多用户能力，则不如微机网络更为灵活、经济。

确定了数据的处理方式以后，在计算机机型的选择上则主要考虑应用软件对计算机处理能力的需求，包括：

（1）计算机主存；

（2）CPU 时钟；

（3）输入、输出和通信的通道数目；

（4）显示方式；

（5）外接转储设备及其类型。

由于不同计算机的设计目标不同，因而可能在某一方面具有显著的优点，而在其他应用场合却令人无法接受，在进行系统设计时，应根据应用的需要认真选择。

由于现在微型计算机在性能上已经有了很大提高，甚至超过了早期大型机的水平，而价格又相对较低，一般企事业单位选择微型计算机作为硬件支撑环境较为适宜。

6.3.4 信息系统的软件配置方案设计

信息系统的软件配置是指为待开发的信息系统选择合适的操作系统、数据库系统和开发工具。

1. 操作系统

操作系统是整个系统中其他应用软件的运行平台，因此，正确选择操作系统至关重要。在选择操作系统时，应考虑以下几点要求。

（1）能充分满足应用开发的要求，具有较强的兼容性。
（2）具有很好的经济性及发展前途。
（3）可提供较好的网络系统工作环境。

目前，比较流行的操作系统有 Windows、UNIX、Windows NT 等。一般客户端采用具有图形用户界面的 Windows 操作系统。服务器端大多选用 UNIX 或 Windows NT。UNIX 是一个多用户、多任务的操作系统，支持多种网络功能，具有很高的安全性和保密性，且可在多种硬件平台上运行。Windows NT 具有多种网络管理功能，支持多种网络协议，最大的优点是极为友好的多窗口图形用户界面。

2. 数据库管理系统

MIS 是以数据库管理系统（DBMS）为基础的，一个好的数据库管理系统对 MIS 的应用有着举足轻重的影响。在数据库管理系统的选择上，主要考虑以下几点。

（1）数据库的性能。
（2）数据库管理系统的系统平台。
（3）数据库管理系统的安全保密性能。
（4）数据的类型。

目前，市场上数据库管理系统较多，流行的有 Oracle、Sybase、SQL Server、Informix、FoxPro 等，Oracle、Sybase、SQL Server 是大型数据库管理系统，是开发大型 MIS 的首选，而 FoxBase 在小型 MIS 中最为流行。Microsoft 推出的 Visual FoxPro 在大型管理信息系统开发中也获得了大量应用，而 Informix 则适用于中型 MIS 的开发。

3. 语言与其他开发工具

对语言与其他开发工具的选择可以相对灵活，主要根据开发人员对语言的熟悉程度来确定。如目前流行的 Visual studio、Delphi、PowerBuilder 等，都可以作为系统开发工具。除了开发工具，还要考虑办公自动化方面的软件，包括文字处理、图像处理、表格处理及电子邮件收发软件等。

6.3.5 网络结构设计

管理信息系统是网络环境下的系统，应考虑如何将系统总体设计中划分的子系统从内部用局域网连接起来，系统如何与外界相连，如何根据系统的要求和企业的实际环境去配置和选用软硬件产品、网络产品及联网方式。

如上所述，在信息系统开发中，系统应根据应用需要选择主机－终端方式或微机网络方式。对微机网络而言，由于存在着多个商家的多种产品，还面临着网络的选型问题。

（1）网络拓扑结构。网络拓扑结构一般有总线状、星状、环状、混合状等。在网络选择上应根据应用系统的地域分布、信息流量进行综合考虑。一般来说,应尽量使信息流量最大的应用放在同一网段上。

(2)网络的逻辑设计。通常首先按软件将系统从逻辑上分为各个分系统或子系统,然后按需要配备设备,如主服务器、主交换机、分系统交换机、子系统集线器(HUB)、通信服务器、路由器和调制解调器等,并考虑各设备之间的连接结构。

(3)网络操作系统。目前,流行的网络操作系统有 UNIX、Netware、Windows NT 等。UNIX 历史最早,是唯一能够适用于所有应用平台的网络操作系统;Netware 网络操作系统适用于文件服务器-工作站模式,具有较高的市场占有率;Windows NT 由于其 Windows 软件平台的集成能力,随着 Windows 操作系统的发展和客户-服务器模式向浏览器-服务器模式延伸,无疑是有前途的网络操作系统。

6.3.6 系统总体设计举例

某酒店管理信息系统的系统总体设计如表 6-3 和表 6-4、图 6-19 所示。

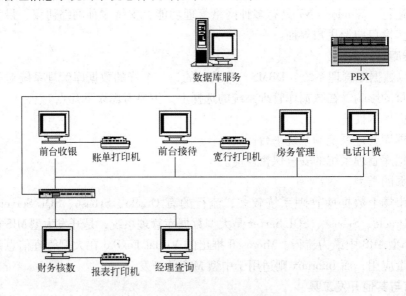

图 6-19 酒店管理信息系统网络结构

表 6-3 酒店管理信息系统硬件配置一览表

编号	项目	配置	数量
1	数据库服务器	P4 2.5G/120G HD/DE530 100M NIC/华硕主板/TNT2 显卡/256M RAM/豪华机箱/17' VGA	1
2	工作站	Celeron 1G/20G/DE530 100M NIC/技嘉主板/TNT2 显卡/64M RAM/机箱/15' VGA	6
3	收银打印机	Epson 300K+	1
4	接待宽行报表打印机	Epson 1600KIII	1
5	财务宽行报表打印机	Epson 1600KIII	1
6	交换机	Dlink 908DX	1
7	其他配件		

表6-4 酒店管理信息系统软件配置一览表

操作系统	服务器端：Windows NT
	客户端：Windows 9X 或 Windows 2000
数据库系统	Microsoft SQL Server
开发工具	Visual Studio 2008
应用软件	Microsoft Office 2007

6.4 系统详细设计

系统详细设计包括代码设计、数据库设计、输入输出设计和用户界面设计等。本节将具体讲述。

6.4.1 代码设计

代码是代表事物名称、属性、状态等的符号，为了便于计算机处理，一般用数字、字母或它们的组合来表示。

为了使系统能够高效、迅速地处理信息，使新的信息系统具有更强的生命力和更高的可靠性，使信息的表示适应计算机处理的要求，在建立新系统时，必须对整个系统进行代码设计。

代码设计在系统分析阶段就应当开始。由于代码的编制需要仔细调查和多方协调，是一项很费时、费事的工作，需要经过很长一段时间的准备，因此，在系统设计阶段才能最后确定。

下面将介绍代码的功能、代码的设计原则和代码的种类等问题。

1. 代码的功能

（1）它为事物提供一个概要而不含糊的认定，便于数据的存储和检索。代码缩短了事物的名称，无论是记录、记忆还是存储，都可以节省时间和空间。

（2）使用代码可以提高处理的效率和精度。用代码对事物进行排序、累计或按某种规定算法进行统计分析，处理速度快。

（3）代码提高了数据的全局一致性。对同一事物，即使在不同场合有不同的叫法，都可以通过代码统一起来，提高了系统的整体性，减少了因数据不一致而造成的错误。

（4）代码是人和计算机的共同语言，是两者交换信息的工具。

2. 代码设计的原则

合理的代码结构是信息系统是否具有生命力的一个重要因素，在代码设计时，必须遵循以下的基本原则。

（1）代码的唯一性。在一个编码体系中，一个代码应唯一标志它所代表的事物或属性。

（2）可扩充性。代码设计时，要预留足够的位置，以适应不断变化的需要。否则，在短时间内，随便改变编码结构对设计工作来说是一种严重浪费。一般来说，代码越短，分类、存储和传送的开销越低；代码越长，对数据检索、统计分析和满足多样化的处理要求就越好。但编码太长，留空太多，多年用不上，也是一种浪费。

（3）代码要易于理解。代码的编制应尽量标准化，尽量使代码结构对事物的表示具有实际意义，以便于理解及交流。

（4）要尽量避免误解。要注意避免引起误解，不要使用易于混淆的字符。如 0 和 o、2 和 z、1 和 l、5 和 s、v 和 u 等易于混淆；空格一般不能出现在代码中；要使用 24 小时制表示时间等。

（5）代码结构不易出错。要注意尽量采用不易出错的代码结构，例如，"字母 – 字母 – 数字"结构（如 WW4）比"字母 – 数字 – 字母"结构（如 W2W）发生错误的机会要少一些。

（6）长代码应分段。当代码长于 4 个字母或 5 个数字字符时，应分成小段。这样人们读写时不易发生错误。如 726-499-613 比 726499613 易于记忆，并能更精确地记录下来。

3. 代码的分类

（1）顺序码。所谓顺序码，是指用连续数字代表编码对象的一种代码，通常从 1 开始。例如，酒店管理信息系统中，用 1 代表酒店经理，2 代表领班，3 代表服务员等。顺序码的优点是简单易懂，位数较少，易于管理。但因为顺序码没有逻辑含义，它本身不能说明任何信息的特征。此外，新添加的代码只能排列在最后，删除多余代码则造成空码。通常，顺序码只作为其他代码的一种补充手段。

（2）区间码。所谓区间码是把数据项分成若干组，每一区间代表一个组，代码中数字的值和位置都代表一定意义。例如，我国的邮政编码、公民身份证号码等都是典型的区间码。

区间码的优点是信息处理比较可靠，排序、分类、检索等操作易于进行。但这种代码的长度与分类属性的数量有关，有时可能造成代码太长，而且维护也比较困难。

区间码又可分为以下各种类型。

- 上下关联区间码，又名层次码，它由几个意义上相互有关的区间码组成，其结构一般由左向右排列。例如，会计核算方面，用最左位代表会计核算种类，下一位代表会计核算项目。
- 十进位码：十进制码由层次码发展而来。中国图书分类法就使用了这种代码。如 610·736，小数点左边的数字组合代表主分类，小数点右边代表子分类。

  十进制码的优点是分类比较清晰，尤其是在图书资料方面。但其缺点也是很明显的，所占位数长短不齐，不适于计算机处理。
- 多面码：一个数据项可能具有多方面的特性，如果在码的结构中，为这些特性各规定一个位置，就形成多面码。即从两个以上的属性识别和处理对象。

例如，酒店管理系统中，对"房号"可作如表 6-5 所示的规定，那么，房号 03055 就表示三楼 55 号房。

表 6-5 酒店管理系统中"房号"的代码规则

楼　　层	01	02	…	99
房间号	001~999	001~999	…	001~999

对于"房间类型"，可作如表 6-6 所示的规定。例如，代码 112 表示位于一楼阳面的标准间。

（3）助忆码。所谓助忆码，是指用文字、数字或文字数字结合起来描述的一种代码形式。例如，用 TV-B-l2 代表 12 寸黑白电视机，用 TV-C-29 代表 29 寸彩色电视机。其优点是可以通过联想帮助记忆，缺点是位数太多，容易引起联想错误。

表6-6 酒店管理系统中"房间类型"的多面码规则

楼　　层	朝　　向	类　　型
1 – 一楼	1 – 阳面	1 – 单人间
2 – 二楼	2 – 阴面	2 – 标准间
……		3 – 三人间

4. 代码结构中的校验位

代码作为计算机的重要输入内容之一，其正确性直接影响着整个数据处理工作的质量。特别是人们重复抄写代码和将它通过人工输入计算机时，发生错误的可能性更大。为了保证代码的正确输入，可有意识地在代码结构中原有代码的基础上，加一位校验位，使它成为代码的一个组成部分。校验位通过事先规定的数学方法计算出来。输入时，计算机将用同样的算法计算出校验位，并与输入的校验位进行比较，以证实输入的正确性。

通常有以下几种确定校验位的算法。

（1）算术级数法。

原代码　　1 2 3 4 5

各乘以权　6 5 4 3 2

乘积之和　6 + 10 + 12 + 12 + 10 = 50

以11为模去除乘积之和，把所得的余数作为校验码：50/11 = 4...6

因此得出代码为123456。

（2）几何级数法。

原代码　　1 2 3 4 5

各乘以权　32 16 8 4 2

乘积之和　32 + 32 + 24 + 16 + 10 = 114

以11为模去除乘积之和，把得出的余数作为校验码：114/11 = 10...4。

因此代码为123454。

（3）质数法。

原代码　　1 2 3 4 5

各乘以权　17 13 7 5 3

乘积之和　17 + 26 + 21 + 20 + 15 = 99

以11为模去除乘积之和，把得出余数作为校验码：99/11 = 9...0。

因此代码为123450。

校验位可以发现以下各种错误：

- 抄写错误，例如，1写成7；
- 易位错误，例如，1234写成1324；
- 双易位错误，例如，26913写成21963；
- 随机错误，包括以上两种或三种综合性错误或其他错误。

6.4.2 数据库设计

数据库设计是在选定的数据库管理系统基础上建立数据库的过程。数据库设计包括用户需求分析、概念结构设计、逻辑结构设计和物理结构设计几个阶段。由于数据库系统已形成一门独立的学科，所以，当把数据库设计原理应用到 MIS 开发中时，数据库设计的几个步骤就与系统开发的各个阶段相对应，且融为一体，它们的对应关系如图 6-20 所示。

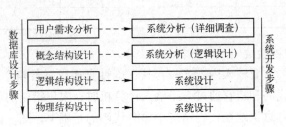

图 6-20　数据库设计与系统开发阶段对照

1. 数据库概念结构设计

数据库概念结构是对现实世界的抽象，是用户与数据库设计人员之间进行交流的语言，因此，数据库概念结构一方面应该具有较强的语义表达能力，能够方便、直接地表达应用中的各种语义知识，另一方面它还应该简单、清晰、易于用户理解。

数据库概念结构通常用 E-R 图来表示，绘制 E-R 图的依据是系统分析阶段形成的数据流程图和数据字典。

（1）E-R 图的基本概念。

- 实体（Entity）。客观存在并可相互区别的事物称为实体。实体可以是具体的人、事、物，也可以是抽象的概念或联系，例如一个职工、一个部门、一个房间、顾客的一次入住等都是实体。
- 实体集（Entity Set）。同类实体的集合称为实体集。例如，全体员工就是一个实体集、所有的房间也是一个实体集。
- 属性（Attribute）。实体所具有的某一特性称为属性。一个实体可以由若干个属性来刻画。例如，职工实体可以由工号、姓名、性别、年龄、部门、职务等属性组成，例如，(01001，李永，男，37，客房部，经理)，这些属性组合起来表征了一个职工的信息。
- 主码（Key）。唯一标识实体的属性或属性集称为主码。例如，工号是职工实体的主码。
- 域（Domain）。属性的取值范围称为该属性的域。例如，工号的域为 5 位整数，姓名的域为字符串集合，年龄的域为小于 100 的整数，性别的域为（男，女）。
- 联系（Relationship）。在现实世界中，事物内部及事物之间是有联系的，这些联系在信息世界中反映为实体内部的联系和实体之间的联系。实体内部的联系通常是指组成实体的各属性之间的联系。两个实体之间的联系可以分为三类。
  ✓ 一对一联系（1∶1）。如果对于实体集 A 中的每一个实体，实体集 B 中至多有一个实体与之联系，反之亦然，则称实体集 A 与实体集 B 具有一对一联系。记为 1∶1。
  例如，在学校里面，一个班级只有一个班长，而一个班长只在一个班中任职，则班级与班长之间具有一对一联系。

✓ 一对多联系（1:n）。如果对于实体集 A 中的每一个实体，实体集 B 中有 n（n≥0）个实体与之联系，反之，对于实体集 B 中的每一个实体，实体集 A 中至多只有一个实体与之联系，则称实体集 A 与实体集 B 具有一对多联系。记为 1:n。

例如，一个班级中有若干名学生，而每名学生只在一个班中学习，则班级与学生之间具有一对多联系。

✓ 多对多联系（m:n）。如果对于实体集 A 中的每一个实体，实体集 B 中有 n（n≥0）个实体与之联系，反之，对于实体集 B 中的每一个实体，实体集 A 中也有 m（m≥0）个实体与之联系，则称实体集 A 与实体集 B 具有多对多联系。记为 m:n。

例如，一门课程同时有若干名学生选修，而一个学生可以同时选修多门课程，则课程与学生之间具有多对多联系。

（2）在 E-R 图中，对实体、联系、属性的表示。

- 用长方形表示实体，框内写上实体名。
- 用圆角长方形表示实体的属性，框内写上属性名，并用线段将实体与它的全部属性连接起来。
- 实体之间的联系用菱形表示，菱形框内写上联系名，并用线段将联系与实体相连，在线段旁注明联系的类型。若一个联系本身也有属性，可将属性与联系用线段连接起来。

通过对酒店管理信息系统数据流程图与数据字典的分析（见第 5 章图 5-9 至图 5-12），绘制出其对应的 E-R 图，如图 6-21 所示。

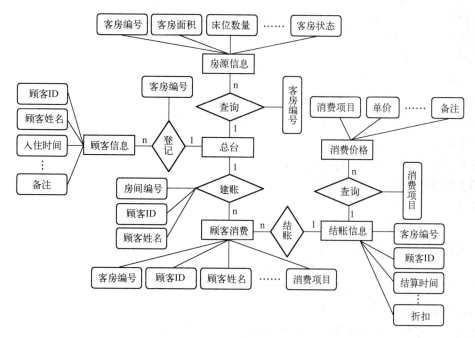

图 6-21　酒店管理信息系统 E-R 图

2. 数据库逻辑结构设计

（1）E-R 图向数据模型的转换。数据库设计中很重要的一步就是将概念模型转换为计算机上 DBMS 所支持的数据模型，例如，将 E-R 模型转换为关系模型。

概念模型与关系模型的术语对应关系如表 6-7 所示。

表 6-7 概念结构与关系模型的对应关系

E-R 模型	关 系 模 型
实体集	关系（表）
实体	元组（行）
属性	属性（列）
属性值	元组分量（列值）

我们知道，在 E-R 模型中用实体集和联系表示现实世界中的事物及其相互关系；而在关系模型中，则用单一的结构（二维表）来组织数据。那么如何将 E-R 模型转换为关系模型呢？下面介绍转换的几条准则。

- 实体转换为关系。E-R 模型中的每个实体集都转换成一个同名的关系，实体集的属性就是关系的属性，实体集的主码就是关系的主码。
- 联系转换为关系。E-R 模型中的每个联系也可用一个关系表示，与该联系相连的各实体集的主码及联系的属性转换为关系的属性。该关系的主码有以下三种情况。
  ✓ 若联系为 1:1，则每个实体的主码均是该关系的候选主码。
  ✓ 若联系为 1:n，关系的主码为 n 端实体集的主码。
  ✓ 若联系为 m:n，关系的主码为各实体集码的组合。
- 合并原则。将具有相同主码的关系模式合并。

根据上面的转换原则，可以将酒店管理信息系统的 E-R 图（见图 6-21）转换为其相对应的关系模型，其中关系主码用下画线标出。

实体转换为以下关系。

顾客信息：<u>顾客 ID</u>、顾客姓名、入住时间、离开时间、备注
房源信息：<u>客房编号</u>、客房面积、床位数量、客房单价、客房状态
顾客消费：<u>客房编号</u>、<u>顾客 ID</u>、顾客姓名……消费项目
结账信息：<u>客房编号</u>、<u>顾客 ID</u>、结算时间……折扣
消费价格：<u>消费项目</u>、单价……备注

联系转换为以下关系。

登　　记：<u>顾客 ID</u>、客房编号（联系→关系）
房源查询：<u>客房编号</u>（联系→关系）
建　　账：<u>客房编号</u>、<u>顾客 ID</u>、顾客姓名（联系→关系）
结　　账：<u>客房编号</u>、<u>顾客 ID</u>、顾客姓名（联系→关系）
价格查询：<u>消费项目</u>（联系→关系）

根据相同主码合并的原则，最终得到酒店管理信息系统的以下四个关系模式。

房源信息关系：<u>客房编号</u>、客房面积、床位数量、客房单价、客房状态
在店顾客信息关系：<u>顾客 ID</u>、顾客姓名、入住时间、离开时间、备注、客房编号
结账信息关系：<u>客房编号</u>、<u>顾客 ID</u>、顾客姓名、结算时间、折扣、备注
消费价格关系：<u>消费项目</u>、单价、消费时间、备注

(2) 数据模型的优化。数据库逻辑设计的结果不是唯一的。为了进一步提高数据库应用系统的性能,还应该适当地修改、调整数据模型的结构,这就是数据模型的优化。关系数据模型的优化通常以规范化理论为指导,方法如下。

- 确定数据依赖。即按需求分析阶段所得到的语义,分别写出每个关系模式内部各属性之间的数据依赖及不同关系模式属性之间数据依赖。
- 对于各个关系模式之间的数据依赖进行极小化处理,消除冗余的联系。
- 按照数据依赖的理论对关系模式逐一进行分析,考察是否存在部分函数依赖、传递函数依赖等,确定各个关系模式分别属于第几范式。
- 按照需求分析阶段得到的各种应用对数据处理的要求,分析对于这样的应用环境,这些模式是否合适,确定是否要对它们进行合并或分解。

3. 数据库的物理结构设计

数据库物理结构设计是在逻辑结构设计完成的基础上,对数据在物理设备上的存储结构、存取方法等进行的设计。数据库物理结构依赖于具体的计算机系统和 DBMS。物理结构设计的内容如下。

(1) 数据存储设计。物理结构设计中最重要的一个环节,是把存储记录在全范围内进行物理安排。文件是存放数据的基本方式,在数据存储设计中,要确定数据的组织方式。对于整个系统的全局数据管理需采用数据库。无论采用哪种方法,文件都是数据管理的最基本方式。

文件设计就是根据文件的使用要求、处理方式、存储量、数据的活动性及硬件设备的条件等,合理地确定文件类别,选择文件介质,决定文件的组织方式和存取方法。文件可以按不同特征进行分类。

- 按文件的存储介质分类。按文件的存储介质可把文件分为卡片文件、纸带文件、磁盘文件、磁带文件和打印文件等。
- 按文件的信息流向分类。按文件的信息流向可把文件分为输入文件(如卡片文件)、输出文件(如打印文件)和输入输出文件(如磁盘文件)。
- 按文件的组织方式分类。按文件的组织方式可把文件分为顺序文件、索引文件和直接存取文件。
- 按文件的用途分类。按文件用途可把文件分为主文件、处理文件、工作文件和周转文件。主文件是系统中最重要的共享文件,主要存放具有固定值属性的数据。处理文件又称事务文件,是用来存放事务数据的临时文件,包含了对主文件进行更新的全部数据。工作文件是处理过程中暂时存放数据的文件,如排序过程中建立的排序文件,打印时建立的报表文件等。周转文件用来存放具有固定个体变动属性的数据。

(2) 完整性和安全性考虑。根据逻辑设计说明书中提供的对数据库的约束条件、具体的 DBMS 的性能特征和硬件环境,设计数据库的完整性和安全性措施。具体细节请读者查阅相关书籍。

6.4.3 输出设计

输出是信息系统产生的结果或要提供给用户的信息。一般来说,输出是系统开发的目的和评价系统开发成功与否的标准。输出设计的目的是为了正确及时地反映和组织用于生产和服务部门的有用信息，因此，系统设计过程与系统实施过程相反，是先进行输出设计，然后再进行输入设计。

1. 输出设计的内容

输出设计的内容如下。

（1）输出信息使用方面的内容。包括信息的使用者、使用目的、报告量、使用周期、有效期、保管方法和复写份数等。

（2）输出信息的内容。包括输出项目、位数、数据形式（文字、数字）。

（3）输出格式。如表格、图形或文件。

（4）输出设备。如打印机、显示器、卡片输出机、电子显示屏幕等。

（5）输出介质。如输出到电子设备上还打印到纸上等。

2. 输出格式的设计

在系统设计阶段，设计人员应给出系统输出的说明，这个说明既是将来编程人员在软件开发时进行实际输出设计的依据，也是用户评价系统实用性的依据。因此，设计人员要选择合适的输出方法，并以清楚的格式表达出来。常见的输出格式有以下几种。

（1）报表。一般用来表示详细的信息，如图 6-22 所示，是酒店管理信息系统中对每日入住客源分析的统计报表。

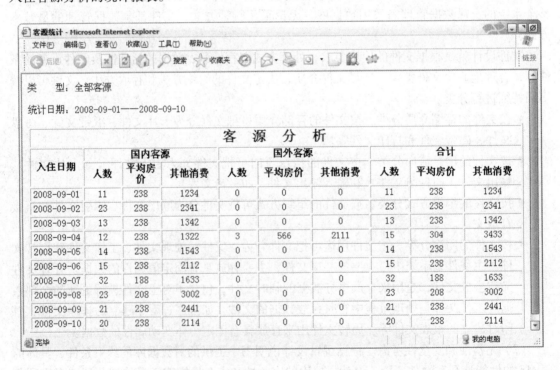

图 6-22　酒店管理信息系统每日客源统计报表

（2）图形。如直方图、饼形图、曲线图、地图等，图形信息在表示事物的趋势，多方比较等方面有较大的优势，可以充分利用大量历史数据的综合信息，表示方式直观。如图 6-23 所示，是酒店管理信息系统显示器上房态信息统计的输出形式。

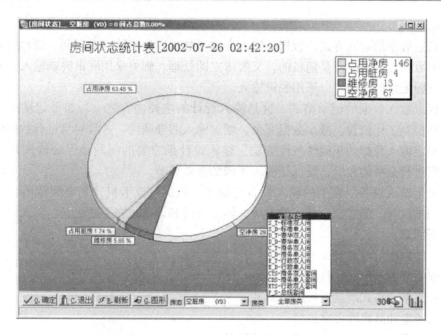

图 6-23　酒店管理信息系统房态统计输出

3. 输出设计的注意事项

输出设计时应注意以下几点。

（1）方便用户。

（2）尽量利用原系统的输出格式，确需修改，应与有关部门协商。

（3）同一内容格式必须统一。同一内容的输出，对于显示器、打印机、文本文件和数据库文件应具有一致的形式。

（4）输出表格要考虑系统发展的需要。

（5）输出的格式和大小要根据硬件能力确定。

6.4.4　输入设计

输入设计对系统的质量有着决定性的重要作用。输入数据的正确性直接决定着处理结果的正确性，如果输入数据有误，即使计算和处理十分正确，也无法获得可靠的输出信息。同时，输入设计是信息系统与用户之间交互的纽带，决定着人机交互的效率。

1. 输入设计的原则

在进行输入设计时，应遵循以下基本原则。

（1）控制输入量。应尽量控制输入数据总量，在输入时，只需输入基本的信息，而其他可通过计算、统计、检索得到的信息则尽可能由系统自动产生。

（2）减少输入延迟。输入数据的速度往往成为提高信息系统运行效率的瓶颈，为减少延迟，可采用周转文件、批量输入等方式。

（3）减少输入错误。应采用多种输入校验方法和有效性验证技术，减少输入错误。

（4）简化输入过程。应尽量避免不必要的输入步骤，尽可能减轻用户负担。

2. 输入设计的内容

（1）确定输入数据的内容。输入数据的内容包括要输入数据项的名称、数据内容、输入精度、数值范围等。

(2) 确定数据的输入方式。数据的输入方式与数据发生的地点、时间、处理的紧急程度有关。如果数据发生的时间是随机的，又要求立即处理，则可采用联机终端输入；对数据发生后可不立即处理的，则可以采用脱机输入。

(3) 确定输入数据的记录格式。这是输入设计的主要内容之一。如果记录格式设计得当，则容易控制工作流程，减少数据冗余，增加输入的准确性，并且容易进行数据的校验。

(4) 确定输入数据的正确性校验方法。输入设计最重要的问题是保证输入数据的正确性。对数据进行必要的校验，是保证输入正确的重要环节。

(5) 确定输入设备。常用的输入设备有键盘、鼠标、读卡机、光电阅读器、声音识别仪、图形扫描仪等。随着信息技术的发展，输入方式和设备也在不断更新。输入设备的选用应考虑以下因素：

- 输入的数据量与频度；
- 数据的来源、形式、收集环境；
- 输入类型、格式的灵活程度；
- 输入速度和准确性要求；
- 输入数据的校验方法、纠错的难易程度；
- 可用的设备与费用。

3. 输入数据的校验

输入设计的目标是要尽可能减少数据输入中的错误，在输入设计中，要对全部输入数据设想其可能发生的错误，并对其进行校验。常见的输入错误有以下三种类型。

(1) 数据内容本身错误。指由于原始数据填写错误等原因引起的输入数据错误。

(2) 数据多余或不足。这是在数据收集过程中产生的差错。如数据（单据、卡片等）的失散、遗漏或重复等原因引起的数据错误。

(3) 数据的延误。数据延误也是数据收集过程中所产生的差错，不过它的内容和数据量都是正确的，只是由于时间上的延误而产生差错。这种差错多由开票、传送等环节的延误而引起，严重时，会导致输出信息毫无利用价值。因此，数据的收集与运行必须具有一定的时效性，并要事先确定产生数据延迟时的处理对策。

数据的校验方法有人工直接检查、计算机程序校验等多种方法。常用的方法是以下几种，可单独使用，也可组合使用。

(1) 重复校验。这种方法将同一数据先后输入两次，然后由计算机程序自动予以对比校验，如两次输入内容不一致，计算机显示或打印出错信息。

(2) 视觉校验。输入的同时，由计算机打印或显示输入数据，然后与原始单据进行比较，查出差错。视觉校验不可能查出所有的差错，其查错率为 75% ~ 85%。

(3) 检验位校验。在编码设计结构中原有代码的基础上，另外加上一个校验位，使它事实上变成代码的一个组成部分。校验位通过事先规定的算法产生，当代码输入后，计算机会用同样的算法按输入的代码计算出校验位，并将它与输入的校验位进行比较，以证实输入是否有错。

(4) 控制总数校验。采用控制总数校验时，工作人员先用手工求出数据的总值，然后在数据的输入过程中由计算机程序累计总值，将两者对比校验。

（5）数据类型校验。校验数据类型是数字还是字符串。

（6）数据格式校验。校验数据记录中各数据项的位数和位置是否符合预先规定的格式。

（7）逻辑校验。即根据业务上各种数据的逻辑性，检查有无矛盾。例如，月份最大不会超过 12，否则出错。

（8）界限校验。即检查某项输入数据的内容是否位于规定范围之内。例如，规定商品的单价在 50 元至 1000 元范围内，若输入数据不在该范围内，则认为数据出错。

（9）顺序校验。即检查记录的顺序。例如，要求输入数据无缺号时，通过顺序校验，可以发现被遗漏的记录。

（10）记录计数校验。这种方法通过计算记录个数来检查记录有否遗漏和重复。不仅对输入数据，而且对处理数据、输出数据及出错数据的个数等均可进行计数校验。

（11）平衡校验。平衡校验的目的在于检查相关数据项之间是否平衡。例如，会计工作中检查借方会计科目合计与贷方会计科目合计是否一致。

（12）对照校验。对照校验就是将输入的数据与基本文件的数据比较，检查两者是否一致。例如，为了检查销售数据中的用户代码是否正确，可以将输入的用户代码与用户代码总表相核对。当两者的代码不一致时，就说明出错。

在错误校验系统中，错误的纠正比校验更困难。应根据不同的情况，进行不同的纠错。原始数据错误，应由产生该数据的部门纠正。由程序查出的错误，由于已经运行，纠错更复杂，根据具体业务情况，或者提出错误数据留待纠正，先处理正确数据，或者纠正错误数据后再一起处理。对于用于统计分析的数据，可以舍弃错误数据，只用正确数据处理。

4. 输入设计示例

下面是酒店管理信息系统中"客房登记信息"输入模块的设计，输入界面如图 6-24 所示，在该模块的设计中，分别从界面设计和代码设计两个方面，突出了输入设计的一般原则。

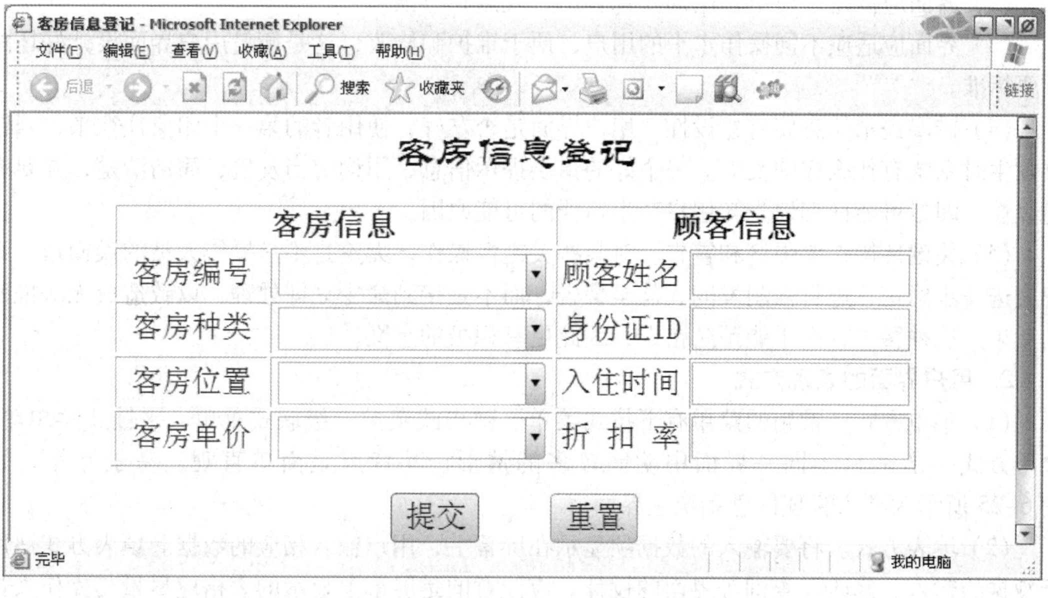

图 6-24 酒店管理信息系统客房登记信息输入界面

(1) 输入界面设计。
- 界面友好：将整个输入信息分为"客房信息"和"顾客信息"两大类，并分为左右两部分，突出了非常友好的用户界面。
- 减少了用户的输入量和错误率：将"客房编号"、"客房种类"、"客房位置"等数据项的输入设计为"复选框控件"，用户只要选择事先设计好的信息内容即可，避免了由于用户频繁的键盘操作而带来的输入错误和输入延误。

(2) 代码设计。

在将数据存入数据库之前，利用程序代码对每一个数据项的输入信息作了严格的检验，以保证数据输入的有效性和规范性。
- 数据的有效性检验。代码中对"顾客姓名"、"身份证 ID"等关键性的数据项是否为空做了判定，并保证用户必须输入数据。
- 数据格式正确性检验。代码中对"入住时间"的格式作了检验，并保证其时间格式为"YYYY-MM-DD"。
- 数据类型正确性检验。代码中对"身份证 ID"和"折扣率"两个数据项的数据类型进行了检验，保证了其数据类型为数字型。

6.4.5 用户界面设计

用户界面设计是指人通过屏幕、键盘等设备与计算机进行信息交换、控制系统运行的过程。友好的用户界面，是信息系统成功的重要因素。

1. 用户界面设计的原则

用户界面设计的出发点是以用户为中心，最大限度地方便用户的操作。因此，用户界面设计应注意以下几点。

(1) 首选图形用户界面（Graphics User Interfaces，GUI）。

(2) 界面应清楚、简单，用词要符合用户观点和习惯。

(3) 界面应适应不同操作水平的用户，便于维护和修改，这是衡量用户界面设计好坏的重要标准。

(4) 错误提示信息要有建设性。用户界面是否友好，使用者的第一个印象往往来自当错误发生时系统有什么样的反应。一个好的错误提示信息，用词应当友善，简洁清楚，并要有建设性，即尽可能详细地告知用户产生错误的可能原因。

(5) 关键性操作要强调和警告。对某些关键性操作，无论是不是操作人员的误操作，系统应进一步确定，进行强制发问，甚至警告，而不是接到命令立即处理，以致造成无法挽回的后果。这种警告，由于能预防错误，因此更有积极的意义。

2. 用户界面的表现方式

(1) 菜单方式。常用的菜单有下拉式菜单、弹出式菜单、级联式菜单、平铺式菜单等。菜单方式一般适合于同一界面中功能较多的情形，其特点是简单直观、易于操作。如图 6-25 所示为酒店管理信息系统主界面。

(2) 填表方式。将要输入的数据项显示在屏幕上，用户输入相应的数据。填表方式适用于数据的输入、修改、查询等界面的设计。应注意的是屏幕上显示的表格应尽量与操作人员手中的原始数据记录格式对应。如图 6-26 所示，为酒店管理信息系统客房标准输入界面。

第 6 章　系统设计

图 6-25　酒店管理信息系统主界面

图 6-26　酒店管理信息系统客房标准输入界面

（3）问答方式。问答方式是指程序运行到一定阶段，屏幕上显示问题，等待用户回答。这种界面适用于在系统的操作过程中，需要用户作出简单选择的情况。如图 6-27 所示。

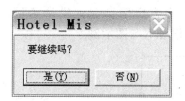

图 6-27　酒店管理信息系统中问答式界面示例

6.4.6　处理过程设计

总体设计过程将整个系统分解成若干模块，并规定了每个模块的外部特征，即功能和界面。处理过程设计是确定每个模块的内部特征，即内部的执行过程，为编写程序制定周密的计划。

1. 处理过程的描述工具

处理过程设计的关键是用一种合适的工具描述每个模块的执行过程，这种描述工具应该简明、精确，并能直接导出用编程语言表示的程序，目前常用的处理过程描述工具有流程图和 N-S 图（盒式图），下面分别介绍。

（1）流程图。流程图由处理、逻辑条件和控制流三种基本成分（如图 6-28 所示）构成，其组成的基本结构有顺序、选择和循环三种结构，如图 6-29 所示。流程图具有直观、形象、容易理解等优点。

（2）N-S 图。N-S 图是另一种处理过程描述工具，图 6-30 是与流程图的三种基本结构相对应的基本结构。

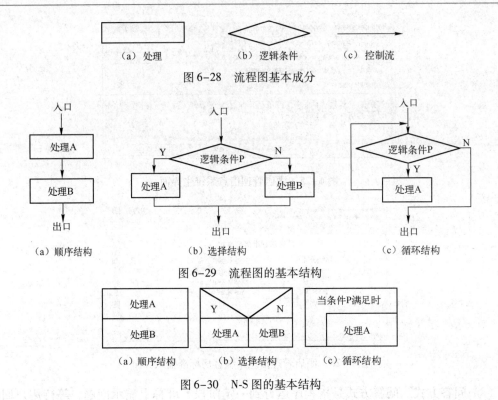

图 6-28 流程图基本成分

图 6-29 流程图的基本结构

图 6-30 N-S 图的基本结构

2. 处理过程设计举例

我们以酒店管理信息系统中客房信息登记模块为例，说明处理过程设计的方法。图 6-31 和 6-32 分别为其流程图和 N-S 图示例。

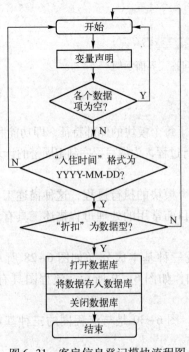

图 6-31 客房信息登记模块流程图

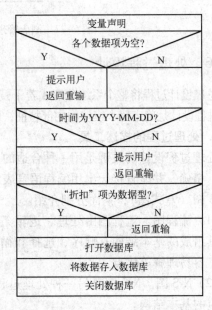

图 6-32 客房信息登记模块 N-S 图

6.5 设计规范的制定

一个系统中存在很多程序、文件、处理方法，为了避免将来系统操作、管理出现混乱，有必要对它们统一命名制定整个系统统一的设计规范。

设计规范是整个系统的"公用标准"，它具体地规定了文件名和程序名的统一规格、编码结构、统一的度量名称等。

下面是工资管理信息系统的设计规范。

（1）程序名。

格式：GZAABBX

其中：GZ 代表工资管理信息系统程序文件；AA 代表文件类型，用法见表 6-8；BB 代表文件的处理方式，用法见表 6-9；X 由一位数字组成，用来区分同类型程序。

表 6-8 文件类型

文 件 类 型	类 型 代 码	文 件 类 型	类 型 代 码
主文件	ZU	主处理文件	ZC
变动文件	BD	报表文件	BB
扣款文件	KK		

表 6-9 处理方式

处理方式	处理代码	处理方式	处理代码	处理方式	处理代码	处理方式	处理代码
建立	JL	修改	XG	计算	JS	排序	PX
更新	GX	合并	HB	打印	DY	处理	CL

举例：

GZZUJL——建立工资管理系统主文件程序。

GZKKJL1——建立工资管理系统第一扣款文件程序。

（2）数据文件名。

格式：GZAAXX

其中：GZ 表示工资管理信息系统数据文件；AA 说明文件类型或费用项目，用两位拼音字母表示，用法见表 6-10；XX 可以是一位数字，也可以是一个字母或字母带数字，用法如表 6-11 所示。

表 6-10 文件类型代号

类型	代码	类型	代码	类型	代码	类型	代码	类型	代码	类型	代码
主文件	ZU	房租	FZ	通勤费	TQ	工会	GH	更新	GX	主处理	ZC
原始文件	YU	抚养费	FY	储蓄	CX	备加	BJ	扣款	KK	报表	BB

表 6-11 符号 XX 的含义

代 号	含 义	代 号	含 义
1	表示同类文件之一	P	表示已经排好序的文件
2	表示同类文件之二，对主文件、主处理或报告文件，用 2 表示复制文件	H	表示已经合并好的文件

举例：GZZU——工资主文件。
GZKK1——第一扣款文件。
GZKKP1——已排好序的第一扣款文件。
GZZU2——复制的工资主文件。
（3）编码结构。
格式：ABCDE
其中：ABCD 代表工作证号码前四位；E 为校验位，其计算方法如下：

$$
\begin{array}{cccc}
A & B & C & D \\
\times\ 3 & 5 & 7 & 11 \\
\hline
\end{array}
$$
$3A + 5B + 7C + 11D = T$
$T \div 9 = Q \cdots\cdots 余 R$
$E = R$

6.6 系统设计报告

编写系统设计报告是系统设计阶段的最后一项工作，它既是系统设计阶段的工作成果，也是系统实施阶段的重要依据。系统设计报告的主要内容如下。

（1）系统总体设计方案。包括系统总体结构、子系统结构，说明各子系统的名称、功能等。

（2）物理系统配置和实施方案。包括系统物理结构、分布、硬件设备配备、软件选择、网络结构等。

（3）代码设计方案。说明代码的种类、功能、结构和校验方法等。

（4）数据库设计方案。说明数据库设计的目标、功能要求、需求性能规定、逻辑设计方案、物理设计方案等。

（5）输入输出和界面设计方案。说明输入输出的项目、主要功能、要求、输入输出设备的配备情况及校验方法等。界面设计要说明设计规范、效果要求等。

本章小结

系统设计阶段的主要任务是在系统分析阶段形成的系统逻辑模型的基础上，科学合理地进行系统物理模型的设计。系统物理模型解决了系统"怎样做"的问题。

首先，介绍了系统总体结构设计的基本内容，其中包括：系统模块化设计、模块功能设计、模块间的调用关系的设计及模块的界面的设计。系统的模块化设计，有助于提高系统的可读性、灵活性。在进行模块化设计过程中，应注意协调系统中模块数量与系统开发成本之间的关系。

其次，重点讲解了系统详细设计的内容，其中包括：代码设计、数据库设计、输出设计、输入设计、系统界面设计、处理过程设计、制定设计规范。代码设计是为了实现全局数据的统一，设计合理的代码结构，有助于防错和纠错。数据库设计是系统设计阶段的重点，数据库逻辑结构是由其概念结构（E-R 模型）遵循一定的原则转换而来。输入输出设计为用户提供了方便的人机交互手段，为管理人员提供了实用、快捷的信息。输出设计的内容是输入设计的依据，因此，应先进行输出设计，然后再进行输入设计。处理过程的设计为系统实施阶段提供程序设计的依据。制定设计规范保证了整个系统中的程序名、数据文件名等标识符前后一致。

再次，讲述了系统物理配置方案设计的基本内容，其中包括系统软硬件的配置、通信网络的选择和设计、数据库管理系统的选择。系统物理配置方案的设计要依据系统的吞吐量、响应时间、可靠性、集中式还是分布式、地域范围及数据管理方式等因素进行。

最后，说明了系统设计阶段的最终文档——系统设计说明书中应包含的内容，即系统总体设计方案、物理系统配置和实施方案、代码设计方案、数据库设计方案、用户输入输出设计和用户界面设计方案。

习题

1. **填空题**

（1）系统设计是在系统分析阶段形成的_____的基础上，科学合理地进行信息系统_____的设计。系统设计主要解决系统_____的问题。

（2）系统总体结构设计是否合理，对提高系统的各项指标至关重要，这些指标包括系统的_____、_____、_____、_____等。

（3）系统功能结构设计的结果，可以用_____表示。

（4）功能结构图主要从功能的角度描述了系统的结构，但并未表达各功能之间的_____。

（5）系统流程图是在新系统的_____的基础上绘制而成的，通常用它表达系统的执行过程。

（6）所谓模块，是指一组程序语句或描述，它包括_____、_____、_____及其_____。

（7）模块独立性可以由_____和_____两个标准来度量。

（8）系统配置方案设计包括_____、_____及_____。

（9）系统总体布局是指系统的软、硬件及数据等资源在空间上的分布特征。从信息资源管理的集中程度看，可分为_____和_____两种类型。

（10）系统详细设计包括_____、_____、_____和_____等。

（11）代码分为_____、_____、_____等。

（12）通常有_____、_____、_____几种确定校验位的算法。

（13）数据库概念结构通常是用 E-R 图来表示，绘制 E-R 图的依据是系统分析阶段形成的_____和_____。

（14）按文件的组织方式可把文件分为_____、_____和_____。

（15）按文件用途分类可把文件分为_____、_____、_____和_____。

（16）常见的输入错误有_____、_____、_____三种类型。

2. **选择题**

（1）具有固定个体变动属性的数据应当存放在（　　）。
    A. 处理文件中　　　　　　　　B. 随机文件中
    C. 主文件中　　　　　　　　　D. 周转文件中

（2）邮政编码是一种（　　）。

A. 缩写码　　　　　　　　　　B. 助忆码
C. 顺序码　　　　　　　　　　D. 区间码
(3) 系统设计的工作不包括（　　）。
A. 代码设计　　　　　　　　　B. 程序设计
C. I/O 设计　　　　　　　　　D. 数据库设计
(4) 系统设计报告的主要内容不包括（　　）。
A. 模块设计说明　　　　　　　B. 代码设计说明
C. 程序设计说明　　　　　　　D. 数据库设计说明
(5) 为了保证数据输入的正确性，通常在代码结构中加入（　　）。
A. 十进制编码　　　　　　　　B. 校验码
C. 专用码　　　　　　　　　　D. 组合码

3. 简答题
(1) 简述系统设计的目的、任务。
(2) 简述系统设计的依据。
(3) 简述系统设计的主要内容。
(4) 系统设计应遵循哪些原则？
(5) 系统总体结构设计的任务是什么？
(6) 简述模块化与系统成本之间的关系。
(7) 什么是模块间耦合？模块间耦合有哪几种形式？
(8) 什么是模块内聚合？模块内聚合有哪几种形式？
(9) 简述将 E-R 模型转换为关系模型的准则。
(10) 简述输出设计的内容。输出设计包括哪些应注意的事项？
(11) 简述输入设计的原则和内容。
(12) 简述系统设计报告的主要内容。

4. 操作题
按照如图 6-33 所示的 E-R 图，完成数据库关系模式的设计。

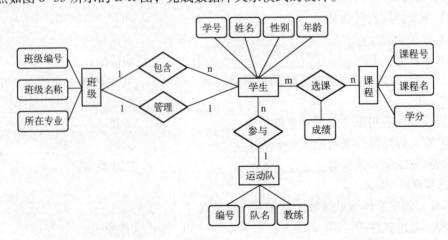

图 6-33　学生管理信息系统 E-R 图

第7章 系统实施与维护

系统实施就是把系统设计阶段形成的物理模型转换成可实际运行的物理系统的过程，系统实施阶段对系统的质量有着十分直接的影响。本章将着重介绍结构化的系统实施方法，讨论程序设计、系统测试和系统转换的有关技术，最后简要讨论系统维护的有关问题。

7.1 系统实施阶段的主要内容

系统实施阶段包括以下主要内容。

（1）物理系统的实施。物理系统的实施包括购置计算机及其外围设备、网络设备、电源等辅助设备及机房设备等。

（2）程序的编写与软件选择。软件选择主要包括系统软件、辅助软件、应用软件等。程序编写是根据系统设计报告确定要编写程序的内容，安排合适的程序设计人员来完成。

（3）系统测试。在完成应用系统的程序设计之后，应对程序和整个系统进行测试。根据不同的程序模块应选择合适的测试方法。

（4）人员的培训。人员培训是系统实施阶段必须完成的一项工作。人员培训的过程，也就是考验及检查系统结构、硬件设备及应用程序的过程。

（5）系统转换。当系统开发完成之后，要进行系统的转换工作，即新系统代替旧系统，系统转换工作要根据系统的特点来选择转换方法。

系统实施阶段的各项工作不是相互独立的，它们之间存在着互为条件又互为制约的关系。例如，没有一定的设备条件，则程序的编写、人员的培训、系统的转换就无法进行。

7.2 物理系统的实施

MIS 物理系统的实施是计算机系统和通信网络系统设备的订购、机房的准备和设备的安装调试等一系列活动的总和。具体地说是计算机和通信设备的安装、电缆线的铺设及网络性能的调试等工作。

7.2.1 计算机系统的实施

（1）计算机选择。市场上计算机的品牌五花八门，各有所长，要从众多的品牌中选出最适合系统需要的品牌，应选择那些性能稳定、使用方便、信誉高和售后服务好的服务器和计算机产品。国外品牌目前有 IBM、HP、Compaq、SUN、NEC、Dell 等；国内品牌目前有联想、浪潮、方正等。

（2）计算机购置应考虑的问题。

- 计算机系统能否满足系统设计和运行的基本要求。
- 计算机系统是否具有合理的性能价格比。

- 计算机系统是不是具有良好的可扩充性。
- 能否得到来自供应商的售后服务和技术支持等。

(3) 计算机的环境要求。

- 计算机机房要求无尘、恒温等条件。
- 计算机硬件间的连接电缆应放置在防静电的活动地板下面。
- 为了防止由于突然停电造成的事故发生,应安装备用电源设备,如不间断电源(UPS)。

(4) 计算机设备到货,按合同开箱验收。

- 安装与调试任务主要应由供货方负责完成。
- 系统运行用的常规诊断校验系统也应由供货方提供,并负责操作人员的培训。

7.2.2 网络系统的实施

网络系统实施就是用通信线路把各种设备连接起来组成网络系统。网络系统实施的内容包括网络产品的选型、网络结构的选择及通信介质的选择等。

1. 网络产品选型

(1) 路由器设备。这是 Cisco 公司的主打产品,可采用 Cisco 公司的产品;Cisco 公司是世界上最大的计算机网络产品供应商;但投资较高。

(2) 交换机设备。这是 3Com 公司的主打产品,可采用 3Com 公司的产品。3Com 公司在中国有很大的市场份额和多个成功案例,产品性能稳定可靠,售后服务好,投资也较少,在北京、上海、成都、广州、武汉和香港等均设有办事处。

2. MIS 网络类型

(1) 局域网(LAN)。通常指一定范围内的网络,可以实现楼宇内部和邻近的几座大楼之间的内部联系。

(2) 广域网(WAN)。设备之间的通信,通常利用公共电信网络,如中国公用数字数据网 CHINADDN、中国公用分组交换网 CHINAPAC、公用交换电话网 PSTN、帧中继 FRAME Relay 等,实现远程设备之间的通信。

3. 常用的通信介质

(1) 双绞线。
(2) 同轴电缆。
(3) 光纤电缆。
(4) 微波和卫星通信等。

7.3 程序设计

程序设计是系统实施阶段的主要工作。程序设计是根据系统设计说明书中的模块处理过程描述、数据库结构选择合适的计算机语言,编制出正确、清晰、可理解性、可维护性强的程序的过程。

7.3.1 程序设计的目标

随着计算机应用水平的提高,软件越来越复杂,同时硬件价格不断下降,软件费用在整个应用系统中所占的比重急剧上升,从而使人们对程序设计的要求发生了变化。在过去的小程序设计中,主要强调程序的正确性和高效性,但对于大型程序,人们则倾向于首先强调程序的可维护性、可靠性和可理解性,然后才是效率。

作为好的程序,除了正确实现程序说明书所规定的各项功能外,还应该具备以下特点。

(1) 可靠性。程序的可靠性是指编制的程序能够正确地完成系统的功能,保证系统的安全及运行的可靠。程序的可靠性在任何时候都是衡量系统质量的首要标准。

(2) 可维护性。可维护性是指排错所需要的平均时间。排错时间越短,可维护性就越强。可维护性是程序设计的主要标准之一。

由于信息系统需求的不确定性,系统需求可能会随着环境的变化而不断变化,因此,就必须对系统功能进行完善和调整,为此,就要对程序进行补充或修改。此外,由于计算机软硬件的更新换代也需要对程序进行相应的升级。MIS 寿命一般是 3~8 年时间,因此程序的维护工作量相当大。一个不易维护的程序,用不了多久就会因为不能满足应用需要而被淘汰,因此,可维护性是对程序设计的一项重要要求。

(3) 可理解性。程序的可理解性是指程序结构清晰、易于理解。它是保证程序正确性、提高可读性和可维护性的基础。

程序不仅要求逻辑正确,计算机能够执行,而且应当层次清楚,便于阅读。因为程序的维护工作量很大,程序维护人员经常要维护他人编写的程序,一个不易理解的程序将会给程序维护工作带来困难。

另外,程序书写格式、变量命名等的规范性也是提高程序可理解性的一个重要方面。

(4) 容错性强。程序应具有较强的容错能力,不仅正常情况下能正确工作,而且能够识别并禁止错误的操作和错误数据的输入,不会因为错误操作、错误数据输入及硬件的故障而造成系统崩溃。

(5) 高效性。高效性是指程序运行的速度和占用系统资源(存储空间、处理机时间等)的程度。程序设计应该做到在尽可能小地占用存储空间的同时,以最快的速度完成规定功能的执行。

近年来,由于硬件价格大幅度下降,而其存储空间、处理速度等性能却不断完善和提高,因此,程序的效率已不像以前那样举足轻重了。相反,程序设计人员工作效率的地位日益重要。提高程序设计人员的工作效率,不仅能降低软件开发成本,而且可明显降低程序的出错率,进而减轻维护人员的工作负担。为了提高程序设计效率,应充分利用各种软件开发工具。

程序的效率和可维护性、可理解性通常是矛盾的。在实际编程过程中,人们往往宁可牺牲一定的时间和空间,也要尽量提高系统的可理解性和可维护性,片面地追求程序的运行效率反而不利于程序设计质量的全面提高。

7.3.2 程序设计的步骤

(1) 了解计算机系统的性能和软硬件环境,包括计算机系统的运算速度与存取速度、存储容量、外设连接及通信能力等重要性能指标。

(2) 充分理解系统概要设计和详细设计的文档,准确把握系统功能、模块间的逻辑关系、算法的详细方案及输入输出要求。

(3) 根据系统设计要求和软硬件环境条件，选定程序设计语言。
(4) 编写程序代码。
(5) 程序的检查、编译与调试。

7.3.3 编程工具的选择

随着计算机在信息系统中的广泛应用，各种软件编程工具的发展日新月异，为信息系统的开发提供了强有力的技术支持和方便的使用手段。选择合适的软件编程工具，可以大量减少手工编程环节的工作量，避免各种编程错误的出现，极大地提高系统的开发效率。下面介绍几类编程工具及各自的特点。

(1) 结构化程序设计语言。结构化程序设计语言流行于 20 世纪 90 年代之前，代表性的结构化程序设计语言有 C、Fortran、Basic 等，利用这类编程工具进行程序设计的基本形式是手工编程。适用于设计小规模的应用软件，软件的通用性、重用性、扩展性差。一般不用作信息系统的开发工具。

(2) 数据库管理系统。数据库管理系统（DBMS）是开发信息系统的非常重要的工具之一，它既提供了信息系统中数据的管理功能，同时也具有信息系统的编程功能。目前流行的数据库软件产品有微型机上的小型 DBMS（例如，VFP、Access 等）和大型数据库系统工具（例如，Oracle 系统、SQL Server 系统等）。前者用于小型管理信息系统的开发，后者则可支持基于局域网、Intranet、Internet 的大型管理信息系统的开发。

(3) 可视化面向对象编程工具。可视化面向对象的编程方法是在结构化程序设计语言基础上发展而来的，是目前非常流行的编程工具。例如，Java、Visual Basic、Visual C++、PowerBuilder、Delphi、Visual Studio.NET 等，这类编程工具适用于大规模软件系统设计，有助于提高软件的重用性、扩展性、移植性，提高编程效率和程序自动化水平。

由于数据库管理系统具有较强的数据库管理功能，而可视化面向对象编程工具具有较强的程序设计功能，因此，可以将两者结合起来开发管理信息系统。首先，根据待开发的管理信息系统的规模、特点选择一种合适的 DBMS，用于数据库管理；其次，选择一种合适的编程工具进行应用系统的程序设计。

7.3.4 程序设计风格

好的程序不仅能在计算机上正确执行，而且对程序员来讲，应该结构清晰、逻辑简明、易读易懂，且便于修改和扩充。为了达到这个目标，程序员在编程序时必须遵循一定的规则和约定，这就是程序设计风格的要求。良好的程序设计风格包括以下几个方面。

1. 标识符命名规范化

标识符是文件名、变量名、常量名、函数名、程序名等由用户定义的名字的统称。

标识符的命名不仅要满足程序设计语言的语法限制，更要能够使名字表达和提示出其在程序中的具体含义，因此标识符的命名最好能具有实际意义，做到见名知意。

标识符的命名应注意以下几点。

(1) 命名规则要在整个程序中前后一致。
(2) 命名时一定要避开程序设计语言或系统中的保留字。
(3) 尽量不使用容易产生二义性的标识名。

2. 适当的程序注释

为了提高程序的可读性，对一些关键性语句和功能模块应加上适当的注释。

3. 程序布局格式化

一个程序如果写得密密麻麻，分不出结构和层次，势必会影响程序的可读性。因此，可以充分利用空格、空行和缩进等，改善程序的布局，以获得较好的视觉效果。

4. 程序结构简单化

为了增强程序的可读性和可理解性，在进行程序设计时，应尽可能地使用简单语句，直截了当地反映程序设计意图，切忌为了追求程序语句的技巧和效率而忽视程序的简明性和清晰性。下述规则有助于使语句简单明了。

（1）一行写一条语句。

（2）避免使用复杂的条件判断。

（3）尽量减少使用否定的逻辑判断条件。

（4）尽量减少循环嵌套和条件嵌套的层数。

7.4 系统测试

系统测试是对整个系统开发过程包括系统分析、系统设计和系统实施的最终审查，是保证系统质量与可靠性的最后关口。尽管在系统开发的各个阶段均采取了严格的技术审查，但难免遗留差错，如果不进行系统运行前的系统测试，及时发现并纠正可能存在的错误，将会付出更大的代价，甚至会造成不堪设想的后果。

系统测试是管理信息系统开发周期中一个十分重要而漫长的阶段，系统测试阶段占用的时间、花费的人力和成本占软件开发的很大比例。统计表明，开发较大规模的系统，系统测试的工作量大约占整个软件开发工作量的40%~50%。而对于一些特别重要的大型系统，系统测试的工作量和成本更大，甚至超过系统开发其他各阶段总和的若干倍。

7.4.1 系统测试的基本概念

1. 系统测试的对象

系统开发的各个阶段是彼此衔接的，前一阶段发生的问题如果未能及时解决，很自然会带入下一个阶段，因此在测试中发现的问题不一定是在编码阶段产生的，而是前面各阶段错误的集中反映。也就是说，对程序设计阶段来讲，有些错误是"先天性"的。因此系统测试的对象显然不仅仅是源程序，而应该是整个软件，它把需求分析、概要设计、详细设计及程序设计各个阶段的开发文档，包括需求规格说明、概要设计说明、详细设计说明及源程序，都作为测试的对象。由于软件是程序与文档的统称，所以系统测试的对象是软件。

2. 系统测试的目的

对于系统测试我们往往会走入一个误区，认为测试的目的就是为了说明软件是没有问题的，因此当程序设计完成之后，我们会自觉或不自觉地寻找容易使程序通过的测试数据，回避那些易于暴露程序错误的测试数据，从而导致隐藏的错误不能被发现。从软件工程的角度看，这种认识不仅不正确，而且是十分有害的。

恰恰相反，系统测试的目的是找出程序中的错误，不是要证明程序无错，而是要精心选取那些易于使程序发生错误的测试数据,以十分挑剔的态度证明程序有错。由于人类思维的严密性是有限的,加之开发人员的主观、心理、经验等方面的因素,实践证明,大型软件在测试前是不可能没有错误的。因此系统测试的目的就是发现软件的错误。

3. 系统测试可发现的常见错误

在系统测试中发现的错误是各种各样的,按其范围和性质可划分为以下几类。

(1) 功能错误。由于功能规格说明书不够完整或叙述不够确切,致使在编程时对功能有误解而产生的错误。

(2) 系统错误。指与外部接口的错误、参数调用错误、子程序调用错误、输入/输出地址错误及资源管理错误等。

(3) 过程错误。主要指算术运算错误、初始过程错误、逻辑错误等。

(4) 数据错误。数据结构、内容、属性错误,动态数据与静态数据混淆,参数与控制数据混淆等。

(5) 编码错误。语法错误、变量名错误、局部变量与全局变量混淆、程序逻辑错误和代码书写错误等。

4. 系统测试的基本原则

在进行系统测试时应遵循以下基本原则。

(1) 开发者不参与原则。测试工作应避免由软件开发人员或小组来承担。测试的目的就是找出源程序中的错误,而从心理上来讲,软件开发人员对自己的工作成果有所偏爱,总认为自己开发的软件没有错误或错误不大,因而在主观上不愿否定自己的成果;另一方面,如果开发人员对软件的功能有理解错误,由本人去找,肯定是找不出错误的,正所谓"当局者迷"。

(2) 系统输入与结果并重原则。设计测试方案时,不仅要包括确定的输入数据,而且还要包括从系统功能出发预期的测试结果。把预期测试结果作为测试方案的组成部分,对于发现错误是很有帮助的,并且可以提高效率,只要将运行结果与预期测试结果进行对比即可发现有无错误。否则,由于人们的心理作用或粗心大意,常把一些似是而非的结果当成正确结果,把本该发现的问题漏掉。

(3) 测试用例设计全面原则。测试用例不仅要包括合理、有效的输入数据,还要包括无效的或不合理的输入数据。在测试中人们常常只注意到从系统功能角度是合理有效的和可以预想得到的输入数据,而忽视那些无效的和预想不到的输入数据。实际上一个软件在投入运行后,常常会遇到一些意想不到的输入数据,如用户按错键、输错数、键入非法命令等,如果软件不能作出适当的反应来加以失控,就不能说明软件是可靠的。往往使用预期不合理的数据进行测试比用合理数据收获要大。

(4) 无效功能严格剔除原则。不仅要测试程序是否完成了该完成的功能,还要测试程序是否同时完成了不该完成的功能。多余的副作用即使是无意义的也会影响程序运行效率,甚至有时会带来潜在的危险。

(5) 软件中仍存在错误的概率和已经发现错误的个数成正比。有时软件经测试发现了许多错误后,测试者认为可能的错误已经找得差不多了,因而不必再继续测试了。但经验和统计结果表明,发现的错误越多,程序中潜在的错误可能会越多。这个事实还可用米中含沙的情况作比喻,当发现手中抓到的一把米里有沙粒时,绝不表示米袋里的沙粒只有这些,往往是随手一抓,手中的沙子越多,说明米中含沙量越高。因此,如果在进行软件经测试时发现了许多错误,那么继续测试发现错误的可能性会更大。

(6) 保留测试用例,作为软件文档的组成部分。测试用例无论是否发现了软件中的错误,都是花费了大量精力精心设计出来的,保留这些测试用例将会给重新测试和追加测试带来方便。一旦程序纠错、改进或扩充后,需要重新测试时,将在很大程度上重复以往的测试工作,一方面验证原有错误是否修改正确了,另一方面能够发现因修改或扩充而可能引入的新错误。

5. 测试与调试的比较

测试与调试意义是不同的,测试的目的是发现系统中的错误,而系统开发的最终目的是完成高质量的、完全符合用户需要的信息系统。因此当系统测试发现错误之后,还必须诊断并改正错误,即准确判定错误位置及具体的出错情况,继而进行改正以排除错误,这就是调试。

进行测试时,通过比较测试结果与预期结果的差异来确认错误的存在。而错误在哪儿?如何解决?这就是调试的内容,所以调试又称排错或纠错。首先,准确判定出错的位置并不是一件容易的事,它要占去测试工作的大部分工作量(约90%左右),而在找到错误原因后,改正错误往往相对容易得多。注意:改正错误后,应及时对系统文档中相关的内容进行修改,以保证程序与文档的一致性。

7.4.2 系统测试的方法

系统测试的方法如图7-1所示。

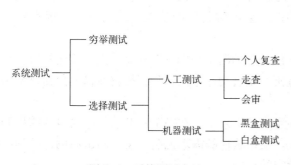

图7-1 系统测试方法

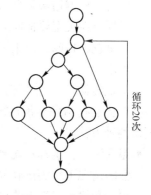

图7-2 穷举路径示例

1. 穷举测试

所谓穷据测试,是指能够包含所有可能的情况的测试。

假设有一个简单程序,有两个输入变量 X 和 Y,输出变量为 Z。如果在字长为32位的计算机上运行,则 X、Y 可分别有 2^{32} 个可能的取值,输入数据的所有可能值有 2^{64} 种,假设这个程序测试一组数据需要1毫秒,则需要5亿年才能全部测试完这组输入数据。显然,穷举所有输入数据是不可能的。

再看一个试图走遍程序中所有可能路径的例子,如图7-2所示,一段程序对嵌套的条件分支语句循环执行20次,要遍历所有的路径。这段程序共有5条路径,需循环20次,则共有 5^{20} 条路径。对更复杂程序,则路径数量呈指数上升趋势。可见穷举路径的测试也是不现实的。

由以上分析可以看出,无论是穷举输入还是穷举路径的测试对于信息系统都是不现实的。

2. 选择测试

所谓选择测试,是指从大量的测试用例中精心挑选出一部分进行系统测试,从而获得以最少的测试数据发现最多错误的一种测试方法。选择测试通常包括人工测试和机器测试两种方法。一般源程序通过编译后,要先经过人工测试,然后再进行机器测试。

(1) 人工测试。人工测试是采用人工方式进行,目的在于检查程序的静态结构,找出编译过程不能发现的错误。经验表明,组织良好的人工测试可以发现程序中30%~70%的代码和逻辑错误,从而减少机器测试的负担,提高整个测试工作的效率。人工测试又称为代码复审,主要有个人复查、走查和会审三种方法。

- 个人复查:指源程序编完以后,直接由程序员自己进行检查。由于心理上对自己程序的偏爱,因此有些习惯性的错误自己不易发现,如果对功能理解有误,自己也不易纠正,所以这是针对小规模程序常采用的方法,效率不高。
- 走查:一般由3~5人组成测试小组,测试小组成员应是从未介入过该软件设计工作的有经验的程序设计人员。测试应在预先阅读过该软件资料和源程序的前提下进行,由测试人员扮演计算机的角色,用人工方法将测试数据输入被测程序,并在纸上跟踪监视程序的执行情况。
- 会审:测试小组的成员要求与走查相似,要求测试成员在会审前仔细阅读软件的有关资料,根据错误类型清单(从以往经验看一般容易发生的错误),填写检测表,列出根据错误类型要提问的问题。会审时,由程序作者逐个阅读和讲解程序,测试人员逐个审查、提问,讨论可能产生的错误。会审对程序的功能、结构及风格等都要进行审定。

(2) 机器测试。机器测试是运用事先设计好的测试用例,在计算机上直接运行被测试的程序,对比运行结果与预期结果之间的差别,发现程序中的错误。机器测试有黑盒测试和白盒测试两种方法。

- 黑盒测试:也称功能测试,将软件看成是黑盒子,在完全不考虑程序的内部结构和特性的情况下,测试软件的外部特性。根据软件的需求说明书设计测试用例,从程序的输入和输出特性上测试是否满足设定的功能。
- 白盒测试:也称结构测试,将软件看成是一个透明的盒子,按照程序的内部结构和处理逻辑来选定测试用例,对软件的逻辑路径及过程进行测试,检查它与设计是否相符。

7.4.3 系统测试的步骤

系统测试工作包括单元测试、组装测试、确认测试和系统测试四个步骤,每一步都是在前一步的基础上进行,其过程如图7-3所示。

1. 单元测试

所谓单元,是指程序中的一个模块或一个子程序,是程序运行的最小单位。因此单元测试也称模块测试。

第 7 章　系统实施与维护

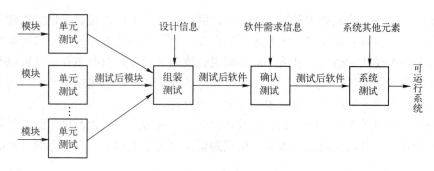

图 7-3　系统测试的步骤

进行模块测试的原因有三：首先，将整个程序分解成模块可以减小测试的复杂程度；其次，将测试限制在一个模块范围内，易于确定产生错误的位置；最后，由于模块彼此独立，可以同时进行多个模块的并行测试，以缩短测试周期。

由于每个模块完成一个明确定义而又相对独立的子功能，因此可以把它作为一个独立实体来测试，而且通常比较容易设计测试用例。

模块测试的目的是保证每个模块作为独立单元能够正确运行。在单元测试中所发现的往往是代码和详细设计的错误。

在单元测试前必须通过编译程序检查并改正所有语法错误。进行单元测试是采用白盒测试的方法，根据详细设计的描述，从模块的内部结构出发设计测试用例进行测试。

单元测试主要从下述五个方面去检验模块。

(1) 模块接口。测试信息能否正确无误地输入、输出。

(2) 模块内部数据的结构。测试内部数据的完整性，包括内容、形式及相互关系。

(3) 逻辑路径。测试应覆盖模块中关键的逻辑路径。

(4) 出错处理。测试模块对错误及产生错误条件的预见能力，并且检测其出错处理是否适当。

(5) 边界条件。软件往往容易在边界条件上发生问题，如循环的第一次和最后一次执行、判断选择的边界值等，可利用边界值分析方法设计测试用例，以便检查这类错误。

由于每个模块在整个软件中不是孤立的，尽管它可以单独编译，但不能单独进行测试。因此在单元测试时，应考虑它与调用和被调用模块之间的相互关系。显然不能将尚未测试的周围模块连接起来进行单元测试，这将使测试复杂化，难以判断错误来源于哪个模块。为了在单元测试中模拟这种联系，应设置若干辅助模块，作为周围联系模块的替代模块。辅助模块有两种，一种是驱动模块，用以模拟被测试模块的上级调用模块；另一种是桩模块，用以模拟被测试模块的下级被调用模块。驱动模块和桩模块作为一种测试软件，是由测试人员编写的程序，这种程序功能应简单而明确，且不会引入新的错误。驱动模块要能够接受测试数据，把相关数据传给被测模块，启动被测模块，并打印测试结果；桩模块由被测模块调用，仅做少量处理，如打印入口数据，以检验参数传递和调用接口的正确性。

2. 组装测试

对每个模块完成了单元测试后，需要按照设计时作出的层次模块图把它们连接起来，进行组装测试，也称为组合测试或综合测试。

实践证明，一些模块能够单独地正常工作，但并不一定保证连接起来也能正常工作，这里可能存在接口和整体协调问题。如数据可能在接口的传递中丢失；一个模块的运行可能会影响或干扰另一个模块的运行；功能不能协调组合成为主功能；有些单独看来可以允许的误差，在组装后形成的系统误差可能累积到不可容忍的地步；全局数据结构与局部数据结构的矛盾或不协调；等等，这些只有通过组装测试才能发现。

组装测试主要以系统详细设计和程序设计为依据，通常采用黑盒测试方法。组装测试的策略分为非增式测试和增式测试两大类，增式测试又分为自上而下、自下而向上和混合方式三种。

（1）非增式测试。在对所有模块分别进行了基于辅助模块的单元测试以后，按程序结构图，将所有模块连接起来，把连接后的程序作为一个整体来进行测试。

例如，图 7-4 所示的程序结构图，先按图 7-5 所示的顺序分别对 6 个模块进行单元测试，然后将所有模块按图 7-4 所示的结构连接起来，进行非增式组合测试。

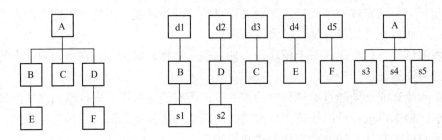

图 7-4　程序结构图　　　　　　图 7-5　非增式组装测试

（2）增式测试。增式测试实际上是把单元测试与组装测试结合起来。每次测试把下一个待测试的模块与已经测试过的那些模块结合起来进行测试。测试对象是逐渐组装起来的，一次增加一个模块。

增式测试与非增式测试相比有许多明显的优点。

- 测试软件少：因已测试过的模块可以替代部分桩模块和驱动模块，因此测试开销相对较小。
- 错误容易找到：每次测试发现的错误往往只与新增加的一个模块及接口有关，从而缩小了错误定位范围。
- 测试彻底：已测试过的模块不断与新增加的模块一起测试，使之在新条件下再次被检验。

但相对来说，增式测试比非增式测试需要更多的机时，因为测试每个模块时，所有测试过的模块都要重新一起运行。大多数软件都采用增式测试方法。增式测试方法按其组装的顺序又分为自上而下测试和自下而上测试两种。

自上而下测试是按照程序模块结构图，从顶层模块开始自上而下地组装，每次只增加一个模块。每当增加一个模块时，都要同时加上与之接口的桩模块，去掉上次测试中本模块的替身桩模块。

以图 7-4 为例，其自上而下的增式测试的组装步骤如图 7-6 所示。

首先，在三个桩模块 S1、S2、S3 的辅助下，第 1 步对顶层主模块 A 进行单元测试。

然后，在第 2、3、4 步依次用 B、C、D 三个模块代替桩模块 S1、S2、S3，并在增加 B、

D 模块时引入桩模块 S4、S5。

最后，在第 5、6 步依次测试 E、F 模块。

这样，通过 6 步测试，完成了对这 6 个模块组成的程序的测试。这里进行组装测试是在结构图上逐层进行的，即将一层模块全测试完以后，再组装下层模块，这种方式谓之"层次优先"的自上而下的增式测试；相反，如果在结构图上逐个分支进行测试，即先组装一个分支的所有模块，再组装下一个分支的模块，这种方式谓之"分支优先"的自上而下的增式测试，读者可以按这种方式画出组装步骤图。

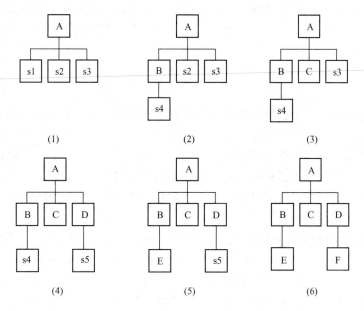

图 7-6 自上而下增式组装测试

自下而上测试的组装顺序与自上而下测试相反，先从一个最底层模块（不再调用其他模块）开始，从下向上逐步添加模块，组成程序的一个分支，对每一个分支重复上述过程，直到所有的分支都分别组装完成，最后将所有分支组成整个程序，将图 7-4 所示的结构图按自下而上的增式测试的组装步骤如图 7-7 所示。这个图体现的是"分支优先"的自下而上增式测试。

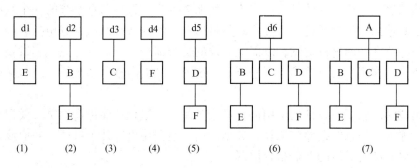

图 7-7 自下而上增式组装测试

自下而上测试的特点刚好与自上而下相反，它不能在测试早期显现程序轮廓，总体结构只有加上最后一个模块才能体现,辅助模块只有驱动模块,而无需桩模块(多数情况下,模拟调用的驱动模块比模拟输入输出的桩模块容易编写);由于每个分支的测试均从下层模块开始,所以测试用例较容易设计,数据由已测试过的真实下级模块提供。

由于自上而下和自下而上的方法各有优、缺点,因此可采用将两者结合起来的混合式测试方法。混合式测试对上层模块采用自上而下测试,较早显现程序总体轮廓;而对某些具有输入/输出功能或含有重要功能或复杂算法的关键分支,采用自下而上测试。混合测试对大型程序很有好处,对于几十个甚至上百个模块,如果单用自上而下测试,则顶层模块运行几十次,重复连接时间长。如果有些部分采用自下而上测试,然后在适当的时机接入这个整体部分自上而下的测试结构,可大大节约人力和机器资源,保证测试质量。

3. 确认测试

经过组装测试,软件已装配完毕,接下来进行的确认测试和系统测试将是以整个软件作为测试对象,且采用黑盒测试方法。

确认测试是要进一步检查软件是否符合软件需求说明书的全部要求,因此又称为合格性测试或验收测试。确认测试的内容主要包括以下几个部分。

(1)功能测试。检测软件需求说明书的内容是否全部实现了,是否有功能遗漏。它不同于以前的测试,仅检测程序已有的功能,而且要按文档检测该软件应有什么功能。

(2)性能测试。检查软件的可移植性、兼容性、错误恢复能力及可维护性等性能指标,以检测软件功能实现的程度。

(3)配置审查。检查被测软件的全部构成成分是否齐全,质量是否合乎要求,是否有维护阶段所需的全部细节,并且是否编好目录。软件的构成应包括以下内容。

- 用户资料。用户手册、操作手册。
- 系统分析资料。需求说明书、系统分析说明书等。
- 系统设计资料。概要设计说明书、详细设计说明书。
- 源程序与测试资料。源程序清单、测试说明书、测试报告等。

由于确认测试是面向用户需求的,因此应让用户参与。测试采用的测试用例也以实际应用数据为基础,不再使用模拟数据。并且还要设计一些与用户使用步骤和操作相关的测试用例。

4. 系统测试

经过确认测试之后,软件已测试完毕,然而软件只是管理信息系统的一个组成部分,需要与系统中其他部分配套运行。系统测试是将信息系统的所有组成部分包括软件、硬件、用户及环境等综合在一起进行测试,以保证系统的各个部分协调运行。系统测试要在系统的实际运行环境中,在用户的直接参与下进行。系统测试是面向整个系统的,应包括以下几个方面的内容。

(1)集成功能测试。设计测试用例,对整个系统的组合功能进行测试,要把重点放在数据的采集、输入、信息的存储和读写、数据通信、数据输出等几个方面,并应该是若干功能并行工作,以验证集成后的功能是否协调。

(2)可靠性与适应性测试。是指系统在现实环境中按实际设定的方式(周期、时间长度、最终用户操作等)运行,检测其抗干扰能力(如电压波动、温度变化等)、现场容错能力及其他可靠性与适应性。

(3) 系统自我保护及恢复能力测试。信息系统特别是实时信息系统的自我保护和恢复能力是一个十分重要的性能要求。采用各种人工干预方式使系统的部分以至整体不能正常工作，检测系统进行现场保护、数据存储、数据恢复等能力，检测系统恢复的时间和自动化程度。

(4) 安全性测试。通过设计一些试图突破系统安全措施的测试用例，检验其安全保密措施的严密性。

(5) 强度测试。使系统在资源的异常数量、异常频率和异常批量的条件下运行，检验系统的超负荷运行及超载能力。

由于系统测试中采用的方法、标准和技巧在很大程度上依赖于具体的被测系统，因此，应根据被测系统的实际特点、环境和用户的特殊需求进行测试，以使系统真正满足用户的需求。

通过以上内容，可以看出，在系统测试的不同阶段，其对象、目标和方法均不相同，如图 7-8 所示。

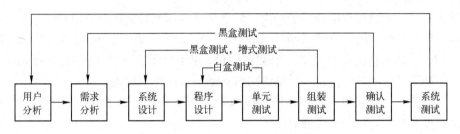

图 7-8　系统测试与其对应的对象和方法

7.4.4　测试用例设计

既然不能采用穷举测试方法进行系统测试，那么测试用例的设计就成为系统测试的关键问题。好的测试用例应以尽量少的测试数据发现尽可能多的错误。下面介绍几种测试用例的设计技术。

1. 逻辑覆盖法

逻辑覆盖是一种白盒测试方法，要求测试用例设计者对程序的逻辑结构十分清楚。由于无法测试软件的所有路径，所以应采用逐级覆盖的方法，覆盖级别由低向高可分为语句覆盖、判断覆盖、条件覆盖、判断—条件覆盖和路径覆盖 5 种情况。

(1) 语句覆盖。设计测试用例，使程序中的每个可执行语句至少执行一次。以下面的 C 语言程序为被测试对象，其流程图如图 7-9 所示。

```
void m(a,b,x)
float a,b,x;
{ if ((a>1) && (b==0))
    x = x/a;
  if ((a==2) || (x>1))
    x = x+1;
}
```

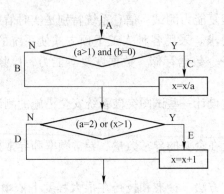

图 7-9 被测试程序的流程图

如果选用测试用例 a = 2，b = 0，x = 3，则程序按 ACE 路径执行，使程序的两个可执行语句 x = x/a、x = x + 1 都执行了一遍，从而达到了语句覆盖。如果选择 a = 2，b = 1，x = 3，则程序按 ABE 路径执行，使语句 x = x/a 未被覆盖。

粗看起来，每个语句都被执行了一次，似乎可以全面地检查每一条语句。但是，在上例中如果第一个条件判断的运算符 "&&" 错写成 "‖"，或是第二个条件判断的运算符 "‖" 错写成 "&&"，这时仍使用上述第一个测试用例，程序测试时依然可以实现语句覆盖，但却发现不了判断逻辑运算的错误。可见语句覆盖是最弱的逻辑覆盖。

（2）判断覆盖。设计测试用例，使程序中每个判断的取真分支和取假分支至少经历一次，即使得每个判断获得各种可能的结果。

仍对上例，如果选用测试用例 a = 2，b = 0，x = 3 和 a = 1，b = 0，x = 1 就可以分别按 ACE 和 ABD 路径执行，从而使两个判断的四个分支得到了覆盖。当然选择测试用例按 ACD 和 ABE 路径也可以达到同样的效果。

如果将程序中第二个判断中的 x > 1 错写成 x < 1，只要 a = 2 的条件能够保证，并不会影响走过的路径和执行结果。这说明仅做判断覆盖仍无法判断内部条件的错误，需要引进更强的逻辑覆盖。

（3）条件覆盖。设计测试用例，使每个判断中的每个条件的可能取值至少满足一次。在上例中第一个判断条件中可能的取值为 a > 1、a ≤ 1、b = 0、b ≠ 0，第二个判断条件中可能的取值为 a = 2、a ≠ 2、x > 1、x ≤ 1。只要使用 a = 2，b = 0，x = 4 和 a = 1，b = 1，x = 1 两个测试用例，就可以使上述条件的可能取值都出现一次。

由于判断覆盖的对象是每个判断，而条件覆盖的对象是每个判断中的每个条件，因此一般来讲，条件覆盖比判断覆盖要严格。但这不是绝对的，由于条件覆盖只覆盖每个条件，而不管同一个判断中诸条件的组合情况，因此，测试用例可能满足条件覆盖，但不满足判断覆盖，如 a = 2、b = 0、x = 1 和 a = 1、b = 1、x = 2 两个测试用例，使所有条件的可能取值都出现了，但第二个判断取值为假的分支没有被覆盖。所以应将判断和条件的覆盖情况兼顾考虑。

（4）判断—条件覆盖。设计测试用例，使得判断条件中每个条件的所有可能取值至少出现一次，并且每个判断本身的判定结果也至少出现一次。上述例子中，两个判断分别包含两个条件，可以形成以下 8 种组合：

① a > 1、b = 0；② a > 1、b ≠ 0；③ a ≤ 1、b = 0；④ a ≤ 1、b ≠ 0；

⑤ $a=2$、$x>1$; ⑥ $a=2$、$x\leqslant 1$; ⑦ $a\neq 2$、$x>1$; ⑧ $a\neq 2$、$x\leqslant 1$。

下面的四个测试用例可以满足判断—条件组合覆盖的要求:
- $a=2$、$b=0$、$x=4$ 使①、⑤两种情况出现;
- $a=2$、$b=1$、$x=1$ 使②、⑥两种情况出现;
- $a=1$、$b=0$、$x=2$ 使③、⑦两种情况出现;
- $a=1$、$b=1$、$x=1$ 使④、⑧两种情况出现;

判断—条件组合覆盖综合了判断覆盖、条件覆盖的要求,因此,比单纯的判断覆盖或条件覆盖都要严格。但是,上面的四个测试用例虽然满足了判断—条件组合覆盖的要求,却没有覆盖这段程序的 ABD、ACE、ABE、ACD 四条路径中的 ACD。为了保证程序的正确性,应使程序的所有路径都被覆盖。

(5) 路径覆盖。设计测试用例,以覆盖程序中所有可能的路径。针对上例的 ABD、ACE、ABE、ACD 四条路径,可以设计以下满足路径覆盖要求的四个测试用例:
- $a=2$、$b=0$、$x=3$ (覆盖路径 ACE)
- $a=1$、$b=0$、$x=1$ (覆盖路径 ABD)
- $a=2$、$b=1$、$x=1$ (覆盖路径 ABE)
- $a=3$、$b=0$、$x=1$ (覆盖路径 ACD)

路径覆盖的测试功能很强,但对于实际问题,一个不太复杂的程序,其路径数是相当庞大的。像如图 6-2 所示的穷举测试示例中,5 条路径 20 次循环,将形成大约 100 万亿条路径,是不可能完全覆盖的。因此,应将覆盖的路径数压缩到一定的可操作范围内,如循环体只执行开始循环、循环之中、最后一次循环三次。

2. 等价类划分法

等价类划分法属于黑盒测试方法,在完全不考虑程序内部结构的情况下,只根据程序的规格说明设计测试用例。它是把程序的输入范围划分为若干部分,然后从每一部分中选取少量代表性数据作为测试用例。

此方法的第一步是将数量极大的可能的输入数据划分为若干等价类。所谓等价类,是指某一类输入数据的集合,用该集合中的一个例子作为测试数据对程序进行测试,与使用该集合中其他例子进行测试发现错误的机会是等效的。这样在同一个等价类中,只要选取其中的一个典型性例子,其他数据可以省略,从而减少了测试用例的数量。用这种方法设计测试用例,必须按照软件的功能说明,分析输入要求和条件,确定输入数据的有效等价类和无效等价类。所谓有效等价类,是指对程序的功能要求来讲是有意义的、合理的输入数据所构成的集合。而无效等价类是指那些不合理的或非法的输入数据所构成的集合。

等价类的划分在很大程度上取决于软件测试人员的经验,但一般来讲,有以下等价类划分的原则可供参考。

(1) 若输入条件中规定了输入数据的取值范围,则可划分出一个有效的等价类和两个无效的等价类。例如,考试成绩的取值范围是 0~100,那么有效等价类为大于 0 且小于 100 的数,而无效等价类为小于 0 的数据和大于 100 的数据。

(2) 若输入条件中规定了输入数据的个数,则可以划分出一个有效的等价类和两个无效的等价类。例如,某竞赛要求前 10 名的成绩,那么有效等价类为输入 10 个数据,而无效等价类为多于 10 个和少于 10 个的输入数据。

(3) 若输入条件中规定了输入数据必须遵循的规则，则可以划分出一个有效的等价类和若干个无效的等价类。例如，规定编号的第一个字符为字母，则第一个字符为字母的编号为有效等价类，而第一个字符为数字、空格或其他符号的编号为无效等价类。

(4) 若输入条件中规定了输入数据的一组取值，而且对不同的输入值采取不同的处理方法，则每个允许值构成一个有效等价类，其他值则构成一个无效等价类。例如，工资计算中的工资等级与职称有关，如果职称允许的取值为教授、副教授、讲师和助教，则形成四个有效等价类，而上述四种职称之外的输入数据均为无效等价类。

等价类划分完成之后，应列出一张等价类划分表，如表 7-1 所示。

表 7-1 等价类划分表

规定的输入条件	有效等价类	无效等价类
……	……	……

根据等价类划分表，就可以进行测试用例的选择。步骤如下。

(1) 设计一个测试用例，使其尽可能多地覆盖尚未覆盖的有效等价类。重复这一步，直至所有有效等价类均被测试用例所覆盖。

(2) 设计一个测试用例，使其只覆盖一个尚未覆盖的无效等价类，重复这一步，直至所有无效等价类均被测试用例所覆盖。

注意，这里无效等价类的测试用例，应是每个测试用例对应一个无效等价类，因为一个错误条件往往会抑制对其他错误条件的检测。

3. 边值分析法

经验表明，软件在处理边缘情况时，容易发生错误。例如，在循环变量取最大值、最小值时往往容易发生错误。因此针对这些区域设计测试用例，能够提高软件测试发现错误的概率。这种测试用例设计方法称为边值分析法。边值分析法也是一种黑盒测试方法，它的使用效果往往与软件测试人员的经验和创造性有很大的关系。一般来讲，采用边值分析法设计测试用例应遵循以下几条原则。

(1) 若输入条件规定了取值范围，则应选择恰好落在边界上，以及处在边界内、外边上的测试值。

(2) 若规定了输入数据的个数，则可选择最小个数、最大个数、比最小个数多 1 或少 1、比最大个数多 1 或少 1 等几种情况为测试时输入数据的个数。

(3) 若输入数据为有序集合结构，如顺序文件、线性表等，则应特别注意选取有序集合中的第一个和最后一个元素及空集作为测试用例。

4. 错误猜测法

使用上述几种方法可以设计出相对规范且具有代表性的测试用例，但不同类型和不同特点的软件通常又有一些特殊的容易出错的情况。对于这些情况往往无法采用特定的规范技术，依据一定的线索来设计测试用例，只能依靠软件测试人员的经验和直觉来推测软件中可能存在的各种错误，针对这些可能的错误设计测试用例，这就是错误猜测法。

错误猜测法没有确定的原则，它的基本思想是列举出程序中可能有错误或容易发生错误的特殊情况，并据此设计测试用例。例如，输入数据为零或输出数据为零是容易发生错误的情况。

5. 综合测试法

以上介绍了设计测试用例的几种基本方法，各种方法都能设计出一组行之有效的测试用例，但是，没有哪一种方法能设计出全部测试用例，每种方法都有各自的特点。因此，对系统进行实际测试时，一般是将各种方法结合起来综合使用，使之相互补充，以便设计出比较完整、全面的测试用例。

7.4.5 排错

测试是为了发现程序中存在的错误，而排错是确定错误在程序中的位置和错误的性质，并及时改正错误。排错的关键是找到错误的具体位置，它占整个排错工作量的95%，一旦找到错误所在的位置，根据情况改正错误就容易了。

1. 排错的步骤

由于软件错误的外部表现与其内部原因有时没有明显的联系，对于出现的错误并不能够直接找到原因，因此排错是一种技巧性和经验性很强的过程，一般的排错步骤如下。

（1）从错误的外部表现入手，确定程序中出错的位置。

（2）研究相关的部分源程序，找出错误的内在原因。

（3）修改设计和编码。

（4）重复进行暴露这个错误的原始测试或某些相关测试，以确定错误是否排除，以及是否引入了新的错误。

（5）如果所做的修改无效，则撤销这次修改，重复上述过程，直到找到一个有效地解决办法为止。

（6）根据排错所产生的变化，对系统开发文档中的相应部分进行修改。

2. 排错的方法

下面的方法可以帮助确定错误的位置。

（1）试探法。分析错误的外在表现形式，猜测程序故障的大概位置，采用一些简单的纠错技术，获得可疑区域的有关信息，判断猜想是否正确。经过多次试探，找到错误的根源。这种方法效率较低，对个人的经验要求很高，一般适用于结构比较简单的程序。

（2）跟踪法。跟踪法分为反向跟踪和正向跟踪。正向跟踪是沿着程序的控制流，从头开始跟踪，逐步检查中间结果，找到最先出错的地方。反向跟踪是从发现错误症状的地方开始回溯，人工沿着控制流往回追踪程序代码，直到确定错误根源。

跟踪法对于小型程序比较有效，随着程序规模的增大，要跟踪的路径太多，而变得不可操作。

（3）对分查找法。如果已经知道程序中的变量在中间某点的预期正确值，运行程序看输出结果是否正确。若输出结果没有出问题，说明错误在前半部分，否则错误应在后半部分。然后在有错误的部分再用这种方法，逐步缩小差错范围。这种方法主要用于缩小错误范围。

（4）归纳法。从错误征兆的线索出发，分析这些线索之间的关系，确定错误的位置。首先，要收集、整理程序运行的有关数据，分析出错的规律；然后，在此基础上提出关于错误的假设，若假设能解释原始测试的结果，说明假设得到证实，否则重新分析，提出新的假设，直到最终发现错误原因。

（5）演绎法。分析已有的测试结果，设想所有可能的错误原因，排除不可能的、相互矛盾的原因，对余下的原因，按可能性的大小，逐个作为假设解释测试结果，直到找到错误原因。必要时，应对列出的原因加以补充修正。

7.5 系统转换

系统转换就是指以新系统替换老系统的过程，即老系统停止使用，新系统开始运行。系统转换的任务就是保证新老系统进行平稳而可靠的交接，最后使整个新系统正式交付使用。系统转换过程需要项目开发人员、系统操作员、用户单位领导及业务部门的通力协作才能完成，这是系统开发周期中动用人力物力最多的一个步骤。因此非常需要相互间的配合与协调。

7.5.1 系统转换的方式

1. 直接转换

直接转换是指在老系统停止运行的某一时刻，新系统立即开始运行，因此也称之为切换，如图7-10所示。直接转换最简单，而且系统转换的费用也最低。但它的风险很大，因为一旦新系统发生严重问题而运行不起来，将会给业务工作带来混乱，产生极大的不良影响。所以，如果采取这种方式转换，应该具有谨慎的转换计划，做好各种准备工作，安排充分的时间去修正可能出现的问题。除此之外，应采取一些预防性措施，例如，使老系统保持在随时可以启动的状态。

图7-10 直接转换

直接转换方式适用于小型的、不太复杂的管理信息系统，或信息时效性要求不很高的系统，并且新系统应经过详细的测试和模拟运行。

2. 并行转换

并行转换是指新老系统并行工作一段时间，经过一段时间的考验之后，以新系统正式全面代替老系统的过程，如图7-11所示。并行转换是最安全、保险的系统转换方式。但其转换过程系统开销大、费用高，因此转换过程不宜太长。

3. 分段转换

分段转换实际上是直接转换和并行转换的结合。在新系统全部正式运行之前，分阶段一部分一部分地替代老系统，如图7-12所示。这种方式避免了上述两种方式的不足，转换过程可靠且费用不高。但其转换接口复杂，必须事先充分考虑。

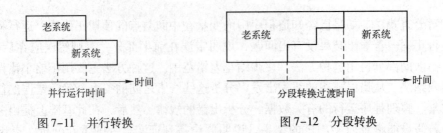

图7-11 并行转换　　　　　　图7-12 分段转换

分段转换方式比较适用于大型信息系统的转换，可以保证平稳、可靠转换，但当新、老系统差别太大时，不宜采用这种方式。

7.5.2 系统转换应注意的问题

系统转换过程中，应注意以下问题，这些问题解决得好，将给系统的顺利转换创造条件。

（1）新系统的运行需要大量的基础数据，这些数据的整理与录入工作量特别庞大，应及早准备、尽快完成。

（2）系统转换不仅是机器的转换、程序的转换，更难的是人工的转换，应提前做好人员的培训工作。

（3）系统运行时会出现一些局部性的问题，这是正常现象，系统工作人员对此应有足够的准备，并做好记录。

7.6 系统维护

管理信息系统投入运行之后，就进入了系统运行与维护阶段。一般管理信息系统的使用寿命，短则4~5年，长则达到10年以上。在系统的整个使用寿命中，都将伴随着系统维护工作的进行。系统维护的目的是保证管理信息系统正常而可靠地运行，并能使系统不断得到改善和提高，以充分发挥作用。因此，系统维护就是为了保证系统中的各个要素随着环境的变化始终处于最新的、正确的工作状态。

7.6.1 系统维护工作的内容

系统维护面向系统中各种构成因素，按照维护对象的不同，系统维护可分为以下几类。

1. 系统应用程序的维护

系统业务处理过程是通过应用程序的运行实现的，一旦程序发生问题或业务发生变化，就必然地引起程序的修改和调整，因此，系统维护的主要活动是对程序进行维护。程序维护指根据需求变化或硬件环境的变化对程序进行部分或全部的修改。

2. 数据文件的维护

业务处理对数据的需求是不断发生变化的，除了系统中主体业务数据的定期正常更新外，还有许多数据需要进行不定期的更新，或随环境或业务的变化而进行调整，以及进行数据内容的增加、数据结构的调整。此外，数据的备份与恢复等，都是数据维护的工作内容。

3. 代码的维护

随着系统应用范围的扩大、应用环境的变化，系统中各种代码都需要进行一定程度的增加、修改、删除，甚至需要编写新代码。

4. 硬件维护

主要是指对主机及外设的日常维护和管理，如机器部件的清洗、润滑，设备故障的检修，易损部件的更换等，都应由专人负责，定期进行，以保证系统正常有效地运行。

7.6.2 系统维护的类型

系统维护的重点是系统应用程序的维护，按照程序维护的不同性质，可以划分为下面四种类型。

1. 纠错性维护

由于系统测试不可能发现系统存在的所有错误，因此在系统投入运行后的实际应用过程中，就有可能暴露出系统隐藏的错误，诊断和修正系统中遗留的错误，就是纠错性维护。纠错性维护是在系统运行中发生异常或故障时进行的，这种错误往往是遇到了从未用过的输入数据组合或是在与其他部分接口处产生的，因此，只是在某些特定的情况下发生。有些系统运行多年以后才遇到这种情况，暴露出在系统开发中遗留的问题，这是不足为奇的。

2. 适应性维护

适应性维护是为了使系统适应环境的变化而进行的维护工作。一方面计算机科学技术迅速发展，硬件的更新周期越来越短，新的操作系统和原来操作系统的新版本不断推出，外部设备和其他系统部件经常有所增加和修改，这就必须要求管理信息系统能够适应新的软硬件环境的变化，以提高系统的性能和运行效率；另一方面，管理信息系统的使用寿命在延长，超过了最初开发这个系统时应用环境的寿命，即应用对象也在不断发生变化，机构的调整、管理体制的改变、数据与信息需求的变更等都将导致系统不能适应新的应用环境。如代码改变、数据结构变化、数据格式及输入输出方式的变化、数据存储介质的变化等，都将直接影响系统的正常工作。因此有必要对系统进行调整，使之适应应用对象的变化，以满足用户的要求。

3. 完善性维护

在系统使用过程中，用户往往要求扩充原有系统的功能，提高其性能，如增加数据输出的图形方式，增加联机在线帮助功能、调整用户界面等，尽管这些要求在原来系统开发的需求说明书中并没有，但用户要求在原有系统基础上进一步改善和提高；并且随着用户对系统的使用和熟悉，这种要求可能不断提出。为了满足这些要求而进行的系统维护工作就是完善性维护。

4. 预防性维护

系统维护不应总是被动地等待用户提出要求后才进行，应进行主动的预防性维护，即选择那些还有较长使用寿命，目前尚能正常运行，但可能将要发生变化或调整的系统进行维护，目的是通过预防性维护为未来的修改与调整奠定更好的基础。例如，将目前尚能应用的报表功能改成通用报表生成功能，以应付今后报表内容和格式可能的变化。

四种维护工作所占的比例如图 7-13 所示。

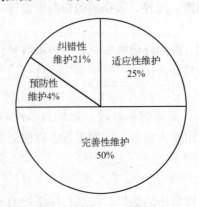

图 7-13　各种维护工作所占的比例

7.6.3 系统维护的管理

在系统的维护过程中，不论是程序、文件还是代码的局部修改，都可能影响系统的其他部分。因此，系统维护必须有合理的组织与管理。通常对系统的维护应执行以下步骤。

（1）提出维护要求。业务人员以书面形式向系统主管领导提出某项工作的维护要求。

（2）领导批准。系统主管进行一定的调查后，根据系统情况，考虑维护要求是否必要、是否可行，作出是否修改、何时修改的批示。

（3）分配任务。系统主管向有关维护人员下达任务，说明修改内容、要求及期限。

（4）验收成果。系统主管对修改部分进行验收。验收通过后，再将修改的部分加入到系统中，取代旧的部分。

（5）登记维护情况。登记所做的修改，作为新的版本通报用户和操作人员，指明系统新的功能和修改的地方。

对于某些重大的修改，可以看作是一个小型系统的开发项目，因此，要求按系统开发的步骤进行。

7.7 系统实施阶段的文档

系统实施阶段最后形成的文档包括：程序设计报告、系统测试报告和系统使用说明书，下面分别加以介绍。

7.7.1 程序设计报告

程序设计报告是对系统程序设计过程的总结，包括以下几个方面的内容。

(1) 程序设计的工具和环境概述。

(2) 系统程序模块的组成及总体结构描述。

(3) 程序之间的控制关系及其描述。

(4) 各程序模块中采用的算法及其描述。

(5) 各程序流程及其描述。

(6) 系统程序的源代码清单及有关注释的说明。

7.7.2 系统测试报告

系统测试报告是对系统测试过程的总结，包括以下几个方面的主要内容。

(1) 系统测试的环境。

(2) 系统测试方法。

(3) 系统测试用例。

(4) 系统测试的步骤。

(5) 系统测试的结果及其分析。

7.7.3 系统使用说明书

系统使用说明书是提供给用户的系统操作指南，包括以下主要内容。

(1) 系统运行环境介绍。

（2）系统安装说明。
（3）系统的操作步骤、操作方法和数据的输入输出方式等。

本章小结

系统实施是系统开发的最后阶段，也是将前一阶段的设计结果最终在计算机系统上实现的阶段，这一阶段的任务包括：物理系统的实施、程序设计、系统调试及系统的切换、运行和维护、系统的评价等。

物理系统实施的任务主要是根据系统目标做好设备选型。

程序设计中，应采用模块化程序结构和结构化程序设计方法，提高程序的可靠性、可维护性、可理解性和开发效率。

项目管理是按期、保质完成系统实施任务的保证，在系统开发过程中，要做好人员管理和实施计划的管理。

系统切换是系统实施的最后阶段，一般有直接切换、试点过渡、并行切换等方式，在系统应用中应根据具体情况灵活运用。系统运行中要做好日常维护工作。

系统投入运行后，要定期对系统的功能、软硬件性能、应用状况和系统的经济效果进行评价，以检查系统是否达到预期目标并提出今后的发展方向。经济效果评价包括货币指标和非货币指标评价。

习题

1. 填空题

（1）按照结构化程序设计的原则，所有的程序都可以由_____、_____和_____三种基本逻辑结构及其组合来实现。

（2）系统测试的目的就是_____。

（3）系统测试工作包括_____、_____、_____和_____四个步骤。

（4）逻辑覆盖是一种_____方法，要求测试用例设计者对程序的逻辑结构十分清楚。

（5）逻辑覆盖法的覆盖级别由低向高可分为_____、_____、_____、_____和_____五种情况。

2. 选择题

（1）程序的性能指标有（　　）。
  A. 可靠性　　　　　　　B. 可维护性
  C. 结构清晰，易于理解　D. 规范性

（2）系统测试的主要内容有（　　）。
  A. 程序测试　　　　　　B. 子系统测试
  C. 系统测试　　　　　　D. 验收测试

（3）测试方法主要有（　　）。
  A. 排错法　　　　　　　B. 白盒法
  C. 顺序法　　　　　　　D. 黑盒法

（4）系统转换方式一般为（　　）。
  A. 直接方式　　　　　　B. 并行方式

         C. 反复试运行方式   D. 逐步方式
（5）系统维护的分类有（   ）。
         A. 更正性维护   B. 适应性维护
         C. 完善性维护   D. 预防性维护
（6）系统测试的目的是（   ）。
         A. 发现并改正错误   B. 证明系统可行
         C. 证明系统无错误   D. 以上都对

3. 简答题
（1）简述系统实施阶段的主要内容。
（2）简述程序设计的目标。
（3）程序设计的基本步骤是什么？
（4）良好的程序设计风格包括哪些方面？
（5）系统测试可发现系统中的哪几类错误？
（6）请简述系统测试的原则。
（7）请说明系统测试与系统调试的区别。
（8）请简述系统测试的基本方法。
（9）请说明排错的基本步骤。
（10）排除错误常用哪几种方法？
（11）什么是系统转换？常用的系统转换方式有哪几种？
（12）请简述系统维护的内容。
（13）简述系统实施阶段的文档包括哪些内容。

第 8 章 面向对象的系统开发方法

在前面的章节中介绍了结构化系统开发方法,而近年来面向对象的系统开发方法也较为流行,因此,本章将在讲解面向对象基本概念的基础上,结合具体实例,阐述面向对象的系统分析、系统设计和系统实施的基本原理。

8.1 面向对象概述

面向对象的思想最初出现于各种面向对象的程序设计方法(如 Smalltalk,C++等)。20 世纪 90 年代后面向对象的概念和应用已超越了程序设计,扩展到很宽的范围,形成了一种新的软件开发的方法和技术。面向对象方法(Object Oriented,OO)一反传统的功能分析方法只能单纯反映管理功能的结构状态;数据流程模型(DFD)只是侧重反映事物的信息特征和流程,从面向对象的角度为我们认识事物,进而开发系统提供了一种全新的思想。

8.1.1 面向对象的基本概念

面向对象是一种认识客观世界的世界观,是从结构组织角度模拟客观世界的一种方法。面向对象的基本概念如下。

1. 对象

对象是 OO 方法的主体。所谓对象是人们要进行研究的任何事物。不仅能表示具体的事物和结构化的数据,还能表示抽象的事件、规则及复杂的工程实体。因此,对象具有很强的表达能力和描述功能。

从信息模拟的角度看,对象是对问题域中某个东西的抽象,这种抽象反映了系统保存有关这个东西的信息和与它交互的能力,即对象是对属性值和操作的封装。

从面向对象程序设计的角度看,对象是具有相同状态的一组操作的集合。

对象是一个封闭体,由一组信息及对其的操作构成。这组信息描述对象具有的状态、对象的操作,用于改变对象的状态。如:

一辆汽车是一个对象,它包含了汽车的信息(如颜色、型号、载重量等)及其操作(如启动、刹车等);

一个窗口是一个对象,它包含了窗口的信息(如大小、颜色、位置等)及其操作(如打开、关闭等)。

在管理信息系统中,对象有如下多种表现形式。

(1)外部实体(如一个系统、设备、人等)。产生或消耗一个基于计算机的系统所用的信息。

(2)物(如报告、显示、信件、信号等)。问题信息域的一个具体部分。

(3)事件(如一次信号传输或一系列机器动作的完成)。发生于系统操作的有关时刻。

(4)角色(如管理者、工程师等)。由与系统交互作用的人来扮演。

(5)组织单位(如部门、小组等)。与应用相关的机构。

(6) 场所 (如制作平台、办公室等)。使问题和系统的整个运作有固定的位置。

(7) 结构 (如传感器、计算机等)。定义一类对象或定义对象的相关类。

由于对象实现了数据和操作的结合，使数据和一组操作封装于对象这个统一体中。某一段时间内，对象有且只有一组私有数据，表示对象当前状态，而状态的改变只能通过自身行为实现；对象内的数据具有自己的操作，每个操作决定对象的一种行为，从而可灵活地专门描述对象的独特行为。由此可见对象具有较强的独立性和自治性，其内部状态不受或很少受外界的影响，具有很好的模块化特点，为软件重用奠定了坚实的基础。

2. 类和类的结构

具有相同或相似性质的对象的集合就是类。类是对象的抽象，而一个具体的对象则是其对应类的一个实例。

因此类具有属性，它是对象的状态的抽象，用数据结构来描述类的属性；类具有操作，它是对象的行为的抽象，用操作名和实现该操作的方法来描述。

例如：人、教师、学生、公司、长方形、工厂、窗口等都是类的例子。每个人都有年龄、性别、名字、正在从事的工作等，这些就是人这个类的属性。而"画长方形"、"显示长方形"则是长方形这个类具有的操作。

在客观世界中存在很多类，这些类之间有一定的结构关系。通常有两种主要的结构关系即"一般—具体"结构关系和"整体—部分"结构关系。

(1) 一般—具体结构称为分类结构，也可以说是"或"关系，或者是"is a"关系。例如，汽车和交通工具都是类。它们之间的关系是一种"或"关系，"汽车"是一种"交通工具"。类的这种层次结构可用来描述现实世界中的一般化的抽象关系，通常越在上层的类越具有一般性和共性，越在下层的类越具体、越细化。

(2) 整体—部分结构称为组装结构，它们之间的关系是一种"与"关系，或者是"has a"关系。例如，汽车和发动机都是类，它们之间是一种"与"关系，"汽车"必有一个"发动机"。类的这种层次关系可用来描述现实世界中的类的组成的抽象关系。上层的类具有整体性，下层的类具有成员性。

在类的层次结构中，通常上层类称为父类或超类，下层类称为子类。

3. 继承

任何一个子类都具有其父类所有的属性、方法、事件。这一特性叫做类的继承。如果父类的特性发生变化，其子类也相应改变。继承机制的优点如下。

(1) 避免了由于系统内类对象封闭而造成数据和操作冗余的现象。类与其父类、子类构成层次关系，即形成前面提到的类的层次结构。在这个层次结构中每个子类都可以继承其父类的特性，包括状态与行为。同时子类可以有与父类不同的地方，即子类可根据自身特点新增或局部修改父类的行为并加以使用，甚至可以覆盖父类中的定义。利用继承，只要在原有类的基础上修改、增补、删减少量的数据和方法，就可以得到子类，然后生成大小、初态不同的实例。

(2) 接口的一致性，父类衍生子类的其他操作接口也传递给其子类。

(3) 符合软件可重用性。传统的结构化方法中的过程调用，以及类定义出对象，都是重复使用的典型例子。但继承的重用层次比它们都高。因为通过继承明显使软件开发速度加快，实现较高程度的共享，这是继承最重要的优势。

4. 消息、方法和事件

面向对象的系统是通过对象与对象间彼此的相互合作来推动的，对象之间进行通信的构造叫做消息。消息是对象间发送请求的载体。发送的一条消息至少要包含说明接收消息的对象名、发送给该对象的消息名（即对象名.方法名），一般还要对参数加以说明，参数可以是认识该消息的对象所知道的变量名，或者是所有对象都知道的全局变量名。

对象间的这种相互合作需要一个机构协助进行，这样的机构可以称为"消息传递"。消息传递过程中，由发送消息的对象将消息（MESSAGE）传送至接受消息的对象（RECEIVER），引发接受消息的对象一系列的操作。消息传递模型如图8-1所示。

图 8-1　消息传递模型

类中操作的实现过程或对象所具有的各种操作叫做方法。一个方法有方法名、参数、方法体。当一个对象接收一条消息后，它所包含的方法决定对象怎样动作。方法也可以发送消息给其他对象，请求执行某一动作或提供信息。由于对象的内部对用户是密封的，用户只能看到这一方法实施后的结果，所以消息是对象同外部世界连接的管道。对象内部的数据只能被自己的方法所操纵。这相当于事先已经设计好各种过程，只需要调用就可以了，用户不必去关心这一过程是如何编写的，事实上，这个过程已经封装在对象中，用户也看不到。对象的这一特性，即是对象的封装性。

对象在执行某一操作后激发并执行的一个或多个过程叫做事件。这些过程对用户是透明的，用户可以为这个过程编写自己的程序代码，以完成特定的操作。如：窗口对象在执行打开过程时，就会激活一个 Active 事件（过程），用户可以自己编写这一过程的代码，以便在打开这个窗口时完成一些自己所要求的任务，如打开一个数据库，或对某个变量进行初始化，等等。

注意，"消息传递"机制与传统的"过程调用"机制的意义是截然不同的，发送消息仅仅是触发对象相关处理，有时提供一些附加数据。接受对象响应消息后，按照消息模式找到匹配方法，因而同样的输入参数（触发事件）可能因对象状态的不同得到不同的终态，如若有输出则可能得到不同的输出结果。而过程调用则相反，只要有相同的输入，输出总是恒定的。当然可以借用"过程调用"机制来实现"消息传递"，此时只要在匹配方法后考虑到接受对象的当前状态即可。因而，系统可以简单地看作一个彼此通过传递消息而相互作用的对象集合。

对象和类之间的关系及消息传递示意图如图8-2所示。

8.1.2　面向对象的特征

面向对象具有以下特征。

（1）模块性。即对象是一个独立存在的实体，从外部可以了解它的功能，但其内部细节是"隐蔽"的，它不受外界干扰。对象之间的相互依赖性很小，因而可以独立地被其他各个系统所选用。

（2）对象唯一性。每个对象都有自身唯一的标识，通过这种标识，可找到相应的对象。在对象的整个生命期中，它的标识都不改变，不同的对象不能有相同的标识。在对象建立时，由系统授予新对象以唯一的对象标识符，它在历史版本管理中有巨大作用。

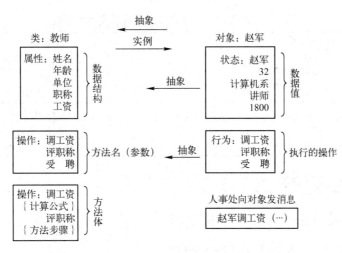

图 8-2 对象和类之间的关系及消息传递示意图

(3) 分类性。分类性是指将具有一致的数据结构（属性）和行为（操作）的对象抽象成类。一个类就是这样一种抽象，它反映了与应用有关的重要性质，而忽略其他一些无关内容。任何类的划分都是主观的，但必须与具体的应用有关。每个类是具有相同性质的个体对象的集合，而每个对象是相关类的实例。

(4) 封装性。对象的概念突破了传统数据与操作分离的模式。对象作为独立存在的实体，将自由数据和操作封闭在一起，使自身的状态、行为局部化。

(5) 继承性。继承性是子类自动共享父类数据结构和方法的机制，这是类之间的一种关系。在定义和实现一个类的时候，可以在一个已经存在的类的基础上进行，把这个已经存在的类所定义的内容作为自己的内容，并加入若干新的内容。

继承是面向对象特有的，亦是最有力的机制。在软件开发中，通过类继承可以弥补由封装对象而带来的诸如数据或操作冗余的问题，通过继承支持重用，实现软件资源共享、演化及增强扩充。类的继承性使所建立的软件具有开放性、可扩充性，这是信息组织与分类的行之有效的方法，它简化了创建对象、类的工作量，增加了代码的可重用性。

(6) 多态性。多态性是指相同的操作或函数、过程可作用于多种类型的对象上并获得不同结果。同一消息发送至不同类或对象可引起不同的操作、产生不同的结果，这种现象称为多态性。

多态性允许每个对象以适合自身的方式去响应共同的消息。这样就增强了操作的透明性、可理解性和可维护性。用户不必费心识别相同的功能操作作用于不同类型的对象。

多态性增强了软件的灵活性和重用性。允许使用更为明确、易懂的方式去建立通用软件，使软件开发设计更便利，编码更灵活。多态性与继承性相结合使软件具有更广泛的重用性和可扩充性。

(7) 易维护性。面向对象的抽象封装使对象信息隐藏在局部。当对象进行修改，或对象自身产生错误的时候，由此带来的影响仅仅局限在对象内部而不会波及其他对象乃至整个系统环境，这极大方便了软件设计、构造和运行过程中的检错、修改。

8.1.3 面向对象的基本概念与传统技术的比较

面向对象的基本概念与传统技术的比较见表 8-1。

表 8-1 面向对象的基本概念与传统技术的比较

面向对象	传统技术
方法	过程、函数或子例程
实例变量	数据
消息	过程或参数调用
类	抽象数据类型
继承	无类似技术
调用处于系统控制之下	调用处于程序员控制之下

8.2 面向对象系统开发方法的原理

8.2.1 传统开发方法存在的问题及原因

结构化分析方法等开发方法存在如下问题。

（1）软件重用性差。重用性是指同一事物不经修改或稍加修改就可多次重复使用的性质。软件重用性是软件工程追求的目标之一，也是节约费用、减少人员、提高软件生产率的重要途径。传统的开发方法，例如结构化方法等，虽然给软件产业带来巨大进步，但是并没有解决软件重用的问题。同类型的项目，只要需求有一些变化，都要从头开始，原来的系统很难重用。

（2）软件可维护性差。软件工程强调软件的可维护性，强调文档资料的重要性，规定最终的软件产品应该由完整、一致的配置成分组成。在软件开发过程中，始终强调软件的可读性、可修改性和可测试性是软件的重要的质量指标。但是实践证明，用传统方法开发出来的软件，维护时其费用和成本仍然很高，其原因是可修改性差，维护困难，导致可维护性差。

（3）开发出的软件不能满足用户需要。用传统的结构化方法开发大型软件系统涉及各种不同领域知识，在开发需求模糊或需求动态变化的系统时，所开发出的软件系统往往不能真正满足用户的需要。资料显示，在开发出来的软件系统中，真正符合用户需要并顺利投入使用的系统仅占总数的 1/4 左右，另外有 1/4 左右的系统在开发期间中途夭折，剩下的一半虽然完成了开发过程，但并未被用户采用或并未被长期使用。其原因之一是开发人员不能完全获得或不能彻底理解用户的要求，以致开发出来的软件系统与用户预期的系统不一致，不能满足用户的需要。另一种原因是所开发的软件系统不能适应用户经常变化的情况，系统的稳定性和可扩充性不能满足用户的要求。用传统的方法开发的软件，其稳定性、可修改性和可重用性都比较差，这是因为传统的方法的本质是功能分解，从代表目标系统整体功能的单个处理着手，自顶向下不断把复杂的处理分解为子处理，这样一层一层地分解下去，直到仅剩下若干个容易实现的子处理为止，然后用相应的工具来描述各个最底层的处理。因此，结构化方法是围绕实现处理功能的"过程"来构造系统的。然而，用户需求的变化大部分是针对功能的，因此，这种变化对于基于过程的设计来说是灾难性的。用这种方法设计出来的系统结构常常是不稳定的，用户需求的变化往往造成系统结构的较大变化，从而需要花费很大代价才能实现这种变化。

8.2.2 面向对象的系统开发方法的基本原理

1. 面向对象的系统开发方法的基本思想

面向对象的整体概念可具体表示为：面向对象 = 对象 + 类 + 继承性 + 通信。

如果一个软件系统是使用以上 4 个概念设计和实现的，则认为这个系统是面向对象的。而面向对象程序的基本成分是对象，通过建立对象和对象之间的通信来执行计算。以对象为主体的面向对象开发方法的基本思想可以简单描述如下。

（1）客观事物都是由对象（object）组成的。对象是在原事物基础上抽象的结果。任何复杂的事物都可以通过对象的某种组合构成。

（2）对象由属性和方法组成。属性（attribute）反映了对象的信息特征，如特点、值、状态等。而方法（method）则是用来定义改变属性状态的各种操作。

（3）对象之间的联系主要是通过传递消息（message）来实现的，而传递的方式是通过消息模式（message pattern）和方法所定义的操作过程来完成的。

（4）对象可按其属性进行归类（class）。类有一定的结构，类上可以有超类（super-class），类下可以有子类（subclass）。这种对象或类之间的层次结构是靠继承关系维系的。

（5）对象是一个被严格模块化了的实体，称之为封装（encapsulation）。这种封装了的对象满足软件工程的一切要求，而且可以直接被面向对象的程序设计语言所接受。

OO 方法认为，客观世界是由各种各样的对象组成的，每种对象都有各自的内部状态和运动规律，不同的对象之间的相互作用和联系就构成了各种不同的系统。那么当设计和实现一个客观系统时，如果能在满足需求的条件下，把系统设计成由一些不可变的（相对固定）部分组成的最小集合，这个设计就是最好的。而这些不可变的部分就是所谓的对象。

面向对象思想的实质，不是从功能上或从处理问题的算法上进行系统分析，而是从系统的组织上进行分析。通过对问题的自然分割，利用类及对象作为基本构造单元，以更接近人类的思维方式建立问题域模型，从而使设计出的软件尽可能直接地、准确地描述现实世界，构造出模块化的、可重用的、可维护的软件系统。面向对象方法的应用还解决了传统结构化开发方法中客观世界描述工具与软件结构的不一致性问题，缩短了开发周期，解决了从分析和设计到软件模块结构之间多次转换映射的繁杂过程。按此思想还可有效地控制软件复杂度，并可降低开发维护费用。

2. 面向对象开发方法的过程及内容

面向对象开发可分为三个阶段：首先是面向对象系统分析（OOA），它的任务是了解问题域内该问题所涉及的对象和对象间的关系，建立问题模型；然后进行面向对象系统设计（OOD）。它的任务是调整、完善和充实由 OOA 建立的模型。最后是面向对象系统实现（OOP），它的任务是用面向对象的语言实现 OOD 提出的模型。这与传统的生命周期法相似，但各阶段所解决的问题和采用的描述方法却有极大区别。

图 8-3 表示的是面向对象系统开发过程模型，它表达了面向对象开发的内容和过程。由图可知，系统人员通过需求调查，在反复分析设计中不断地构建出"簇"（cluster）。簇的概念是 B. Meyer 提出来的。

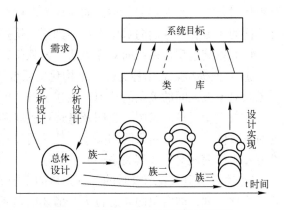

图 8-3　面向对象系统开发过程模型

他在研究面向对象开发过程中感觉到用单个对象映射客观实体难以实现,所以就用一组对象来为客观世界的复杂实体建模。所谓"簇"就是一组对象。一方面,构建的簇经过设计实现被存入系统的类库中以备再用;另一方面,构建"簇"的这组对象也可来源于系统已存在的类库。

1) 面向对象分析阶段

使用面向对象方法开发管理信息系统时,工作重点在生命周期中的分析阶段,该阶段主要采用面向对象技术进行需求分析。分析阶段得到的各种对象模型也适用于设计阶段和实现阶段。

一般在一个系统中有易变因素和稳定因素,如系统行为(即操作)最易变动(如报表经常变化),而数据则相对稳定。面向对象分析技术强调,将分析的着眼点放在系统稳定因素上,其分析的关键,是识别出问题域内的对象,并分析它们相互间的关系,最终建立起问题域的简洁、精确、可理解的正确模型。

(1) 面向对象分析的基本原则。面向对象分析运用以下主要原则。

① 构造和分解相结合的原则。构造是指将基本对象组装成复杂或活动对象的过程;分解是对大粒度对象进行细化,从而完成系统模型细化的过程。

② 抽象和具体结合的原则。抽象是指强调事务本质属性而忽略非本质细节;具体是指对必要的细节进行刻画的过程。OO方法中,抽象包括数据抽象和过程抽象:数据抽象把一组数据及有关的操作封装起来,过程抽象则定义了对象间的相互作用。

③ 封装的原则。封装是指对象的各种独立外部特性与内部实现相分离,从而减少了程序间的相互依赖,有助于提高程序的可重用性。

④ 继承的原则。继承是指子类直接获取父类已有的性质和特征而不必再重复定义。这样,在系统开发中只需一次性说明各对象的共有属性和服务,对子类的对象只需定义其特有的属性和方法。继承的目的也是为了提高程序的可重用性。

面向对象方法构造问题空间时,强调使用人们认识问题的常用方法,按照人们习惯的思维方式,用面向对象观点建立问题域的模型,开发出尽可能自然的表现求解方法的软件。一般人们在认识和理解现实世界的过程中,普遍运用的是三个构造法则是:区分对象及其属性,如区分车和车的大小;区分整体对象及其组成部分,如区分车和车轮;形成并区分不同对象类,如所有车的类和所有船的类。所以面向对象的分析过程为:区分对象及其属性;区分整体对象及其组成部分,在面向对象方法中把这一构造过程称为构造分类结构;形成并区分不同的对象类,在面向对象方法中把这一构造过程称为组装结构。

(2) 系统模型。用面向对象方法开发软件,通常需要建立三种形式的模型。

① 对象模型。表示静态的、结构化的系统的"数据"性质。是对模拟客观世界实体的对象及对象彼此间的关系的映射,描述了系统的静态结构。

对象模型通过对象图、类图及其描述关联和关系的图形工具描述。通过识别出问题域中的对象实体,标识出对象间的关系,然后通过对对象的分析,确定对象属性及方法,利用属性变化规律完成对象及其关系的有关描述。

② 动态模型。表示瞬时的、行为化的系统的"控制"性质,规定了对象模型中对象的合法变化序列,即对象的动态行为。描述的是系统的控制结构。

可用状态图来描绘对象的状态、触发状态转换的事件及对象的行为(对事件的响应)。

对每个类的动态行为用一张状态图来描绘，各个类的状态图通过共享事件合并起来，从而构成系统的动态模型。

③ 功能模型。表示变化的系统的"功能"性质，它指明了系统应该"做什么"，直接反映了用户对目标系统的需求。

功能模型表示方法通常由一组数据流图表示。在面向对象方法中，数据流图作用没有在结构化分析中重要，有时可以省略。

上述三种模型分别从三个不同侧面描述了所要开发的系统，它们相互补充，相互配合。其中对象模型定义了对象实体，是最基本的，是其他两个模型的基础。动态模型规定了什么时候做，即在何种状态下接受了什么事情的触发。功能模型指明了系统应该"做什么"。

2）面向对象设计阶段

这一阶段主要利用面向对象技术进行概念设计。值得注意的是面向对象的设计与面向对象的分析使用了相同的方法，这就使得从分析到设计的转变非常自然，甚至难以区分。可以说，从 OOA 到 OOD 是一个积累型的扩充模型的过程。这种扩充使得设计变得很简单，它是从增加属性、服务开始的一种增量递进式的扩充。这一过程与结构化开发方法从数据流程图到结构图所发生的剧变截然不同。

（1）OOD 设计的原则。

① 模块化。对象或类都可以看作是具有良好的封装性和独立性的模块。

② 抽象。设计者可以创建自己的抽象数据类型和功能抽象，不必过细考虑问题域中的细节。

③ 信息隐藏。信息隐藏通过对象的封装性实现，类结构分离了接口与实现，从而支持信息隐藏。而对于用户来说，属性的表示方法和操作的实现算法是隐藏的。

④ 弱耦合。这里耦合是指不同对象之间相互关联的紧密程度。按照设计的基本原则，应尽可能降低对象之间的耦合，但当两个对象必须相互联系时，注意不要依赖于类的具体实现细节，可通过类的协议（即公共接口）实现耦合。

在面向对象的设计中耦合分为交互耦合和继承耦合两类。交互耦合通过消息传递实现，继承耦合通过对象间的继承实现。

⑤ 强内聚。这里内聚仍指一个模块内各个元素彼此结合的紧密程度。在面向对象的设计中有服务内聚、类内聚和一般—特殊内聚等三种内聚。服务内聚是指一个服务应该完成一个且仅完成一个功能；类内聚指一个类应该只有一个用途；一般—特殊内聚即设计一般—特殊结构，应符合大多数人的概念。

⑥ 可重用性。软件重用是提高软件开发生产率和目标系统质量的重要途径。重用有两层含义：一是尽量使用已有的类（包括开发环境提供的类库，以及以往开发类似系统时创建的类）；另外在设计新类时，应考虑将来的可重复使用性。

（2）OOD 方法的步骤。一般面向对象的分析设计步骤如下。

① 定义问题。

② 为真实世界问题域的软件实现生成非形式化策略。

③ 按指出对象及其属性指出可能适用于对象的操作；说明对象及操作之间的关系。

④ 重复步骤①、②。

⑤ 细化前面阶段所做的工作，找出子类、消息特性和其他详尽的细节。

⑥ 表示与对象属性关联的数据结构。

⑦ 表示与每一操作关联的过程细节。

注意，面向对象技术分析和设计阶段采用相同的模型，其界限并不明显，以上前 4 个步骤，主要在 OOA 阶段完成。一般而言，在设计阶段就是将分析阶段的各层模型化的"问题空间"逐层扩展，得到下个模型化的特定的"实现空间"。有时还要在设计阶段考虑到硬件体系结构、软件体系结构，并采用各种手段（如规范化）控制因扩充而引起的数据冗余。

3）面向对象实施阶段

这一阶段主要是将 OOD 中得到的模型利用程序设计加以实现。具体操作包括：选择程序设计语言编程、调试、试运行等。前面两阶段得到的对象及其关系最终都必须由程序设计语言、数据库等技术实现，但由于在设计阶段对此有所侧重考虑，故系统实现不会受具体语言的制约，因而本阶段占整个开发周期的比重较少。

建议尽可能采用面向对象程序设计语言，一方面由于面向对象技术日趋成熟，支持这种技术的语言已成为程序设计语言的主流；另一方面，选用面向对象语言能够更容易、安全和有效地利用面向对象机制，更好地实现 OOD 阶段所选的模型。

8.2.3 面向对象开发的常用方法

20 世纪 90 年代以来，一些专家按照面向对象的思想，对 OOA/OOD 工作的步骤、方法、图形工具等，进行了详细研究，提出了多种实施方案，据不完全统计，有五十几种。其中，比较流行的有十几种，这些方法中，有的覆盖开发的三个阶段，有的侧重其中的一个或两个阶段，但对 OOA 都比较重视，把它作为重点。其中影响较大的方法有：Peter Coad& Ed Yourdon 方法、OMT 方法、Grady Booch 方法、VMT 方法。随着面向对象的软件开发方法的日趋成熟，实现开发方法的统一化和标准化成为一项重要的工作。由 Booch, Rumbaugh 和 Jacobson 三位著名的计算机专家设计，集成了各种面向对象方法的优点，提出一个更具综合性的统一方法 UML，目前已被 OMG（Object Management Group）采纳，作为标准。

8.3 面向对象的系统分析和设计实例

Peter Coad 和 Ed Yourdon 方法是较早出现的面向对象开发方法。它把系统的开发分为分析和设计两个阶段。其中分析阶段的 OOA 模型由五个层次构成，即类及对象层、结构层、主题层、属性层和服务层，对应着 OOA 的五个活动：认定对象，认定结构，认定主题，定义属性，定义服务。设计阶段则针对与实现有关的因素继续运用 OOA 的五个活动，它包括问题域部分、人机交互部分、任务管理部分和数据管理部分等四个部分的设计。在次序上，OOA 和 OOD 既可以顺序地进行，也可以交叉地进行。因此，它能适应瀑布式、螺旋式及渐进式等各种开发模型。Coad&Youdon 方法还规定了一套图形表示。这种方法，概念简单，易于掌握。

现有某车管所要开发一个车辆注册发照系统。下面以 Coad&Youdon 方法为基础，结合实际应用，详细介绍面向对象系统的分析和设计。

8.3.1 问题陈述

开发人员对问题域的陈述是系统分析的基础。本例的问题域陈述如下。

车管所注册和发照管理业务流程是：车主在购入车辆后，执相关有效证件到主管部门的相关工作人员处进行登记注册，交纳一定费用，获得相应牌照。注册后，有关车况信息和车主信息要备案。

系统所需维护的信息如下。

（1）主管部门信息，包括名称、负责人、地址、电话传真等。还有具体工作人员信息，包括姓名、权限、工作年限等。

（2）车主信息，包括姓名、住址、联系电话等。

（3）登记信息，包括流水号、车号、所有权、凭据、放弃登记标识及费用等。

（4）注册发照信息，包括起始/终止时间、品牌（发动机出厂号，年份，种类，牌号）、标签（年份，品种，号码）、费用。

（5）车辆信息，包括车号、出厂日期、制造商、车型、总重、载容量、内燃机马力、颜色、价格、已行驶里程等。

工作人员负责登记发牌照，收取费用。每个顾客都来自一个地区，属于某一个部门。系统不保留有关牌照格式、车牌或标签号的清单。

值得注意的是，上述对问题空间的理解可能是不完整的，也可能是二义性的（自然语言表述时不可避免的），甚至可能是不一致的。用户最初提出的要求通常都不够明确和具体，有时甚至是很含糊不清的。这就需要在系统分析阶段，通过与用户不断交流，加深对问题域的认识，经过讨论、修改与补充，逐步明确与具体化，获得对问题域详尽的陈述。

8.3.2 面向对象的系统分析

系统分析是指对问题域进行分析，明确问题是什么，以及为了解决问题需要做些什么。面向对象分析的基本任务是识别对象，并依据这些对象及其关系建立系统的分析模型。

这一阶段主要是根据已有的问题域的描述，采用面向对象分析方法，为现实应用领域建立相应模型，整个分析过程如图 8-4 所示。分析过程得到的模型能明确地刻画出系统的需求，为参与系统开发的人员提供交流基础，同时也为后续的设计和实现提供基本框架。

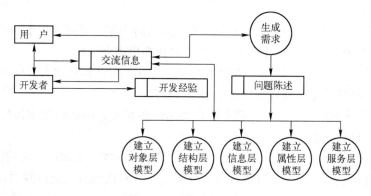

图 8-4 系统分析过程

1. 标识对象

标识对象是将现实应用中的实体与目标系统中的技术概念更加紧密地联系在一起，并构造一个稳定的框架作为应用领域模型的基础。

构建分析模型的基础是对象/类。一般将对象分为实体对象、接口对象和控制对象三类。其中实体对象指在问题域中直接认识到的对象,它代表了要为之存储数据的实际或抽象的东西;接口对象是一种技术性对象,用于连接应用(应用问题/应用软件)和外界系统或用户,如用户接口屏幕。实体对象的数据通常都是经由接口对象进出应用的。控制对象主要用来协调实体对象和接口对象的活动。采用分类方法的目的是将系统功能合理地分配到对象中,避免因某一对象内容的变动而引起其他对象发生变动,从而确保系统的强壮性和维护性。在分析阶段识别的主要是实体对象,在识别对象时,开发人员首先从已得到的问题陈述入手,在此基础上反复对用户业务流程进行调查,研究用户提供的有关系统需求的形式不一的资料,查阅与应用领域紧密相关的专业文献,并在此基础上尽量捕捉到与系统潜在对象相关的信息,获得对问题空间的深层理解。识别对象通常依据以下准则。

(1) 搜寻准则。依次考虑问题域中的结构、系统设备、需要保存信息的事件、人员、物理位置、组织机构等多方面事物,从中挖掘系统潜在对象。挖掘系统潜在对象时,要依次考虑以下几类事物。

① 结构。主要考虑分类和组装两种结构,这不仅能发现对象,还可以明确系统层次关系。

② 其他系统。是指与本系统相互作用的系统或"外部边界"。这种相互作用包括硬件连接、信息互传或实体相互作用。本例中"车辆"就属于与本系统实体相互作用的情况。

③ 设备。指与系统作用的有关设施,有些可能与系统进行数据或控制信息的转换。

④ 需存储的事件。指问题域中发生的需要保存相关信息的事件,包括时间、地点、人物、原因等因素在内都需要系统维护。

⑤ 人员作用。系统中人员通常分两种:其一是系统直接使用者,亦称用户;其二是系统所处理信息的源主,如本例中的"车主"。

⑥ 地点。指系统需考虑的物理地点、办公室或场所。

⑦ 组织单元。指与系统有关的人所属的地域、部门或机构。

按搜寻准则对系统进行扫描,列出候选对象,然后参照以下判别准则来取舍,并利用检验准则做最终的审查。

(2) 判别准则。当决定模型中是否包含某一对象时,至少要考虑以下四点。

① 系统是否有必要保存该对象信息,为该对象提供服务。

② 对象的属性至少大于1,若对象的属性不大于1,则可将其作为其他对象的属性,而不是对象。利用这条准则过滤掉低层次上的一些对象。

③ 公共属性及服务的确认。若确实是公共属性和服务,则抽象出来用以产生实例;否则需用分类结构进行说明。

④ 基本要求。即在不考虑具体实现系统的计算机技术时,系统必须有的需求。

(3) 检验准则。经过对问题域的搜索找到对象,并对这些对象进行判别后,得到一些使用自然语言描述的候选对象,究竟这些候选对象是否符合要求,还要用下述检验准则进行严格的检验。

① 冗余的属性和服务。若系统在时间、进度、能力三方面的制约下,不必存储某些属性数据或提供此类服务,那么就删除这些属性数据及服务对应的对象。

② 单个实例对象。这条准则主要针对有属性的对象,分三种情况考虑:若单个实例对

象确实反映问题域中的实体,那么其存在是合理的;若系统中还存在另一个有相同属性和服务的对象,并且它也能正确刻画问题域,则将二者合并;若系统中存在另一个有相似属性和服务的对象,且它也能正确刻画问题域,则考虑使用分类结构。比如本例中"登记"和"注册发照"两个事件对象就属于第三种情况,需要构造一个"操作"类。

③ 派生结果。模型中不能有派生结果,但模型中需要保存能够得到派生结果的对象。

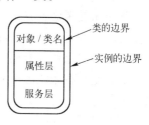

在确定对象后,需要为对象命名,将非形式化的描述转化为形式化的描述,并用 Coad&Youdon 规定的图形(见图 8-5)描述。一个对象名应该能够描述对象的单个实例,它通常是单个名词,或是形容词 + 名词,并且是能够反映对象主题的标准词汇,还要具有较强的可读性。

图 8-5 对象/类图示

对应本例的问题陈述,可以得到本系统的 6 个对象(见图 8-6)。

图 8-6 注册发照系统对象层模型

2. 标识结构

结构表示问题空间的复杂度,标识结构的目的是便于管理问题域模型的复杂性。标识结构是通过确定对象/类的关系,即客观世界中两个事物(具体的或抽象的)之间的相互作用和影响来实现的。对象/类之间的关系一般可分为三种:分类结构、组装结构和消息连接。在系统分析中主要确定对象间的静态关系,需要考虑分类结构和组装结构,对象间的消息连接则放到系统设计阶段去完成。

(1)分类结构。分类结构反映的是对象/类之间的概括(继承)关系,即类与其衍生体之间的关系。分类结构能够帮助我们得到成员组织层次,它通过搜集问题域中的公共特性并把这种特性扩充到特例之中来,显示现实世界实体的通用性及专用性。分类结构还提供了对问题空间的重要划分,一种划分是把属性和服务分成互斥的几组,另一种划分是利用结构抽象出比对象和结构都要高的数据层次,即"主题"。

图 8-7 所示为用 Coad&Youdon 规定的图形表示的本例中的一个分类结构,"客车"、"卡车"、"摩托车"等对象通过这个分类结构共享有关"车辆"的公共属性。"车辆"的属性是通用的,同时,这些对象还可根据自身特点,增加属性,如"载客量"、"载重吨位"、"最高限速"、"最大限长"等。增加的属性不能为其他对象所用,是专有的。服务的共享及扩充原理亦如此。值得注意的是,公用属性和服务在结构中

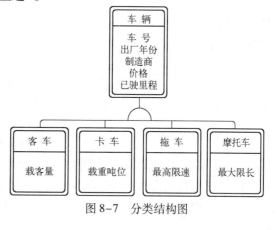

图 8-7 分类结构图

仅出现一次。

定义分类结构需先将一个对象考虑成通用的，并考察它在应用领域各种可能的专用特性。例如，本例中的对象"车辆"可按不同的专用性分为以下几类：商用和私人；载货和载客；汽油车和柴油车；轻型车和重型车。

接下来要考虑各专用性之间是否存在差异，明确某专用性的确存在于现实世界。此外，还要考虑这种专用性是否存在于问题空间，例如，要考虑是否把"车辆"分为载货和载客。这时，要把对象作为专用的来考察，考虑系统是否有其他对象通用，这种通用性是否反映现实世界，是否在系统范围内。在本例中，分别看到"客车"、"卡车"、"摩托车"等对象，就可以将它们综合成对象"车辆"。

图8-8是本例子的两个分类结构："操作"及"车辆"。

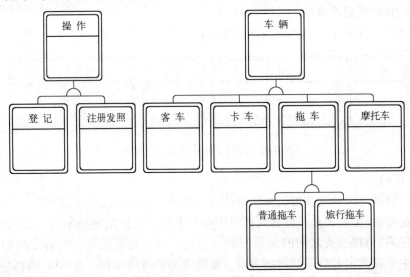

图8-8 分类结构例

（2）组装结构。组装结构又称聚集，是对象间存在的一种整体与部分的关系，表达了一种基本组织方式，即部分聚合成整体的方式。例如地址，其中可包括省名、县（市）名、街名、门牌号及邮政编码等部分。又如，一个"车辆"对象由发动机、多驾驶控制系统、轮子和座位等部分组成，而在一个维护发动机的问题域中，系统要为之保存的信息的组成部分仅有发动机，因而会相应引入"发动机"对象与"车辆"对象，构成组装结构。

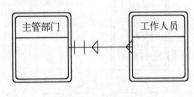

图8-9 组装结构

接下来，要将每一个对象当作一个部分来考虑，考察该对象是否适用于组装，它与哪些对象在一起形成一个组装，以及该组装是否反映现实世界的实体，是否属于问题空间。用Coad&Youdon规定的图形表示的本例的组装结构如图8-9所示。

由图8-9可以看到，组装结构的增加是通过从整体到部分，从顶到底的描绘而成的。用图中的一个短竖代表一个单独部分，用爪形标识代表多重部分。当一个部分仅可出现在一个组装中时，则在靠近组装结构处再标识一个短竖，对象层图中添入上述三个结构即得到结构层图示。

3. 标识主题

主题（subject）提供给开发人员一种控制机制，以把握在某个时间内所能考虑并理解的模型规模，并便于了解模型的概貌。采用主题机制还可获得方便的通信能力，避免参与开发人员之间的信息过载，弥补对象、结构机制不能反映系统模型整体构成、动态变化及功能信息的不足。定义主题分为两步。

（1）选择主题。需要先给每个结构标志一个相应主题，给每个对象标志一个相应主题，再考虑主题数目。如果主题的个数超过 7 个，则需进一步提炼主题，构造主题层。

（2）列出主题及主题层上各主题间的消息连接（用箭头表示），对主题进行编号，画一个简单的矩形框并配以合适的名字来表示一个主题。本例中的主题层如图 8-10 所示。

4. 定义属性

定义属性是分析与选择的过程，大致要经过四个步骤。

（1）标识、定位属性。标识属性首先要明确某个属性究竟在描述哪个对象，要坚持保证最大稳定性和模型一致性；其次要坚持在原子概念的层次上标识属性，比如，驾驶员的驾照号码可以是数据单元的组合，从而相应减少属性名。至于消除数据冗余的规范化问题，则要到设计阶段再做相应考虑。

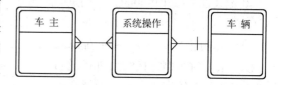

图 8-10 注册发照系统主体层示意图

属性标识完成后，要利用继承机制给属性定位：将通用属性放在结构的高层，将特殊的属性放在结构低层；若一个属性适用于大多数的特殊分类，可将其放在通用的地方，然后在不需要的地方覆盖它；如果发现某个属性的值有时有意义，有时却不适用，则应考虑分类结构。

（2）标识实例连接。标识实例连接分三步完成。

① 添加实例连接线。将系统中必须维持的实例间的对应关系用连线表示，每一条实例连线都意味着有一条相对应的消息连接线。当每个隐含连接标识被修改时，一端的实例就需要向另一端的实例发送一条消息。比如，在本例中如果一个"车主"与"车辆"之间总有一个"操作"的实例发生，那么模型中就隐含了"车主"和"车辆"之间的连接。

② 定义多重性和参与性。先对实例连接的每个方向考察其多重性：一对一（1:1），还是一对多（1:m），抑或是多对多（m:n）。本例中"车主"与"操作"是多对多（m:n）的关系。

接下来要定义参与性，明确在连接的两个方向上，对象间的实例连接是强制性还是任意性的，即连接是否必须存在。如图 8-11 所示，"车主"、"系统操作"及"车辆"之间的连接是必需的，标注"1"；而"具体工作人员"与"系统操作"的连接具有任意性，标注"0"，可以理解为对于一个新职员，可能还要经过一段时间才允许处理正式的法定事件。

图 8-11 实例连接的多重性

上述两步亦可以合并，直接考虑如图 8-12 表示的几种关系：

③ 检查特殊情况。包括三个以上对象或分类结构之间的连接，多对多的实例连接，相同对象或分类结构之间的实例连接，以及两个对象或分类结构之间的多重实例连接等几种情况。检验多对多的实例连接，实质是检验对象间的连接中是否存在描述对象的属性。

图 8-13 即为本例中的一个多对多的实例连接及相应措施（扩充标识）。

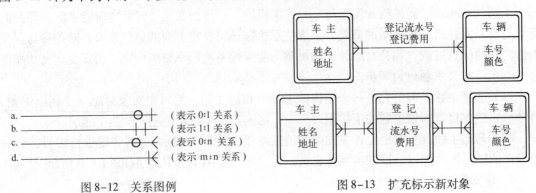

a. ─────○ （表示 0:1 关系）
b. ─────╫ （表示 1:1 关系）
c. ─────○< （表示 0:n 关系）
d. ─────╫< （表示 m:n 关系）

图 8-12 关系图例　　　　　图 8-13 扩充标示新对象

（3）修订对象。随着属性的增加，需要重新修订对象或分类结构，主要有以下几个检验点。

① 带有"非法"值的属性。主要指只适合某些特定的实例的属性，可引入附加的分类结构予以解决。

② 单个属性。单个属性作为对象易引发模型膨胀。若某个对象只有一个属性，则修订模型，将单个属性直接放入相关对象，并删除多余的对象，如图 8-14 所示。

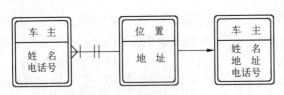

图 8-14 修订对象（单个属性）

③ 属性值冗余。若存在重复的属性值，则考虑新增对象。但该新增对象必须符合对象标识准则，而且要检查对象属性个数是否大于1。

④ 适应性参数。属性值由操作决定，在一定范围内选取，处理方法是将每个属性的范围或限制本身作为一个属性。这种方法的局限在于增加模型和对象中的属性个数。

（4）说明属性和实例连接约束。用名字和描述性语言说明属性，同时还可以增加一定的属性约束（取值范围、限制、计量单位和精度），并且要将属性划分成以下几类。

① 描述性的（descriptive）。其值在实例增加、修改、删除和选择时建立及维护。

② 定义性的（definition）。其值可能适用于某个对象或分类结构的多个实例。

③ 可推导的（always derivable）。其值在任何时候都由其他数据推出（不必保存）。

④ 偶尔可推导的（occasion derivable）。其值偶尔可推导（必须保存）。

接下来要对实例连接约束进行说明，主要通过观察实例间的映射限制得到说明，其中对组装连接的关系约束的说明也包括在内。

本例的属性定义如下。

① 描述性属性。

操作

　　日期：合法处理发生的日期和时间

登记

　　流水号：合法处理的主记录号

　　所有权证明：证明所有权的文件证据

放弃登记：放弃登记的理由及放弃的登记号
注册发照
　　起始时间：申请的开始日期及时间
　　终止时间：申请的结束日期及时间
　　牌照：出厂牌、年份、型号、号码
　　标签：标签上年份、型号、号码
② 可推导属性。
操作
　　登记、缴费：登记时交费
　　注册、缴费：注册发照时收费
本例属性层示意图如图 8-15 所示。

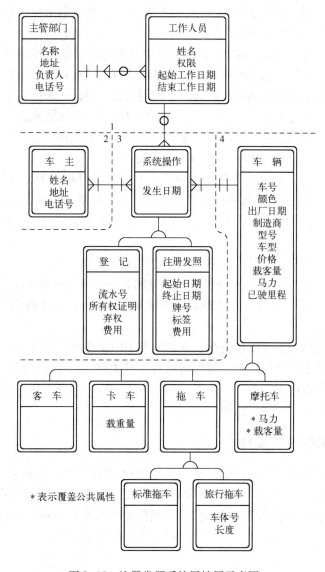

图 8-15　注册发照系统属性层示意图

5. 定义服务

服务是指对象收到一条消息之后所执行的处理。定义服务的核心就是为每个对象和分类结构定义所需要的行为，下面就是三种常见的行为及相应标识服务的策略。

（1）有直接动因的行为：直接动因—状态—事件—响应。

（2）进化史上的相似行为：进化史—对象生命历程。

（3）功能相似的行为：功能—最基本的服务。

具体而言，定义服务要通过对处理需求进行观察度量，获得相应的文字说明。服务的具体内容或算法留待设计阶段解决。定义服务还必须解决的问题是确定对象实例之间必要的通信。定义服务的策略分四步：标识服务、追加服务、标识消息连接、详细说明服务。

（1）标识服务（亦称基本策略）。针对系统内每一个对象或分类结构考虑三类基本服务：Occur（实例增、删、改），Calculate（运算），Monitor（监测）。所有模型都使用 Occur 服务；部分模型中，当一个实例需要另一个实例说明的处理结果时，使用 Calculate 服务；模型中的实际处理部分使用 Monitor 服务。

（2）追加服务（亦称辅助策略）。首先需要定义基本的对象历程序列，然后扩展每一步反映出增加、修改、删除和选择的演变。考虑对象或分类结构是否还响应其他事件，如果是则增加基本序列，根据需要增加基本服务，再利用状态—事件—响应这个策略发现对象或分类结构的附加服务。首先定义系统主要状态，然后对应每一个状态列出其外部事件和所需要的响应，建立一个状态—事件—响应表，最后为响应每个状态提供必要的服务处理。辅助策略有助于发现易被遗漏的 Calculate 类和 Monitor 类服务。

（3）详细说明服务。首先要为每个实例说明所需外部可见行为，并给予特殊强调（语气时态上体现），然后使用规格说明模板建立需求框架，模板为系统设计提供设计文档。

至此，定义服务已基本完成。若想得到更完备的服务说明，可以通过增加支持表实现。支持表内容如下。

① 服务及可适用状态表，总结有关服务的适用状态信息。

② 关键路径分析，标志完成系统任务的关键的状态—事件—响应序列。

③ 时间和规模分析，对关键路径的第一个服务进行估计，由此得出整个路径的估计值，包括预计时间等数据。

消息连接的标识将在设计阶段进行、本例服务层的示意图见图 8-16。

系统分析阶段的工作全部结束。最终将所有文档汇集，包括 OOA 五个层次的系统模型示意图、属性及服务说明书、各种支持表（包括 DFD 图），可以得到从整体到部分的对系统数据、功能及动态特征的较深入认识。

8.3.3 面向对象的系统设计

OOA 是独立于程序设计语言的，OOD 作为 OOA 的进一步扩展进化，其初期在很大程度上依然独立于程序设计语言。面向对象设计阶段要解决的问题是如何把分析阶段确定出来的对象和类配置起来以实现系统功能，并建立系统体系结构。具体任务有以下几个方面。

1. 对象的设计

对象的设计主要是对实体对象进行增、并、改，并识别接口对象和控制对象。

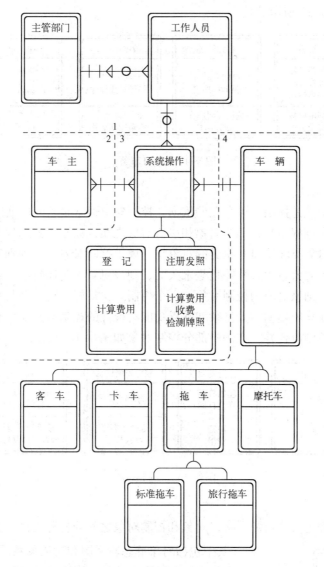

图 8-16 注册发照系统服务层示意图

1)识别接口对象/类的准则

识别接口对象/类的准则如下。

(1)为用户、主要设备安排接口对象,称之为中央接口对象。

(2)对于特制的图形用户接口(Graphic User Interface,GUI),分别建立接口对象。这些接口对象都可与上述中央接口对象通信联系。

(3)对于其他类型设备,如某类输出处理设备,可增配接口对象。例如,为远程通信配置中央接口对象,而远程通信的其他类型,如传真、电子邮件或信件,可增配相应的接口对象。

接口对象的服务应包括:从系统外部获取信息,并为之提供信息。若用户行为发生变化,尤其是最终用户接口有所改变,则接口对象的服务随之而改变。

通过对问题陈述及系统事件的进一步研究,并结合已识别的实体对象,可以得到本例中的接口对象,如图 8-17 所示。

图 8-17 接口对象

2) 控制对象的识别

能否承担某项功能是控制对象存在的依据。控制对象通常是暂时的或瞬间的,只存在于某一系统事件的发生过程中。在实体对象和接口对象之间,控制对象起到了缓冲作用。

凡不属于实体对象类和接口对象类的对象均归属于控制对象类。判别实体对象与控制对象的规则是:若一个对象包含属性并且是永久的,则该对象为实体对象,若一个对象不包含属性并且是暂时的,则该对象为控制对象。一个控制对象最好只同一个与系统交互作用的实体相联系,以减少变化的影响。太复杂和缺乏功能凝聚性的控制对象应分解,具有强烈的功能凝聚性的控制对象则应合并。本例中部分控制对象如图 8-18 所示。

图 8-18 控制对象

2. 结构的设计

结构的设计是确定实体对象、接口对象和控制对象之间的各种关系,完善对象类结构图(其中包括对象静态联系图和对象关系图)。识别了接口对象和控制对象后,最重要的是确定三种类型对象之间的关系,其中包括如下内容。

1) 静态联系

实体对象间的静态联系在分析阶段已经确定。接口对象间、控制对象间也存在静态联系,需进一步确认。当需用接口对象或控制对象来保持它们所往来的实体对象的信息时,用接口或控制对象与实体对象之间的静态联系实现,本例中部分接口/控制对象的静态联系如图 8-19 所示。

2) 消息连接

接口对象间、控制对象间还存在消息连接。消息连接其实质是一种调用关系。接口对象与实体对象、控制对象与实体对象、接口对象与控制对象间都只存在消息连接。

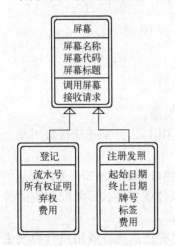

图 8-19 部分接口/控制对象的静态联系

通常，实体对象对接口和控制对象无所了解，与接口对象或控制对象无消息联系，仅回答接口对象或控制对象发出的通信，接口对象或控制对象接到事件通知的响应，应向实体对象发出消息，要求所需信息。当接口对象形成明显的结构时，尤其是当一个接口对象能与另一对象类中几个对象联系时，将这种关系明确定出。例如，用接口对象之间的联系表示窗口之间的转换。

消息连接结合了事件响应和数据流两个方面。在标志消息连接时，首先在已存在实例连接的对象和分类结构间增加消息连接，然后检查对象和分类结构（包括封装在其中的属性），寻找一个实例所需要的另一个实例之服务，即获得某个实例的属性值或替第一实例完成一些处理。消息连接的表示如图8-20所示。

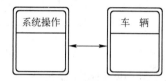

图 8-20 消息连接的表示

消息连接标识完成之后，要在发送者的服务说明中建立消息连接的文档，在接收者的服务说明中建立相应的执行服务的文档。图8-21给出了本例中部分接口对象间、控制对象间的消息连接。

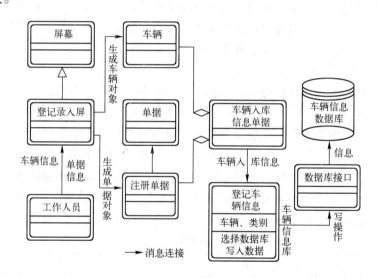

图 8-21 部分对象关系图

3. 系统的体系结构设计

1）系统的体系结构

系统的体系结构即整个系统的蓝图。所谓系统的体系结构是一种组织机制，利用这种机制把系统分为若干个子系统（模块或组件），全面地反映系统各个层次的结构、功能及动态特征。在面向对象系统中，体系结构不是用类，而是用代表较高级抽象的类集团来表达。这样的集团最适于表达系统的必要机制的关键特征，如用户接口、数据库、关键业务功能等。这样的类的集团有实用函数、外部接口、用户接口，以及存于数据库中持久的对象、计算、进程间通信等类的集团。它们都有助于大型系统的开发。例如 Object Management Group（制定面向对象工艺标准的组织）的 Common Object Request Broker Architecture（CORBA）；IBM 的 SOM/DSOM，以及一些硬件制造厂商的开放顾客/服务者体系结构（Open client/server architectures）。根据 Coad&Yottrdon 的面向对象设计模型，一般的应用系统由基础对象子系统、问题域子系统、人机交互子系统、任务管理子系统及数据管理子系统等六部分组成，如图 8-22 所示。

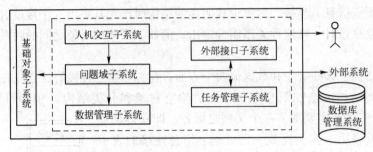

图 8-22 系统的体系结构（系统全貌图）

其中问题域子系统代表现实世界部分，包括所有实体对象和控制对象。人机交互子系统，实现用户接口所需的控制对象，如与系统交互作用实体的接口对象。外部接口子系统，包括一切与系统交互作用的非用户实体，如外部系统、打印机等的接口对象。数据管理子系统，提供在某种数据管理系统中进行对象存储与读取的基础结构。任务管理子系统，管理系统内同步机制，一般出现在多用户多任务的大系统中。基础对象子系统，提供所有其他子系统要求的公共基础构造体，例如栈、队等数据型。

2) 子系统的详细设计

根据系统的体系结构，可以分别对结构框架内的各个子系统进行详细设计，为下一步编程实现系统奠定基础。

(1) 问题域子系统的设计。主要任务是完善对象属性和操作的形式规定，包括限定属性值、确定复杂服务的算法等，进一步规范对象形式说明，并利用图示简化形式说明，以便对象在物理上实现。若决定用面向对象语言编写程序，则可以直接套用和转换形式说明，甚至可以直接用面向对象语言完成对象的形式说明。例如，可以对分析阶段识别的"车辆"对象的属性进行约束规定，见表 8-2。

表 8-2 车辆对象的属性

属 性	代 码	类 型	长 度
车号	CH	字符	8
出厂日期	CCRQ	日期	8
制造商	ZZS	字符	20
车型	CX	字符	20
总重	ZZ	数字	3
载容量	ZRL	数字	3
内燃机马力	ML	数字	2
颜色	YS	字符	2
价格	JG	数字	10-2
已行驶里程	XSGL	数字	7

对控制对象"登记车辆信息"的"选择数据库"和"写入数据"的服务算法的描述如下：

选择数据库（open database/select database）；

将车辆信息存入相应数据表中（append）；

关闭数据库（close database）。

（2）人机交互子系统的设计。接口对象在设计初期就已经确定，此时主要是详细地规定窗口（接口对象）、窗口元素（菜单、按钮、表框、文字输入项等）及有关的问题域对象之间的关系，确定图形用户接口的总体策略。对现有的、可重用的组件（如标准的对话框架）则无须详细设计。例如，设计输入屏幕时，很难确定与之完全相匹配的类，但可以将表单（form）作为基类，加入各种控件，构建新的类。

（3）外部接口子系统的设计。外部接口子系统的设计主要处理两种情况：一是与现存的非面向对象或面向对象系统的交往，二是与现存的面向对象的（分）系统的集成。

可以把现存的非面向对象的或面向对象的系统作为黑盒子来处理。例如，在本例中，若将"车辆注册发照系统"编制为 Windows 程序，并假定用 VFP 6.0 作为数据库管理软件。这个 VFP 6.0 就是外部系统。为此，在本系统的外部接口子系统中设置一个接口对象，叫"数据库接口"，负责管理本系统与 VFP 6.0 的通信事宜。这个接口对象提供一套操作。

与现存的面向对象的（分）系统的集成则是一种白盒子处理，要求直接与该（子）系统中对象交往。这就是说不能用一个接口对象，把该外部系统包装起来，而是要了解其中有关对象类的接口。

（4）数据管理子系统的设计。数据管理子系统是连接问题域子系统与外部数据库管理系统的桥梁，为实现对象的物理存取建立通道。目前多选用关系数据库管理系统为面向对象信息系统储存数据。这样，就需要在对象存取时进行格式的变换。需要做的设计包括将属性值映射到表格，分类结构中的各组成部分都映射到一个表，每个对象亦做如此映射；选择关键码，作为系统控制下的唯一标识符；对数据规范化，采取折中策略，允许一定冗余以避免表格膨胀等。在设计对象属性的存储时，要将属性一一列举，构成符合关系范式的数据表，再建立对应的关系数据库。比如，本例的数据库中至少应该有存放车辆信息、车主信息、牌照信息的永久性表，以及一些中间工作表。

（5）任务管理子系统的设计。在设计多任务并行系统时，才有任务管理问题。例如，多窗口同时接受输入，在多用户系统中存在的用户任务复本，等等。一般用一个独立的任务图，表示任务权限、多重示例及通信和协调。

任务管理子系统的设计包括创建任务与任务协调者两个对象，通常是在支持多任务的操作系统环境下进行，如 UNIX，OS/2，Windows NT 等。任务协调者对象负责与操作系统通信。任务对象规定了任务的名称、驱动方式（事件驱动或时钟驱动）、任务优先级及任务间通信方式。

（6）基础对象子系统的设计。基础对象是实现应用系统所需的基础构造体，如串、数组、队、栈、结构、树等。这类对象在语义上不同于实体、接口及控制对象。目前的面向对象语言，如 Smalltalk，Microsoft Visual C++，Borland C++ 等，都可以直接调用这类基础对象。

由于本例比较简单，在本例中没有考虑任务管理和基础对象两个子系统的设计。

通过以上的设计，在设计阶段结束时，宏观上的系统体系结构已建立，微观中的系统对象/类结构图（包含系统对象间静态和动态关系、控制、约束及物理数据存储等）亦趋于完善，系统开发就可过渡到实施阶段。

8.3.4 面向对象的系统实施

在系统实施阶段主要进行编码语言的选择、面向对象应用程序框架的构建、面向对象应用程序编写等，构建出信息系统的应用软件平台。本例以 Microsoft 公司的 Visual FoxPro 6.0（VFP 6.0）为程序开发语言。在 Visual FoxPro 平台上创建应用程序的过程大致如下。

(1) 建立应用程序框架。计划好应用程序所需的组件文件，在"Windows 资源管理器"中建立框架。本例中，首先在硬盘上建目录 CLGL，在目录 CLGL 下分别建立子目录 F1，F2 等，分别存放库存系统不同种类的文件。

(2) 使用"项目管理器"。将程序应用组件分别放入项目管理器各选项卡中，由其统一管理。在程序开发过程中，组件的设计、修改、运行会变得更容易。

(3) 创建数据库。根据系统设计阶段数据管理子系统的设计结果，并充分考虑用户操作、数据量大小、单用户和多用户、本地数据和远程数据等因素，实现数据存储。本例中仅有一个数据库，名为"车辆注册系统.Dbc"，其中有若干张表，如"车主信息表"、"车辆信息表"、"牌照信息表"等。

(4) 创建类。在很多情况下，用户都不需要自己创建类，只用基类就可以创建一个可靠的面向对象的事件驱动程序。但是，在某些场合，创建一些类能帮助用户快速创建原型，并向应用程序中添加功能，使代码更易管理和维护。

本例中，需要自行定义一组类。首先，用 createliba 命令创建类库，存放在硬盘 CLGL 目录下，命名为 CLKC.VCX；然后，用 crea~class 命令分别创建两种类：基类是"FORM"的可视类，分别对应分析设计阶段定义的类"屏幕"；基类是"CUSTOM"的不可视类，对应分析设计阶段定义的实体对象类和控制对象类，如"单据"、"流水账"、"汇总"等。

(5) 设计用户操作界面。界面直接表现一个应用程序的功能。用户所能见到的只是界面，因而，用户对应用程序是否满意，很大程度上取决于界面是否友好。VFP 的设计工具使得创建富有吸引力并且功能丰富的界面成为一件轻松愉快的事情。用户界面主要包括表单、工具栏和菜单，它们可以将应用程序的所有功能与界面中的控件或菜单命令联系起来。本例中，根据设计阶段人机交互子系统的设计内容，用户界面的设计有两部分：数据录入、查询等屏幕和系统主菜单，可分别利用菜单设计器和表单设计器完成。

(6) 设计访问信息的方法。若想在表单上为用户显示一些信息，甚至想给用户提供一些方便，准确给出他们所需的内容，让他们自己选择是否把信息打印到报表或标签上，可利用控件和 OLE 自动化实现查询。

(7) 测试和调试。测试和调试是开发人员在开发工作的每一步中都需要做的事。随着工作的深入，应不断进行测试和调试。例如，创建了一个表单，那么在处理应用程序的其他部分之前，要先检查一下表单能否完成预定的功能。

使用 VFP 创建面向对象的事件驱动应用程序时，每次只建立一部分模块。

在完成了所有的功能组件之后，就可以进行应用程序的编译了。

本章小结

随着面向对象程序设计技术日趋完善，面向对象的思想及方法逐步成熟，形成了一种新的开发技术，给信息系统的发展带来了新的希望。系统开发人员通过面向对象的分析、设计及编程，将现实世界的空间模型平滑而自然地过渡到面向对象的系统模型，使系统开发过程与人们认识客观世界的过程保持最大限度的一致。利用面向对象开发方法得到的信息系统软件质量高，系统适应性强，系统可靠性高，系统可重用性和维护性好，在内外环境变化的过程中，系统易于保持较长的生命周期。总的来说，面向对象系统开发基本经历分析和设计两个阶段，表现出来的特征及发展趋势就是：分析与设计更加紧密难分，程序设计比重愈来愈小（主要由于重用性提高），系统测试和维护简化，更易于扩充，开发模型愈加注重对象之间交互能力的描述。

Coad&Yowdon 的方法是一种循序渐进的方法，通过标识类与对象、结构继承和组合、属性、服务及主题构成面向对象的系统模型。该方法使用相对简单，模型易构造，但对系统动态特征表述不充分（主要是整体动态特征），且反映系统整个功能特征的能力较差。总的来说，该方法反映系统结构完整，模型一致性好，易于完成系统开发，是一种好用的方法。

应当指出，虽然面向对象开发方法是一种实用有效的系统开发方法，但不可否认的是，传统结构化方法依然有其可取之处。因此应有效吸取传统方法之长处，以弥补面向对象开发方法之短处，使 OO 开发方法更合理、更完善。

习题

1. **填空题**

面向对象开发一般经历三个阶段：_____、_____和_____。

2. **简答题**

（1）试述面向对象的基本概念（对象、类、继承、消息），以及面向对象的含义。
（2）简述面向对象系统开发方法的原理。
（3）以 CoM&Yowdon 方法为基础，试述面向对象系统开发的过程。
（4）试比较面向对象开发方法同传统方法的区别。

第 9 章 信息系统的管理

信息系统的管理从广义上讲，涉及整个系统的生命周期，包括从无到有或由旧变新的系统开发的管理，系统投入运行后的运行管理及系统评价等。本章将从信息系统开发的项目管理、运行管理及系统评价三个方面分别叙述信息系统管理的基本知识。

9.1 系统开发的项目管理

计算机管理信息系统的开发是一项复杂的系统工程。从 20 世纪 70 年代开始，人们逐渐认识到，为了保证 MIS 系统开发成功，必须采用工程化的系统开发方法，并研究出一些符合工程化标准的开发方法。这些方法旨在指导开发者进行工程化的系统开发，从而加快 MIS 系统开发的速度、保证质量、降低开发成本。

9.1.1 MIS 系统开发的项目管理的任务及特点

工程化的系统开发方法确实在开发实践中取得了一定的效果。那么，是不是采用了工程化的系统开发方法便一定能保证 MIS 系统开发的成功呢？答案是否定的。统计资料表明，大多数信息系统开发项目的失败，并不是由于软件开发技术方面的原因。它们的失败是由于不适当的管理造成的。

所谓 MIS 系统开发的项目管理，就是根据管理科学的理论，联系 MIS 系统开发的实际，保证工程化系统开发方法顺利实施的管理实践。它包括信息系统开发中的项目评估及可行性分析、开发方式的选择、人员管理、进度管理及成本控制等方面。

由于管理工作存在许多不确定因素，而且往往带有一定的艺术成分，所以管理信息系统的开发难度要大于一般技术系统的开发。其主要原因有以下几点。

（1）信息系统的开发是一种变革，所以常常会遇到企业的阻力。基层的阻力来自担心自己的工作被计算机替代或由于难以改变自己的工作方式而采取不合作的态度；中层的阻力来自担心新的信息系统会使权力结构与管理方式发生变化，从而影响自己原有的地位；高层的阻力则是由于不了解信息系统及其作用、不重视、不亲自参与而造成的。

（2）管理工作的不确定性与不稳定性。不确定性反映在管理过程难以完整地用文字表达，对信息系统的信息与功能需求一时也不能完全说清楚，使系统开发目标不明确，需在开发过程中不断地去补充与完善管理过程的描述与目标系统的需求；不稳定性是指管理工作的要求、内容与方法常发生变化，这种变化常使刚开发出的系统或子系统与实际情况不符，在未使用前就要修改。

因此信息系统的开发必须对有关的人员，包括企业内各层次的管理人员作好引导宣传及有关知识的培训。对开发系统的技术人员除了要在开发规范上提出统一要求外，还应使他们对开发工作的难度做好充分的思想准备。尽管管理信息系统与其他技术系统相比有许多差别，但为了低成本、高效率地开发出高质量的信息系统，仍应将信息系统的开发工作作为一个工程项目来管理。

9.1.2 管理信息系统开发的几种方式

MIS 的开发方式一般有专门开发、全面购置商品软件和二者集成等三种。

1. 专门开发

专门开发就是企业针对自己的需要组织开发本企业的管理信息系统,全部应用软件都从头做起。早期,是由于当时信息系统开发方法与技术不成熟,缺乏开发经验,几乎没有现成的商品软件供选购,逐个地根据企业的具体情况开发信息系统是必然的。专门开发的工作量非常庞大,应用系统软件的重复设计与编制耗去了大量的人力与时间。

2. 全面购置商品软件

随着信息系统开发与应用的深入和普及,一些通用的解决企业管理中部分问题的商品软件陆续产生,其中典型的有财务管理、人事管理软件等。购置商品软件可加快信息系统的开发进度,也可提高开发的成功率。通过购买商品化软件建立信息系统的过程大体如图 9-1 所示。

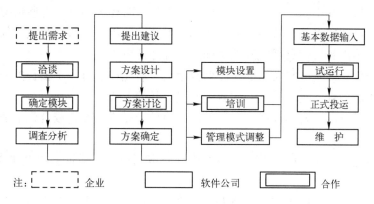

图 9-1 购买商品化软件建立信息系统的过程

商品软件的购置首先由企业提出需求,选择可靠的软件公司,与其洽谈,明确所要达到的目标与总要求,通过洽谈确定具体需购置的模块;在此基础上软件公司对与模块有关的管理过程作调查分析与运行方案的设计;方案提出后双方对其作详细的讨论,在需求与可能两方面的某点上取得一致,确定方案;随后,企业与软件公司正式开展实施工作,其中主要是软件公司为企业有关人员做培训,对模块做功能调整及参数设置,企业则同时按方案要求对原有管理过程作必要的调整,搭建硬件平台,待系统构成后录入基本数据;完成以上工作后,即可在某个恰当的时间试运行系统,若试运行成功即可作新老系统的切换,正式运行所购置的模块。

3. 专门开发与全面购置商品软件二者集成

由于每个企业的管理模式不尽相同,不可能买到能解决所有企业管理问题的商品软件,所以可采用应用系统软件购置与专门开发并举的集成方式,即购置一些管理过程较稳定、模式较统一的功能模块,而对与企业具体特点相关的、稳定性较差的或决策难度较大的功能模块则需专门开发,两者有机地结合,构成一个完整的信息系统。这种开发方式除兼有两种开发过程外,还有购置与专门开发两类模块的划分选择,二者的接口设计与集成等工作，如图9-2所示。

尽管不同的信息系统开发策略与开发方法有不同的开发过程，但其目标是相同的，其工作性质也是相同的，不管采用什么方法开发信息系统，都可将其作为一个项目来看待，用工程项目管理的方法来管理好信息系统的开发。

9.1.3 信息系统开发合同

企业开发信息系统有委托开发、自行开发和合作开发等方式，对委托开发或合作开发，都需与开发方或合作单位签订合同。委托合同和合作合同在必须明晰各方权利和义务方面没有本质的

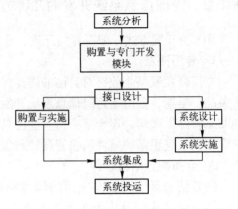

图9-2 专门开发和购置并举的集成方式

区别，但从信息系统开发的不确定性特点考虑，一般最好采用合作开发的方式。由于信息系统开发有很多不确定和不稳定的因素，有些细节在签约时还不明确，有些情况随着开发的深入会发生变化，这些特点使得管理信息系统的开发合同的签订、履行和核实都很困难，时常发生纠纷。下面给出签订信息系统开发合同的一般注意事项。

（1）系统开发一般是分步实施的，先期投运与最后完成会有一个较长的周期，因此合同要包括阶段要求的条款，也可采用一次签约分段生效的方式。

（2）要带有足够的与合同同样有法律效用的附件，以说明委托或合作细节，以及具体的技术要求。

（3）要由企业负责合同的专业人员或法律顾问审阅合同，保证合同基本条款的规范性，避免潜在的风险。

（4）各方在签订合同时不仅要注意开发要求和条件，也要考虑开发成功后的成果归属权问题，这是常遇到的纠纷焦点，应该事先予以明确。

国务院2002年1月颁发了《计算机软件保护条例》，对软件著作权、软件著作权的许可使用和转让及相关法律责任作了明确规定，可作参照的法律依据。

9.1.4 人员管理

1. 开发人员的组织管理

保证信息系统开发进度与质量的关键是人。人员组织管理是MIS系统开发的项目管理的重要任务之一。

信息系统的开发需要具有多种专业知识的人员。从所涉及的学科及已有的经验可知，系统开发人员在知识构成上需要管理科学、计算机技术、通信技术、运筹学及系统工程等学科的知识；在人员配备上，项目开发组织中的技术人员有系统分析员、系统设计员、系统硬件与系统软件人员、程序员、数据员、管理模型设计人员及项目管理人员等多种技术人员。开发人员的选择既要求具有丰富的程序设计经验，又要求具有模糊分辨、抽象思维的能力，以及开阔的知识面和良好的职业道德。熟悉并能够履行软件行业相关的法规。对信息系统的开发项目，尤其强调有良好的与用户交流和沟通的能力。

1) 开发的组织形式

在大型 MIS 开发组织中，要组建一个项目组，其组织结构可以如图 9-3 所示。项目组由项目负责人领导，项目负责人的责任是制定项目开发工程计划，监督与检查工程进展情况及开发工作的协调等，保证工程按照要求的标准，在预算成本内完成。当系统比较复杂、开发人员较多时，可再按专业或子项目分设若干子项目组由项目经理领导，具体管理项目的计划、进度、审查、复审、用户培训等，通常项目经理下设 1～6 个程序设计小组。每个小组负责项目开发的一部分或者某一个阶段。审查组从事质量保证活动，对项目开发的里程碑进行技术审查和管理审查。

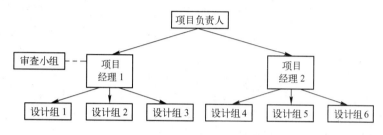

图 9-3　项目开发的组织结构

2) 开发人员的组织

开发人员的组织应注意以下问题。

（1）专业人员的配备要强调重点在于信息与管理，而不是计算机。开发人员的组织要特别注意的是吸收系统用户或企业管理人员，尤其是企业各部门中熟悉具体业务的管理人员或主管作为开发组的协助人员，共同参与项目的开发，这是保证项目成功的关键因素之一。项目负责人的物色与确定对项目的成功也是至关重要的。项目负责人不仅在技术上要作总体把关，还要承担许多诸如人员协调等非技术性工作。

（2）开发人员的组织与工作计划相结合。工作计划中的每一项任务都要明确地落实到各开发人员，并提出时间与质量要求。由于受条件限制，目前在我国，系统分析与系统设计工作大都由同一个人承担，这两项工作的多个人员的分工往往是按子系统来划分的。一般一个子系统根据其大小安排一至两名人员，同一子系统的人员不宜过多，否则交流与协调的难度会加大。系统硬件与系统软件的工作性质有所不同，一般由几个人共同承担，但在人员不足的情况下，也可不作严格的划分，由同一个人承担。

程序员的工作一般也以子系统划分，必要时还应参与系统分析与系统设计的协助工作。在实际中，数据员大都由企业管理人员承担，通过基本数据，如代码、目录及工程数据等的输入，可熟悉系统的操作方法，为下一步的系统运行打好基础。

（3）信息系统开发的协调。开发人员组织的重要工作之一就是信息系统开发的协调，一般由项目负责人承担。信息系统的开发是一项复杂的系统工程，涉及各种不同背景的人员，多种用途各异的设备与软件，所要建立的系统由多个相对独立的分系统有机地组成，因此在开发人员之间、用户与开发人员之间、系统各组成部分之间都有许多协调工作要做。开发人员之间的协调主要通过系统的总体规划、总体结构、开发规范、接口约定等来实现，项目负责人对各开发人员作具体的分工，并指导他们遵照总体要求开展各自的工作。

当开发人员之间或各自的工作之间产生不一致或矛盾时，要及时进行分析，寻求解决的方法，如果是由于总体要求不明确所致，应对原定要求作进一步的细化与明确，甚至修改；如果是由于开发人员的理解或观点的不同所致，则可通过讨论澄清问题，克服认识差别。当然，协调的最好办法是事先明确要求与规则，并在开发过程中多通气、多交流，尽量减少冲突的产生。

3）开发人员的职业道德

在信息系统开发中还应重视职业道德问题。信息系统开发人员因职业关系，可以在各自负责的工作中作方案选择，也会接触到许多企业的商业机密。受利益等因素驱动，有些信息系统开发人员可能会利用这些机会作出损害企业的事情。

如，选用计算机系统时不将性能价格比放在首位，而选购有回扣的公司的系统硬件与软件；将所知的商业机密出卖给其他企业或个人；为图省事而少考虑或不考虑长远的可维护性与可扩展性，等等。

信息系统开发中不良的职业道德会给企业造成损失，严重时企业蒙受的损失将难以弥补。由于信息系统具有很强的技术性，目前对职业道德引起的问题还无行之有效的防范控制机制，但我们仍可以间接地采取一些措施，如对信息系统开发人员进行职业道德教育，重要的决策听取多方面专家的意见，尽可能地增加开发工作的透明度，等等。

2. 人员培训

为用户培训是信息系统开发过程中的一项重要工作。人员培训的对象是构成管理信息系统这个人机系统中的人员，包括企业的各级管理人员和管理、维护信息系统的专业人员及操作人员。信息系统的知识是非常广泛的，企业管理人员与企业信息系统专业人员的培训内容应各有侧重。

为使企业管理人员了解管理信息系统采用的管理思想和管理方法，使开发工作顺利进行，应在信息系统开发之前及开发过程中对企业各级管理人员作有关信息系统基本知识的培训。管理人员的培训重点应该是信息系统的基本概念及与具体项目有关的必需知识，一般建议的培训内容如下。

（1）信息系统的基本概念。信息的概念、性质与作用；系统的概念与特点；信息系统的概念、意义、开发方法与开发过程概要等。

（2）计算机基本知识。计算机硬件与软件的基本概念；常用管理软件的功能与人机界面的格式；网络与通信的基本概念等。

（3）管理方法。现代管理方法的基本思想；数据分析与管理决策的基本概念与常用方法。

（4）本企业信息系统介绍。信息系统的目标、功能及总体描述；开发计划；主要事项与配合要求等。

（5）本企业的信息系统的操作方法。

需要特别强调的是对管理人员的培训要结合企业的实际，通过培训使各级管理人员明确开发与应用信息系统对企业生存与发展的重要意义，在了解与掌握基本概念的基础上，积极参与信息系统的开发，并为下一步的应用做好准备。

承担信息系统管理与维护工作的企业专业人员，是信息系统开发的主要力量，但目前我国企业还缺乏这种专业人员。因此，通过系统开发过程来培养一批既懂管理业务，又懂信息系统的企业专业人员也应是企业开发信息系统的主要目标之一。

对企业信息管理专业人员及操作人员培训是与编程和调试工作同时进行的。因为编程完毕后，系统即将要投入试运行和实际运行，培训系统操作和运行管理人员，不仅保证实施计划的执行，还能使用户能够更有效地参与系统的测试。另外，编程开始后，系统分析人员也有时间开展用户培训，并可通过培训，对用户需求有更清楚的了解。

对企业信息管理专业人员的培养重点，应放在系统知识与系统规范方面。培养方法除强调在实践中学习外，还可采取委托培养、进修及请专家系统授课等方法。建议的培训内容如下。

（1）系统整体结构和系统概貌。
（2）系统分析设计思想和每一步的考虑。
（3）计算机系统的操作与使用及汉字输入方式的培训。
（4）系统所用主要软件工具（编程语言、工具、软件名、数据库等）的使用。
（5）系统输入方式和操作方式的培训。
（6）可能出现的故障及故障的排除。
（7）文档资料的分类及其检索方式。
（8）数据收集、统计渠道、统计方法等。
（9）运行操作注意事项。

为保证培训真正获得成效，培训应与管理人员的工作绩效评定结合起来，即要对培训的效果进行考核，具体地可以分阶段地在培训后进行考试。必要时也可采用竞争上岗等方式，来促使管理人员处理好当前的工作与将来知识的储备二者间的关系，真正从培训中获得收益，进而更好地协助信息系统开发工作的顺利开展。

9.1.5 项目工作计划

信息系统开发的项目管理的另一个重要任务是运用系统工程的方法制定开发工作计划，并对计划的落实进行组织和监控，以保证信息系统的成功开发。

1. 信息系统开发项目工作计划的编制步骤

编制开发项目工作计划一般步骤及内容如下。

1）划分开发阶段、子项目与工作步骤

开发阶段是项目开发过程中的大段落，每个阶段成果明确。开发阶段具体的划分与采用的开发策略、开发方法有关。当综合性地采用多种开发策略与方法时，可以存有并列的开发阶段。例如，结构化方法的开发阶段有系统分析、系统设计及系统实施等三个阶段；原型法有初步分析、原型设计制作、原型评价与改进、系统成型等阶段；购置商品软件与专门开发并举策略则除了上述阶段外，还有购前工作与购后工作等阶段。

当系统过于庞大，须分轻重缓急逐步开发时，应进行子项目的划分。子项目可按系统的构成来划分。例如，应用系统中的各子系统、系统平台、培训等。子项目的划分不是时序的，有些子项目会延续多个开发阶段。

工作步骤是开发阶段的进一步细分，每一个工作步骤完成一项具体的工作内容。

2）确定子项目之间的依赖关系与系统的开发顺序

在划分子系统后，应分析它们之间的相互依赖关系，合理地安排开发的先后顺序。一般情况下，基础的、前端的子项目，应先安排。例如，销售子系统、工程数据管理子系统等。

建立在其他子项目之上的依赖性的子项目,应后安排,例如,生产管理子系统、财务管理子系统等。而对一些难度低、见效快的子项目也应予以优先安排,以充分体现信息系统的效益,并激发企业管理人员的信心,例如,库存管理子系统等。

3) 核定工作量

各开发阶段、子项目与工作步骤的工作量的核定,可依据经验统计数据给出估计数。还可根据生命周期的瀑布型模型,对开发工作进行任务分解,分别估计每个阶段的工作量,然后累加得到总工作量,通常以PM(人月)为单位。如果系统庞大,按子系统独立开发,则应该对每个子系统按照开发阶段分别估算。典型系统开发需要的工作量比大体如图9-4所示。

用人月数表示的工作量来确定项目所需的时间,主要取决于投入的开发人员数,但研究表明,信息系统的开发人员与开发时间不能正比互换。实际上,如果以增加人数来缩短开发时间,总人月数会变大,因为人员增加将产生更多的协调与综合工作。

任务	工作量(PM)
需求分析	15%
设计	25%
编码与单元测试	20%
综合测试	40%

图9-4 典型系统开发需要的工作量比

2. 项目进度计划的编制方法

所谓项目进度计划,就是根据项目的总进度要求,用一种或多种工程项目计划方法,制定出具体工作内容与要求,落实到具体人员,限定完成时间的行动方案。项目进度计划中应指明:各个计划任务的开始和完成时间、完成的标志、所需人员及资源等。编制项目进度计划的常用方法有甘特图与网络计划法。

1) 甘特图法

甘特图(Gantt Chart)又称线条图,是一种对各项活动进行计划调度与控制的图表,它具有简单、醒目和便于编制等特点。一般甘特图的横方向表示时间,纵方向列出工作,主要符号及含义如图9-5所示。

用甘特图编制工作计划的例子如图9-6所示。

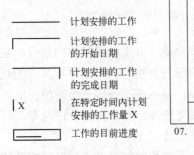

图9-5 甘特图中的符号及含义

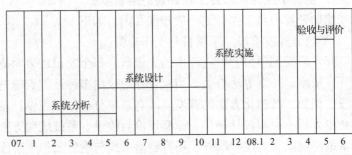

图9-6 甘特图示例

甘特图标明了各任务的计划进度和当前进度,能够动态反映软件项目开发进展的情况。但这种图难以反映多个任务之间存在的复杂的逻辑关系。

2) 网络计划法

网络计划法是用网状图表安排与控制各项活动的方法,可通过对网状图的分析,方便地确定完成整个工程至少需要多少时间,以及哪些子工程是影响工程进度的关键。一般适应于与工作步骤密切相关、错综复杂的工程项目的计划管理。

常用的符号及含义如图 9-7 所示。

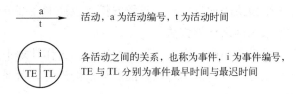

图 9-7　常用符号及含义

一个简单的网络计划如图 9-8 所示。

网络计划方法的步骤如下。

(1) 利用网络计划对项目进度进行控制，要计算每个事件的最早时间与最迟时间。具体方法如下。

事件最早时间：由始点事件顺向计算，事件 j 的最早时间 TE_j 等于前一事件 i 的最早时间 TE_i 加上先行活动 (i, j) 的时间 $t_{i,j}$。

例如，图 9-8 中事件 2 与事件 3 的最早时间分别为：

$TE_2 = TE_1 + t_{1,2} = 0 + 1 = 1$

$TE_3 = TE_2 + t_{2,3} = 1 + 5 = 6$

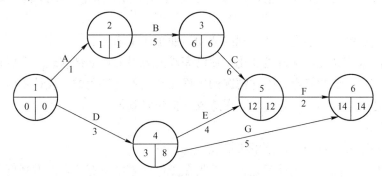

图 9-8　网络计划简例

当事件的先行活动有两个以上时，事件的最早时间按其中时间最大的活动计算。例如，事件 5 取最早时间 12 与 7 中之大者，所以 $TE_5 = 12$。

事件的最迟时间：由终点事件逆向计算。终点事件的 TL 与 TE 相等，事件 i 的最迟时间 TL_i 是后继事件 j 的最迟时间 TL_j 减去活动 (i, j) 的时间 $t_{i,j}$。

例如，图 9-8 中事件 5 的最迟时间为：

$TL_5 = TL_6 - t_{5,6} = 14 - 2 = 12$

当事件开始的活动有两个以上时，事件的最迟时间取对应路线中时间的最小值。

例如，事件 4 的最迟时间取 8 与 9 中的小者，所以 $TL_4 = 8$。

(2) 确定关键路线。如果两个事件的最早时间与最迟时间相等，则称其为关键事件，由关键事件联结的各个活动所组成的路线称为关键路线。

图 9-8 中的关键路线为"1-2-3-5-6"。

上述两种编制开发计划的方法，各有特点。一般将信息系统开发项目的工作计划分两个层次。

第一层次：按开发阶段安排，以作总体进度的控制。该层次宜采用甘特图。

第二层次：按各开发阶段或子项目的工作步骤安排，以便能在细节上安排人力，对项目进度进行控制，该层次宜采用网络计划方法。

由于信息系统开发项目带有不确定性与不稳定性因素，工作计划不宜也不可能制订得过于具体，一般可在计划前预留一定的机动时间，随着计划的进行，情况会逐步明朗，因此可在计划落实过程中不断修订与充实。

9.1.6 信息系统开发项目进度的控制

信息系统开发项目进度的控制目标，是根据计划进度按时完成信息系统项目的开发。但在信息系统开发中，经常出现不能按计划进度完成项目的问题，由此造成很大的损失。因此信息系统开发项目的进度控制显得尤为重要。进度控制通过对计划执行的监督和检查、计划延误的分析和解决等活动实现。

1. 计划发生延误原因分析

计划发生延误时要进行原因分析，一般除了有与其他工程项目同样存在的环境变化、资金不到位、人员变动等原因外，信息系统还有一些特殊的原因，分述如下。

(1) 各项开发活动的工作量估计不准，凭经验估计的工作量与实际工作量存在较大的差别。

(2) 开发过程中产生事先未估计到的活动，使工作量增加。

(3) 由于需求或其他情况发生变化，使已完成的成果要作局部修改，造成返工。

由于管理信息系统的特点，上述情况的出现往往是不可避免的，应该将引起延误的原因及活动分析清楚，采取相应措施，将延误造成的损失降到最小。

2. 解决措施

针对不同的原因，可采取以下解决措施。

(1) 针对开发中的不确定性问题，可事先在工作计划中留有一定的宽裕度，例如，工作步骤的工作量取上限，预设机动时间等。

(2) 开发过程中经常性地与用户交换意见，随时掌握企业的发展动向，及时地明确遗留的不确定问题，以减少返工现象。

(3) 当关键路线上的活动延误时，要调配现有开发人员，或加班加点，或集中人力予以重点解决。

(4) 增加开发人员，充实薄弱环节，但如前所述，开发人员的增加并不能与时间成正比，即开发人员的增加对解决延误问题的帮助是很有限的。

(5) 在上述措施难以有效解决延误问题时，对原定计划作调整。

信息系统是一个复杂的人机系统，开发项目工作计划进度的控制也必然是一项难度极大的工作，目前已有的方法也不是很成熟。从根本上说，信息系统开发进度问题的解决还有赖于企业管理模式的规范化，系统开发的标准化等问题的解决。信息系统开发项目工作计划要控制的除了进度外，还有质量控制的问题，读者可参考其他有关软件系统质量控制的相关书籍。

9.2 信息系统的运行管理

管理信息系统建成并投入运行后，要使其能够在一个预期的时间发挥其应有的作用，产生预期的效益，必须实施运行的管理。现在人们已普遍认识到：要使一个管理信息系统真正产生效益，三分靠技术，七分靠管理。

信息系统的运行管理基本内容包括设置信息系统管理机构、制定管理制度；对系统的日常运行维护、系统的文档和系统的安全与保密进行管理等。

9.2.1 信息管理机构和管理规范

1. 信息管理机构设置

信息管理机构的主要职责是信息的管理与信息系统的管理。一般可命名为：信息管理部、信息管理中心等，而不应以计算机工具来命名。根据其所涉及的部门范围及信息的重要性，在企业中的地位应高于其他部门。信息系统管理机构除了负责系统的运行管理外，还要承担信息系统的长远发展建设、通过信息的开发与利用推动企业各方面的变革等工作。

目前我国企业在信息管理机构的组建上所面临的主要问题是缺乏信息管理人才，从现在的实际情况看，较可行的办法是在信息系统的开发过程中培养一批企业自己的信息管理专门队伍，从小到大地逐步扩展信息管理机构。

2. 管理制度的制定

为保证管理信息系统的正常运行，必须建立一整套运行管理制度。运行管理制度主要包括如下几个方面。

(1) 系统运行管理的组织机构。系统运行管理的组织机构包括各类人员的构成、各自的职责、主要任务及其内部组织结构。

(2) 基础数据的管理。基础数据管理包括对数据收集和统计渠道的管理、计量手段和计量方法的管理、原始数据的管理、系统内部各种运行文件、历史文件（包括数据库文件等）的归档管理等。

(3) 运行管理制度。运行管理制度包括系统操作规程、操作环境要求、系统安全保密制度、系统修改规程、系统定期维护制度及系统运行状况记录和日志归档等。

(4) 文档管理制度。规定文档管理人员的职责，制定文档保存、借阅、修改的管理细则。

(5) 系统运行结果分析。通过系统运行结果，对系统的一些功能能否对实际经营管理具有指导意义进行分析，得出某种能反映组织经营生产方面发展趋势的信息，以提高管理部门指导企业的经营生产的能力。如系统设计有市场预测功能，运行此功能应能得到未来市场变化的趋势。而实际效果如何，必须查其拟合系数值的情况，如果很大，则可以用；如果不很大，则还必须查原始数据有无不能反映市场变化规律的值或是有无输入错误，等等。综合分析上述情况，写出分析报告，以充分发挥人机结合辅助管理的优势。

9.2.2 信息系统的日常运行管理

信息系统的日常运行管理是为保证系统长期有效地正常运转而进行的一系列活动，具体包括系统运行情况的记录、系统运行的日常维护及系统的适应性维护等工作。

1. 系统运行情况的记录

系统运行情况的记录是对系统软、硬件及数据等的运作情况作记录。运行情况的记录对系统问题的分析与解决有重要的参考价值。

运行情况有正常、不正常与无法运行等，后两种情况应将所见的现象、发生的时间及可能的原因作尽量详细的记录。

由于该项工作较烦琐，在实际上往往会流于形式，因此一般应在系统中设置自动记录功能。而作为一种责任与制度，一些重要的运行情况及所遇到的问题，例如，多人共用或涉及敏感信息的计算机及功能项的使用等仍应作书面记录。

对系统运行情况的记录应事先制定尽可能详细的规章制度，并由运行管理人员具体负责。对系统的运行情况的记录，不论是系统自动记录还是由人工记录，都应作为系统文档长期保存，以备系统维护时参考。

2. 系统运行的维护

在管理信息系统运行的过程中，系统维护是必不可少的一项长期而艰巨的工作。按照其维护的目的可将系统的维护分为日常维护和适应性维护。

1）日常维护

日常维护是定时定内容地重复进行的有关数据与硬件的维护，以及处理突发事件等。

（1）数据或信息的日常维护。对数据或信息的日常维护工作包括：数据和信息的备份、存档、整理及初始化等。大部分的日常维护应该由专门的软件来处理，但处理功能的选择与控制一般还是由使用人员或专业人员来完成。

为安全考虑，每天操作完毕后，都要对更改过的或新增加的数据作备份。一般讲，工作站点上的或独享的数据由使用人员备份，服务器上的或被多项功能共享的数据由专业人员备份。除正本数据外，至少要求有两个以上的备份，并以单双方式轮流制作，以防刚被损坏的正本数据冲掉上次的备份。数据正本与备份应分别存于不同的磁盘上或其他存储介质上。

数据存档或归档是当工作数据积累到一定数量或经过一定时间间隔后转入档案数据库的处理。作为档案存储的数据成为历史数据。为防万一，档案数据也应有两份以上。

数据的整理是关于数据文件或数据表的索引、记录顺序的调整等，数据整理可使数据的查询与引用更为快捷与方便，对数据的完整性与正确性也很有好处。

在系统正常运行后数据的初始化主要是指以月度或年度为时间单位的数据文件或数据表的切换与结转数等的预置。

（2）硬件的日常维护。在硬件方面，日常维护主要有各种设备的保养与安全管理、简易故障的诊断与排除、易耗品的更换与安装等。硬件的维护应由专人负责。

（3）突发事件的处理。信息系统运行中的突发事件一般是由于操作不当、计算机病毒、突然停电等引起的。当发生突发事件时，轻则影响系统功能的运行，重则破坏数据，甚至导致整个系统的瘫痪。突发事件应由企业信息管理机构的专业人员处理，有时还需要系统开发人员或软硬件供应商来解决。对发生的现象、造成的损失、引起的原因及解决的方法等必须作详细的记录。

2）系统的适应性维护

企业的环境处于不断变化之中，企业为适应环境，为求生存与发展，也必然要作相应的变革，作为支持企业实现战略目标的企业信息系统自然地也要作不断的改进与提高。另一方面，一个信息系统不可避免地会存在一些缺陷与错误，它们会在运行过程中逐渐暴露出来，为使系统能始终正常运行，所暴露出的问题必须及时地予以解决。为适应环境的变化及克服本身存在的不足对系统作调整、修改与扩充即为系统的适应性维护。

实践表明，系统维护始终伴随着系统运行，系统维护的代价往往超过系统开发的代价，并且系统维护的好坏与系统的运行质量、系统的适应性和系统的寿命紧密相关。一些信息系统开发后不能很好地投入运行或生命周期不长，很大程度上是由于重开发轻维护造成的。所以应将系统适应性维护作为一项长期的有计划的工作，由企业信息管理机构领导负责，指定专人落实。为强调该项工作的重要性，在工作条件的配备上及工作业绩的确定上与系统的开发同等看待。

系统适应性维护应以系统运行情况的记录和系统运行的日常维护记录为依据，具体内容如下。

（1）系统发展规划的研究、制定与调整。
（2）系统缺陷的记录、分析与解决方案的设计。
（3）系统结构的调整、更新与扩充。
（4）系统功能的增设、修改。
（5）系统数据结构的调整与扩充。
（6）各工作站点应用系统的功能重组。
（7）系统硬件的维修、更新与添置。
（8）系统维护的记录及维护手册的修订等。

9.2.3 系统文档的管理

1. 系统文档的作用

信息系统的文档是信息系统的重要组成部分，是描述系统从无到有整个发展与演变过程及各个状态的所有文字资料。这些文档是系统开发的依据，同时也是系统维护的基础。

系统文档不是事先一次性形成的，它是在系统开发、运行与维护过程中不断地按阶段依次推进编写、修改、完善与积累而形成的。可以说，如果没有系统文档或没有规范的系统文档，信息系统的开发、运行与维护会处于一种混乱状态，这将严重影响系统的质量，甚至导致系统开发或运行的失败。当系统开发人员发生变动时，问题尤为突出。因此有些专家认为，系统文档是信息系统的生命线，没有文档就没有信息系统。

2. 系统文档的管理

文档管理是有序地、规范地开发与运行信息系统所必须做好的重要工作。目前我国信息系统的文档内容与要求基本上也有了较统一的规定。根据不同的性质，可将文档分为技术文档、管理文档及记录文档等若干类，表9-1列出了这些文档的内容及产生阶段。

表9-1 信息系统文档内容及产生阶段

分　类	文　档　内　容	产　生　阶　段	备　注
技术文档	系统总体规划报告	系统规划	
	系统分析报告	系统分析	
	系统设计说明书	系统设计	

续表

分　类	文档内容	产生阶段	备　注
技术文档	程序设计说明书	系统设计	
	数据设计说明书	系统设计	
	系统测试说明书	系统设计	
	系统使用说明书	系统实施	
	系统测试报告	系统实施	
	系统维护手册	系统实施	运行中继续完善
管理文档	系统需求报告	系统开发前	
	系统开发计划	系统规划	
	系统开发合同书	系统规划	委托或合作开发时
	系统总体规划评审意见	系统规划	
	系统分析审批意见	系统分析	
	系统实施计划	系统设计	
	系统设计审核报告	系统设计	
	系统试运行报告	系统实施	
	系统维护计划	系统实施	
	系统运行报告	系统运行与维护	
	系统开发总结报告	系统运行与维护	
	系统评价报告	系统运行与维护	
	系统维护报告	系统运行与维护	
记录文档	会议记录	各阶段	
	调查记录	各阶段	
	系统运行情况记录	系统运行与维护	
	系统日常维护记录	系统运行与维护	
	系统适应性维护记录	系统运行与维护	

系统文档是相对稳定的，随着系统的运行及变化，会对一些文档进行局部的修改或补充，当变化较大时应更新系统文档的版本。

系统文档的管理工作主要包括：①文档标准与规范的制定；②文档编写的指导与督促；③文档的收存、保管与借用手续的办理等。

文档的标准与规范要按国家规定，并结合具体系统的特点，在系统开发前或至少在所产生的阶段前制定，用于指导与督促系统开发人员及系统使用人员及时编写有关的文档资料。为保持文档的一致性与可追踪性，应将所有文档收集全，集中统一保管。

文档的管理虽然不是日常性工作，但由于系统文档直接关系系统的质量，所以也要制定相应规范，并由专人负责。

9.2.4 系统安全保密管理

随着管理信息系统的运行，系统产生和积累了大量的数据与信息，在进入 21 世纪后，越来越多企业认识到这些信息已成为企业最重要的资产，信息破坏或泄露会给企业造成不可估量的损失，甚至直接危及企业的生存和发展。所以企业的信息安全保密管理工作，已成为信息系统管理中的一项必不可少的重要工作。为保证能充分地利用这些资源，数据与信息的储存、维护、安全与保密也是运行中要做的重要工作。

信息系统安全管理，是对一个组织或机构中信息系统的生命周期全过程实施符合安全等级责任要求的科学管理。它包括落实安全组织及安全管理人员，明确角色与职责，制定安全规范；开发安全策略；实施风险管理；制定业务持续性计划和灾难恢复计划；选择与实施安全措施；保证配置、变更的正确与安全；进行安全审计；保证维护支持；进行监控、检查，处理安全事件；进行安全意识与安全教育；加强人员安全管理等。

信息系统的安全性问题一般是由以下几方面原因造成的。

（1）自然现象或电源不正常引起的软硬件损坏与数据破坏。
（2）操作失误导致的数据破坏。
（3）病毒侵扰导致的软件与数据的破坏。
（4）人为原因对系统软硬件及数据所作的破坏。

信息系统的安全与保密是两个不同的概念，信息系统的安全是为防止有意或无意的破坏系统软硬件及信息资源行为的发生，避免企业遭受损失所采取的措施；信息系统的保密是为防止有意窃取信息资源行为的发生，使企业免受损失而采取的措施。

随着技术的发展，信息安全和保密所涉及的方面越来越多，管理工作的难度也越来越大。为了维护信息系统的安全性与保密性，应该重点地采取措施，做好以下工作。

（1）依照国家法规及企业的具体情况，制定严密的信息系统安全与保密制度，作深入的宣传与教育，提高每一位涉及信息系统的人员的安全与保密意识。
（2）制定信息系统损害恢复规程，明确在信息系统遇到自然的或人为的破坏而遭受损害时应采取的各种恢复方案与具体步骤。
（3）配备齐全的安全设备，如稳压电源、电源保护装置、空调器等。
（4）设置切实可靠的系统访问控制机制，包括系统功能的选用与数据读写的权限、用户身份的确认等。
（5）完整地制作系统软件和应用软件的备份，并结合系统的日常运行管理与系统维护，做好数据的备份及备份的保管工作。
（6）敏感数据尽可能以隔离方式存放，由专人保管。

要做好信息安全管理需要企业的最高管理层的直接参与，要加强对信息安全工作的领导，建立健全信息安全管理责任制，建立一套符合企业需要的信息安全体系。

9.3 信息系统的评价

一个信息系统投入运行以后，就要对其作技术性能及经济效益等方面的评价。评价的目的是检查系统是否达到设计要求，系统的各种资源是否得到充分利用，经济效益是否理想，并分析其工作质量，指出系统的长处与不足，为以后的改进与扩展提出意见。

9.3.1 信息系统的评价内容

信息系统的评价主要是从技术与经济两方面进行。

1. 技术上的评价

技术上的评价内容主要是系统性能,具体内容如下。

（1）信息系统的总体水平。例如,系统的总体结构、地域与网络的规模、所采用技术的先进性等。

（2）系统功能的范围与层次。例如,功能的多少与难易程度或对应管理层次的高低等。

（3）信息资源开发与利用的范围与深度。例如,企业内部与外部信息的比例、外部信息的利用率等。

（4）系统的质量。例如,系统的可使用性、正确性、可扩展性、可维护性、通用性等。

（5）系统的安全性与保密性。

（6）系统文档的完备性。

2. 经济上的评价

在经济上的评价内容主要是系统的效果和效益,包括直接的与间接的两个方面。

（1）直接的评价内容。包括：系统的投资额、系统运行费用、系统运行所带来的新增效益、投资回收期。

（2）间接的评价内容。包括：对企业形象的改观、员工素质的提高所起的作用；对企业的体制与组织机构的改革、管理流程的优化所起的作用；对企业各部门、人员间协作精神的加强所起的作用。

信息系统在运行与维护过程中不断地发生变化,因此评价工作不是一项一次性的工作,系统评价应定期地进行或每当系统有较大改进后进行。信息系统的第一次评价一般安排在开发完成并投运一段时间,进入相对稳定状态后,通常第一次评价的结论将作为系统验收的最主要的依据。

信息系统的评价工作可以鉴定会或评审会的方式进行,由系统开发人员、系统管理与维护人员、系统用户、用户方领导及其他专家共同参与,评价结论应以书面形式作为系统重要文档保存。

另外,在信息系统的评价中应注意避免重计算机轻信息的倾向,计算机、通信网络等固然重要,但它们毕竟是工具,是信息系统的一个构件,信息系统好坏的评价依据主要是信息开发与利用的程度,以及对企业发展所起的作用。

9.3.2 信息系统的评价指标

信息系统的有利与不足之处体现在定性与定量两个方面,因此评价工作难度较大。目前常采用多指标评价体系的方法,这种方法先提出信息系统的若干评价指标,然后评出系统各指标优劣程度,用数值表示,最后用加权等方法将各指标组合成一个综合指标。目前大部分的系统评价还处于非结构化的阶段,只能就部分评价内容列出可度量的指标,不少内容还只能用定性的评价。下面从系统性能指标、直接经济效益指标及间接经济效益指标等三个方面给出信息系统的评价指标。

1. 系统性能指标

（1）人机交互的灵活性与方便性。
（2）系统响应时间与信息处理速度满足管理业务需求的程度。
（3）输出信息的正确性与精确度。
（4）单位时间内的故障次数与故障时间在工作时间中的比例。
（5）系统结构与功能的调整、改进及扩展，与其他系统交互或集成的难易程度。
（6）系统故障诊断、排除、恢复的难易程度。
（7）系统安全保密措施的完整性、规范性与有效性。
（8）系统文档资料的规范、完备与正确程度。

2. 直接经济效益指标

（1）系统投资额。包括系统硬件、系统软件的购置、安装；应用系统的开发或购置所投入的资金。企业内部投入的人力、材料等也应计入。对验收评价后所作的阶段评价还应包括系统维护所投入的资金。

（2）系统运行费用。包括消耗性材料费用，如存储介质、纸张与打印油墨等；系统投资折旧费；硬件日常维护费等；系统所耗用的电费、系统管理人员费用等也应计入系统运行费用。由于信息系统的技术成分较高，更新换代快，一般折旧年限取 5 至 8 年。

（3）系统运行新增加的效益。成本降低；库存积压减少；流动资金周转加快与占用额减少；销售利润增加及人力的减少等方面。

新增效益可采用总括性的在同等产出或服务水平下有无信息系统所致的年生产经营费用节约额来表示，也可分别计算上述各方面的效益，然后求和表示。由于引起企业效益增减的因素相互关联错综复杂，新增效益很难作精确的计算。

（4）投资回收期。通过新增效益，逐步收回投入的资金所需的时间。也是反映信息系统经济效益好坏的重要指标。经简化后不考虑贴现率的投资回收期可用下式计算：

$$T = t + I/(B - C)$$

式中：T——投资回收期（年）；

　　　t——资金投入至开始产生效益所需的时间（年）；

　　　I——投资额（万元）；

　　　B——系统运行后每年新增的效益（万元/年）；

　　　C——系统运行费用（万元/年）。

3. 间接经济效益指标

间接经济效益是通过改进组织结构及运作方式，提高人员素质等途径，促使成本下降、利润增加而逐渐地间接获得的效益。由于成因关系复杂，计算困难，只能作定性的分析，所以间接经济效益也称为定性效益。尽管间接效益难以估计，但其对企业的生存与发展所起的作用往往要大于直接经济效益。

（1）对组织为适应环境所作的结构、管理制度与管理模式等的变革会起巨大的推动作用，这种作用一般无法用其他方法实现。

（2）能显著地改善企业形象，对外可提高客户对企业的信任程度；对内可提高全体员工的自信心与自豪感。

（3）可使管理人员获得许多新知识、新技术与新方法，进而提高他们的技能素质，拓宽思路，进入学习与掌握新知识的良性循环。

（4）系统信息的共享与交互使部门之间、管理人员之间的联系更紧密，这可加强他们的协作精神，提高企业的凝聚力。

（5）对企业的规章制度、工作规范、定额与标准、计量与代码等的基础管理产生很大的促进作用，为其他管理工作提供有利的条件。

本章小结

信息系统的管理包括信息系统生命周期中开发与运行两大阶段的管理。本章从开发项目管理、运行管理及评价等三个方面叙述了信息系统管理的基本知识。

信息系统的开发是在系统规划后进行的系统分析、设计与实施等阶段研制工作的总称。信息系统的开发是一项费时费力的艰巨复杂的系统工程，其难度要明显大于技术系统的开发。为了尽可能经济有效地按质按时开发好信息系统，应将其作为工程项目来管理。

信息系统开发项目的管理包括开发人员的组织、工作计划的制定、落实、监督与控制等活动。开发人员的组织工作主要有专业要求与人员的确定、开发组织的建立、任务的分工及开发工作的协调等。项目工作计划是在明确子项目与工作步骤、子项目间关系与开发顺序、各子项目与工作步骤工作量等的基础上，根据总进度要求安排任务与要求到具体人员的行动方案。信息系统面临的管理工作不确定与不稳定等问题，使开发进度很难把握，因此工作计划的控制尤为重要。

信息系统的运行管理是新系统投运后，为使其在生命周期内发挥预期的作用与产生效益所开展的各项工作，它包括日常运行的管理、系统文档规范管理、系统的安全与保密等。日常运行管理是最主要与最频繁的工作，具体有系统运行情况的记录、系统的日常维护及适应性维护等，其目的是使系统能始终保持良好的可运行状态；系统文档的规范化管理是对系统开发过程各阶段产生的各种技术文档与档案的保管及运行过程中更新文档资料的工作，系统文档是信息系统的生命线，所以系统文档的管理也是使系统能正常运行的基础性工作；系统软硬件的损坏或信息的泄漏会给组织带来不可估量的损失，甚至危及生存与发展，因此信息系统的安全与保密对信息系统的用户来说是必不可少且极其重要的。

习题

1. 填空题

（1）常用的信息系统开发方式主要有_____、_____及_____等三类。

（2）编制信息系统开发项目工作计划的常用方法有_____与_____。

（3）信息系统的日常运行管理是为了保证系统长期有效地正常运行而进行的一系列活动，具体有_____、_____及_____等工作。

（4）对信息系统的评价主要包括_____与_____两个方面。技术上的评价内容主要是_____。在经济上的评价内容主要是系统的_____，包括_____和_____两个方面。

2. 简答题

（1）信息系统开发项目管理的目的是什么？包括哪些主要内容？

（2）简述信息系统开发项目管理的特点。

（3）与其他项目相比，信息系统开发项目计划延误的特殊原因有哪些？增加开发人员是否一定能解决延误问题，为什么？

（4）试比较信息系统运行管理与开发管理的区别。

（5）简述信息系统的评价方法。

3. 应用题

求出图 9-9 所示网络计划图的各个事件的最早开始时间和最迟开始时间，并求出关键路径。

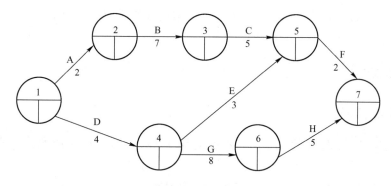

图 9-9　网络计划图

第 10 章 基于 Web 的 MIS 开发实例

本章简要介绍一个管理信息系统的开发实例——某空调生产企业网站中的库存管理信息系统。目的在于使读者能够对本书前面各章节学习的内容有比较形象具体的认识,通过一个实际系统开发的全过程将管理信息系统开发各阶段的基本活动贯穿起来,从而对管理信息系统的开发形成一个全面、整体的理解和认识。

10.1 系统分析

10.1.1 系统调查

通过对企业有关人员的访问和现场参观了解,下面是该企业产品库存的基本情况。

(1) 组织结构和管理功能。工厂的库存管理隶属于销售科领导,由若干名职工组成,主要负责出、入库管理和库存分析,并且应当随时向上级主管部门和领导提供库存查询信息。为了防止超储造成库存积压,同时为了避免库存数量不足而影响市场需求,库存管理组还应该经常提供库存报警数据(与储备定额相比较的超储数量和不足数量)。

(2) 工作流程。入库管理的过程是:生产车间将产品连同入库单一起送交仓库,库管员核对产品的数量和规格是否与入库单上的数据相符,如果合格,则进行入库处理,并登记入库流水账。否则将产品及入库单退回车间。

产品出库管理的过程是:库管员根据销售科开出的产品出库单付货,并及时登记相应的产品出库流水账。

每天出入库处理结束后,库存管理组根据入库流水账和出库流水账按产品及规格分别进行累计,并记入库存台账。

(3) 有关数据、单据。本系统中有关单据如表 10-1 至表 10-6 所示。

表 10-1 入库单   入库单编号:#######

产品代码	产品类别	规格型号	单 位	入库数量	单 价	总 价	备 注

入库时间:########   经办人:****   库管员:####

表 10-2 出库单   出库单编号:#######

产品代码	产品类别	规格型号	单 位	出库数量	单 价	总 价	备 注

出库时间:########   经办人:****   库管员:####

第10章 基于Web的MIS开发实例

表 10-3 入库流水账

产品代码	产品类别	规格型号	单位	入库数量	单价	总价	入库日期	经办人	入库单编号	库管员

表 10-4 出库流水账

产品代码	产品类别	规格型号	单位	出库数量	单价	总价	出库日期	经办人	出库单编号	库管员

表 10-5 库存台账（当日合计数）

产品代码：		产品类别：		规格：		单位：	
日 期		入库数量		出库数量		库存数量	

表 10-6 产品规格、单价

类别	规格型号	单位	价格（元）	类别	规格型号	单位	价格（元）
分体机	KF-23GW/Y-T	台	1750	柜机	KF-43LW/Y-S	台	3640
	KFR-23GW/Y-T	台	1920		KFR-43LW/Y-S	台	3850
	KF-26GW/Y-T	台	1860		KF-51LW/Y-S	台	3850
	KFR-26GW/Y-T	台	2070		KFR-51LW/Y-S	台	4110
	KF-32GW/Y-T	台	2100		KF-61LW/Y-S	台	4500
	KFR-32GW/Y-T	台	2240		KFR-61LW/Y-S	台	4930
	KF-35GW/Y-T	台	2500		KF-71LW/（S）Y-S	台	5170
	KFR-35GW/Y-T	台	2700		KFR-71LW/Y-S	台	5450
	KF-43GW/I1Y	台	3630		KFR-71LW/（S）DY-S	台	5660
	KFR-43GW/I1Y	台	3780		KF-120LW/SY-S	台	9240
	KF-50GW/I1Y	台	4160		KFR-120LW/SDY-S	台	9790
	KFR-50GW/I1Y	台	4380		LF-16W/ES	台	11760
	KF-70GW/I1Y	台	5410		RF-16W/ESD	台	13490
	KFR-70GW/I1Y	台	5510		LF-28/S-B	台	27040

10.1.2 组织结构分析

分析组织结构调查的结果，形成如图 10-1 所示的组织结构图。

10.1.3 管理功能分析

根据系统的业务流程和用户的需求分析可以得出，本系统应该包含产品基本信息管理、入库管理、出库管理、库存管理和系统管理几大功能，如图 10-2 所示。

（1）产品基本信息管理。产品基本信息管理的具体用户是系统管理人员，主要完成对产品类别、规格型号、单价等基本信息进行录入、修改和添加，为其他模块提供统一的产品基本数据服务。

（2）入库管理。入库管理是指由入库管理组将已入库的合格入库单中的数据录入入库流水账中，并具有对入库数据进行查询、修改的功能。

（3）出库管理。出库管理是指由出库管理组将已出库的出库单中的数据录入出库流水账中，并具有对出库数据进行查询、修改的功能。

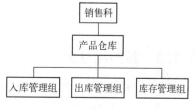

图 10-1 组织结构图

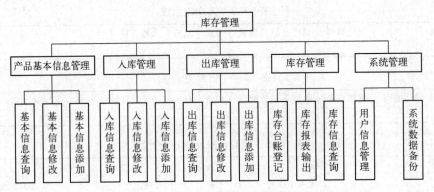

图 10-2　库存管理功能图

（4）库存管理。库存管理是指由库存管理组每隔一定的时间间隔，根据入库流水账和出库流水账进行库存台账的登记、库存信息报表的输出，并具有随时查询库存信息的功能。

（5）系统管理。系统管理是由系统管理人员对使用本系统的用户及用户权限进行设置、修改等，同时可以对系统中的重要数据定期进行备份，以保证系统数据的安全性。

10.1.4　业务流程分析

由系统的工作流程分析，可以得出，该系统的业务流程主要有入库过程、出库过程和库存管理三部分。其业务流程图如图 10-3 所示。

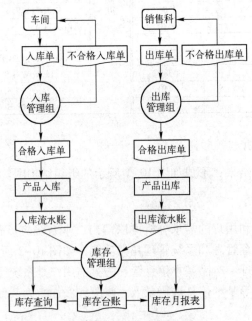

图 10-3　库存管理业务流程图

10.1.5　数据流分析

结合系统的业务流程和系统本身存在的一些单据、报表（如出、入库单）等，对系统作进一步分析得出，本系统的基本数据存储包括产品基本信息、入库信息、出库信息和库存信息。它们之间的关系可由如图 10-4 所示的数据流程图表示。

10.1.6 数据字典

在如图 10-4 所示的库存管理系统数据流程图中，只简单地描述了数据存储和数据流之间的关系，对每一个数据存储、数据流、处理过程等并没有进行详细说明，因此下面对本系统中的一些重要数据存储、数据流、处理过程等进行说明，形成本系统的数据字典，为以后的系统设计、系统维护服务。

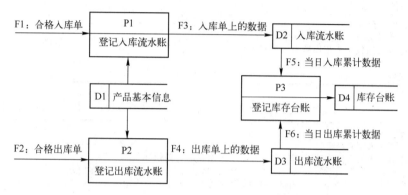

图 10-4　库存管理数据流程图

（1）数据流。本系统中共有 6 个数据流，其中 F1、F3 基本相同。F1、F3、F5 是关于入库过程的数据流，F2、F4、F6 是关于出库过程的数据流，因此，下面只对 F1、F5 进行描述，其他数据流读者可据此模仿，自行给出。

系统名：产品库存管理信息系统 数据流名称：入库单 数据流别名：入库单 数据来源：车间 数据流量：20 份/天	总编号：1-001 编号：F1 简述：入库单上的基本信息 数据去向：处理过程"登记入库流水账" 高峰期流量：30 份/天（下午 4 点到 6 点）
系统名：产品库存管理信息系统 数据流名称：日入库数据累计 数据流别名：日入库数据累计 数据来源：入库流水账 数据流量：1 次/天	总编号：1-002 编号：F5 简述：每日同一产品入库量总和 数据去向：处理过程"登记库存台账" 高峰期流量：1 次/天（下午 6 点）

（2）数据存储。该系统对应的数据流程图中共存在 4 个数据存储，下面分别进行描述。

系统名：产品库存管理信息系统 数据存储名称：产品基本信息表 数据存储别名：产品基本信息表 数据存储组成：产品编号+产品类别+规格型号+单位+单价 关键字：产品编号	总编号：2-001 编号：D1 简述：目前生产的全部产品基本信息 相关处理：P1、P2
系统名：产品库存管理信息系统 数据存储名称：入库流水账表 数据存储别名：入库流水账表 数据存储组成：产品编号+产品类别+规格型号+单位+单价+入库数量+总价+入库日期+经办人+库管员 关键字：产品编号	总编号：2-002 编号：D2 简述：每一个入库单上的数据信息 相关处理：P1、P3

系统名：产品库存管理信息系统 数据存储名称：出库流水账表 数据存储别名：出库流水账表 数据存储组成：产品编号+产品类别+规格型号+单位+单价+出库数量+总价+出库日期+经办人+库管员 关键字：产品编号	总编号：2-003 编号：D3 简述：每一个出库单上的数据信息 相关处理：P2、P3

系统名：产品库存管理信息系统 数据存储名称：库存台账 数据存储别名：库存台账 数据存储组成：产品编号+产品类别+规格型号+单位+日期+入库数量+出库数量+库存数量 关键字：产品编号	总编号：2-004 编号：D4 简述：每天下班前对出、入库流水账中进行统计 相关处理：P3

（3）处理过程。该系统对应的数据流程图中共存在3个处理过程，下面分别进行描述。

系统名：产品库存管理信息系统 数据处理名称：登记入库流水账 处理功能：由库管员输入入库单上的"产品编号"、"入库数量"等信息由程序根据"产品编号"自动完成从产品基本信息表中获取其对应的"规格型号"、"单位"、"单价"等信息，并存储到入库流水账中 输入数据流：合格入库单F1、产品基本信息	总编号：3-001 编号：P1 简述：入库信息登记 输出数据流：入库流水账数据、信息

系统名：产品库存管理信息系统 数据处理名称：登记出库流水账 处理功能：由库管员输入出库单上的"产品编号"、"出库数量"等信息由程序根据"产品编号"自动完成从产品基本信息表中获取其对应的"规格型号"、"单位"、"单价"等信息，并存储到出库流水账中 输入数据流：合格出库单F2、产品基本信息	总编号：3-002 编号：P2 简述：出库信息登记 输出数据流：出库流水账数据、信息

系统名：产品库存管理信息系统 数据处理名称：登记库存台账 处理功能：以"产品基本信息"为基础，对其中的每条记录，分别从"入库流水账"和"出库流水账"中统计其相应的数据，最后，将统计结果存储到"库存台账"中 输入数据流：当日同一入库产品累计数据F5、当日同一出库产品累计数据F6	总编号：3-003 编号：P3 简述：库存台账登记 输出数据流：库存台账

10.1.7 处理逻辑描述

在10.1.6节的数据字典中，分别对P1、P2和P3三个处理过程作了简单的描述，显然P1、P2两个处理过程已经表达得很清楚了，但对P3的描述并不具体。下面将应用"结构化语言"对P3进行更具体的描述，过程如下：

  打开"入库流水账"
  打开"出库流水账"
  打开"产品基本信息表"
  WHILE 数据指针没有指向"产品基本信息表"的最后一条记录之后
    取"产品编号"值
    统计"入库流水账"中的当日入库量
    统计"出库流水账"中的当日出库量
    将统计结果存储到"库存台账"中

WEND
关闭"入库流水账"

10.2 系统设计

10.2.1 代码设计

(1) "产品编号"设计。"产品编号"结构如图 10-5 所示。

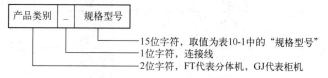

图 10-5 "产品编号"代码结构

例如：FT- KFR-50GW/I1Y
　　　　GJ-KFR-71LW/（S）DY-S

(2) "单据编号"设计。"单据编号"结构如图 10-6 所示。

图 10-6 "单据编号"代码结构

例如：RK-20090324-08
　　　　CK-20091209-12

10.2.2 数据库设计

(1) 数据库的概念模型。用 E-R 图表示当前系统的数据库概念模型，如图 10-7 所示。

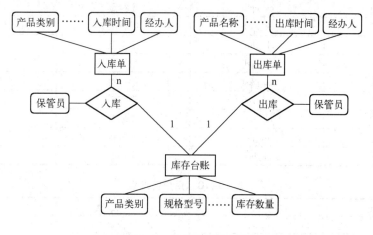

图 10-7 数据库概念模型

（2）数据库的逻辑模型。将图 10-7 所示的 E-R 图按照一定的规则，转换为数据库逻辑模型，如表 10-7 至表 10-9 所示。另外，根据系统分析过程，本系统还应该有两个数据表，如表 10-10 和表 10-11 所示。

表 10-7 产品入库表

字段描述	字段名	字段类型	字段长度
产品编号	rk_cpbh	字符型	18
产品类别	rk_cplb	字符型	6
规格型号	rk_ggxh	字符型	15
计量单位	rk_gldw	字符型	2
产品单价	rk_cpdj	数字型	5
入库数量	rk_rksl	数字型	5
总金额	rk_zje	数字型	10,2
入库时间	rk_rksj	日期型	8
经办人	rk_jbr	字符型	8
保管员	rk_bgy	字符型	8

表 10-8 库存台账表

字段描述	字段名	字段类型	字段长度
产品编号	kc_cpbh	字符型	18
产品类别	kc_cplb	字符型	6
规格型号	kc_ggxh	字符型	15
计量单位	kc_gldw	字符型	2
产品单价	kc_cpdj	数字型	5
库存数量	kc_kcsl	数字型	5
总金额	kc_zje	数字型	10,2
时间	kc_kcsj	日期型	8

表 10-9 产品出库表

字段描述	字段名	字段类型	字段长度
产品编号	ck_cpbh	字符型	18
产品类别	ck_cplb	字符型	6
规格型号	ck_ggxh	字符型	15
计量单位	ck_gldw	字符型	2
产品单价	ck_cpdj	数字型	5
出库数量	ck_cksl	数字型	5
总金额	ck_zje	数字型	10,2
出库时间	ck_cksj	日期型	8
经办人	ck_jbr	字符型	8
保管员	ck_bgy	字符型	8

表 10-10 用户管理表

字段描述	字段名	字段类型	字段长度
用户名	yhm	字符型	8
密码	mm	字符型	6

第10章 基于Web的MIS开发实例

表 10-11 产品基本信息表

字段描述	字段名	字段类型	字段长度
产品编号	cpbh	字符型	18
产品类别	cplb	字符型	6
规格型号	ggxh	字符型	15
计量单位	gldw	字符型	2
产品单价	cpdj	数字型	5

10.2.3 输出设计

本系统的输出形式主要为报表形式，输出介质为打印报表，如表 10-12 至表 10-14 所示。

表 10-12 每日入库产品统计表　　　　　　　　　　　单位：元

产品代码	产品类别	规格型号	单位	入库数量	单价	总价	入库日期	经办人	入库单编号	库管员
FT-KFR-50GW/I1Y	分体机	50GW/I1Y	台	10	1350	13500	2004-03-10	张永	RK-20040310-01	王刚
...	...	...	...	...	...	...	...	...	...	...

表 10-13 每日出库产品统计表　　　　　　　　　　　单位：元

产品代码	产品类别	规格型号	单位	出库数量	单价	总价	出库日期	经办人	入库单编号	库管员
FT-KFR-50GW/I1Y	分体机	50GW/I1Y	台	10	1350	13500	2004-03-10	王永	CK-20040310-01	李岚
...	...	...	...	...	...	...	...	...	...	...

表 10-14 每月库存产品统计表　　　　　　　　　　　单位：元

产品代码	产品类别	规格型号	单位	入库数量	出库数量	库存数量	单价	总价
GJ-KFR-71LW/(S)DY-S	柜机	KFR-71LW/(S)DY-S	台	100	90	10	1250	12500
...	...	...	...	...	...	...	...	...

10.2.4 输入设计

系统中包含了产品基本信息输入、入库信息输入和出库信息输入，下面仅介绍入库信息输入的设计，其他两个模块的设计，读者可据此自行完成。

(1) 入库信息输入页面设计。入库信息输入页面如图 10-8 所示。
(2) 入库信息输入流程设计。入库信息输入流程如图 10-9 所示。
(3) 入库信息输入程序流程图。入库信息输入程序流程图如图 10-10 所示。

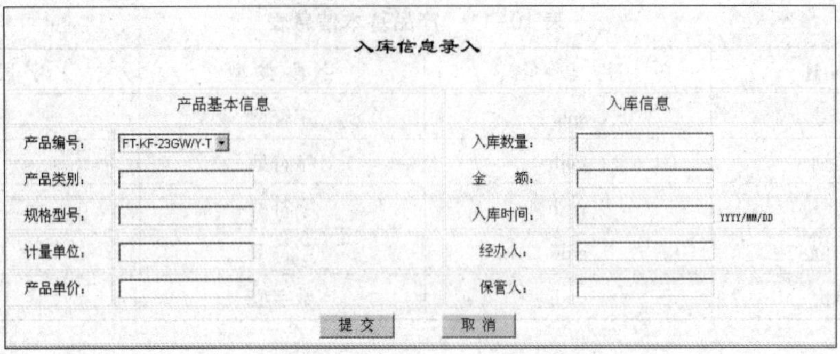

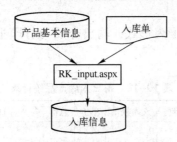

图 10-8　入库信息输入页面

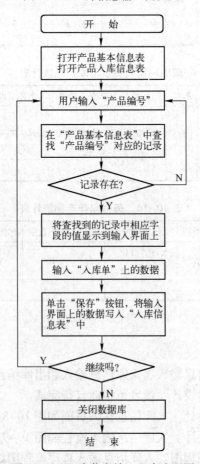

图 10-9　入库信息输入流程图

图 10-10　入库信息输入程序流程图

10.2.5 页面设计

整个系统的运行是从用户登录页面（如图10-11所示）开始的，当用户名与密码正确时，则进入系统主页面（如图10-12所示）。系统主页面由下拉菜单构成，每一个菜单项对应系统中的一项功能。在主页面中用户可单击任何菜单项，进入相应的操作页面，例如，单击"添加入库信息"菜单项，显示如图10-8所示的页面，单击"查询入库信息"显示如图10-13所示的页面。由于篇幅有限，其他页面由读者自行设计。

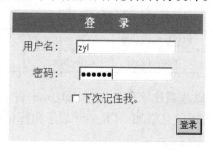

图10-11　库存管理信息登录页面

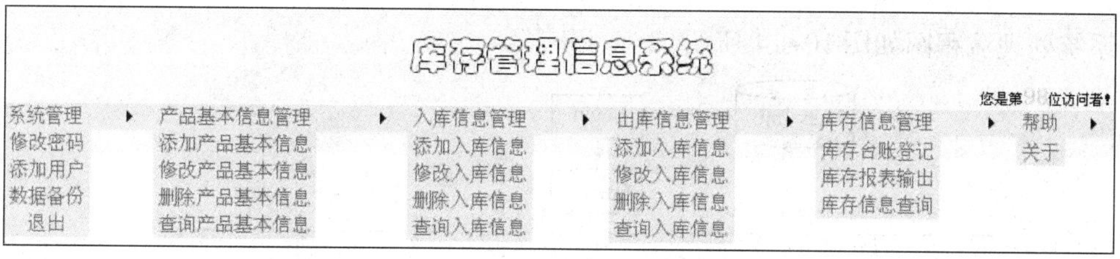

图10-12　库存管理信息主页面

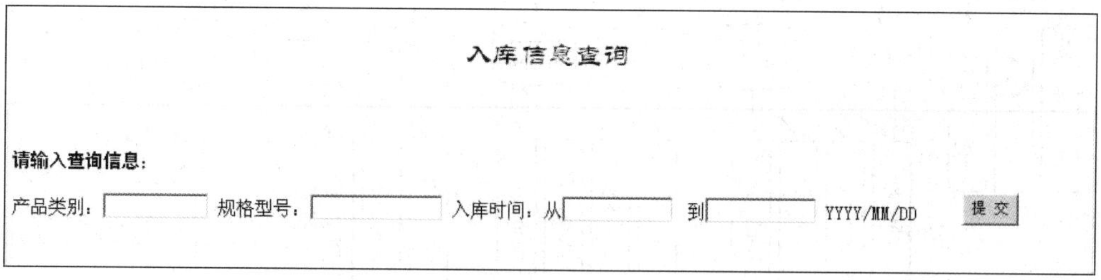

图10-13　入库查询页面

10.2.6 设计规范

（1）程序文件名。程序文件名规范结构为："主菜单代码_子菜单代码"。系统中涉及的程序文件名如表10-15所示。

表10-15　程序文件代码规范表

主菜单描述	主菜单代码	子菜单描述	子菜单代码	子菜单描述	子菜单代码
系统管理	XT	信息输入	input	修改密码	edit_pws
基本信息管理	JB	信息修改	edit	添加用户	add_user

主菜单描述	主菜单代码	子菜单描述	子菜单代码	子菜单描述	子菜单代码
入库信息管理	RK	信息删除	delete	数据备份	data_bak
出库信息管理	CK	信息查询	query		
库存信息管理	KC	信息输出	output		

（2）数据文件。数据文件名如表 10-16 所示。

表 10-16 数据表名称表

数据表	用户信息表	产品基本信息表	入库信息表	出库信息表	库存信息表
数据表名	User_Info	Basic_Info	In_Info	Out_Info	Save_Info

例如，XT_edit_pws 表示修改系统密码、XT_add_user 表示添加用户、XT_data_bak 表示数据备份、RK_input 表示入库信息添加、CK_edit 表示出库信息修改、KC_query 表示库存信息查询。

10.2.7 系统处理流程设计

系统处理流程图如图 10-14 所示。

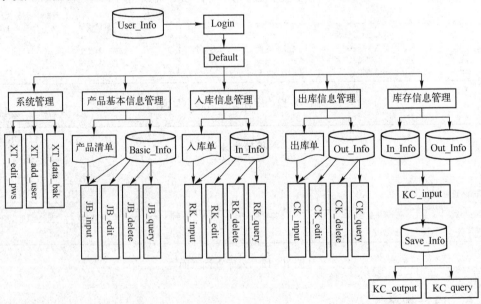

图 10-14 库存管理信息系统流程图

10.3 系统实施

10.3.1 系统物理实施

（1）操作系统：Windows XP SP3。

（2）开发工具：Microsoft Visual Studio 2008。

(3) 数据库环境：SQL Server 2005 Express（Microsoft Visual Studio 2008 附带）。

10.3.2 创建项目

创建项目的操作步骤：启动 Microsoft Visual Studio 2008，选择"创建网站"，打开"新建网站"对话框，选择"ASP.NET 网站"模板，语言选择"Visual C#"，设置好项目保存路径，如本例为："C:\Documents and Settings\Administrator\桌面\MIS 实例"，单击"确定"按钮，系统创建了名为"MIS 实例"的新项目，打开解决方案资源管理器，如图 10-15 所示。

图 10-15 解决方案资源管理器中的"MIS 实例"

10.3.3 数据库环境构建

应用 SQL Server 2005 Express 构建数据库，步骤如下：

(1) 在"解决方案资源管理器"窗口中，右击"App_Data"目录，在弹出的快捷菜单中选择"添加新项"命令，弹出"添加新项"对话框，如图 10-16 所示。

(2) 选择"SQL Server 数据库"，在"名称"文本框中输入数据库文件名，本例为"material"，在"语言"下拉列表框中选择"Visual C#"，单击"确定"按钮，完成数据库添加，切换到"服务器资源管理器"选项卡，如图 10-17 所示。

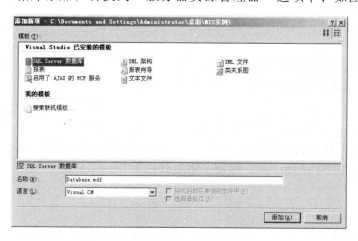

图 10-16 "添加新项"对话框

图 10-17 "服务器资源管理器"选项卡

(3) 在"表"对象上单击鼠标右键，从弹出的快捷菜单中选择"添加新表"命令，工作区出现如图 10-18 所示的"新建表"界面，在上面输入对应的字段并保存即可创建表格。用同样的方法可以实现本例需要的全部表格。

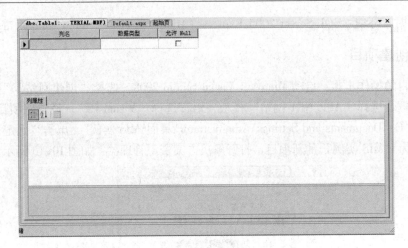

图 10-18 添加新表

10.3.4 数据访问层实现

1. 设置数据库连接信息

每个访问数据库的网页都需要与数据库连接，通常把数据库连接信息放在 Web.Config 配置文件中。本例在 Web.Config 配置文件中添加语句如下：

```
< connectionStrings >
< add name = "ConnectionString" connectionString = "Data Source = .\SQLEXPRESS;
AttachDbFilename = |DataDirectory|\Material.MDF; Integrated Security = True; User Instance = True/" >
</connectionStrings >
```

说明：

（1）Data Source 表示 SQL Server 2005 服务器名称，.\SQLEXPRESS 是本地 SQL Server 2005 Express 版默认的服务器名称。

（2）AttachDbFilename 表示数据库的路径和文件名。

（3）|DataDirectory| 表示网站默认数据库路径。

2. 访问数据库公共类

本例编写了一个 BaseClass.cs 类，负责数据库数据的操作。

（1）BaseClass.cs 类的创建。在"解决方案资源管理器"中，鼠标右键单击网站名，选择"添加新项"命令，在弹出的对话框中选择"类"模板，更改名称为 BaseClass.cs，如图 10-19 所示。

（2）BaseClass.cs 的主要代码。

① BaseClass.cs 类被包含在 GROUP.Manage 命名空间中，以后需要使用 BaseClass 类的页面，必须在页面开头使用 using GROUP.Manage 语句引用命名空间。类结构代码如下：

```
namespace GROUP.Manage
{
    public class BaseClass : System.Web.UI.Page
```

```
{
    String strConn;
    public BaseClass( )
    {
        strConn = ConfigurationManager. ConnectionStrings["ConnectionString"]. ConnectionString;
    }
    //... 几个方法的定义
}
}
```

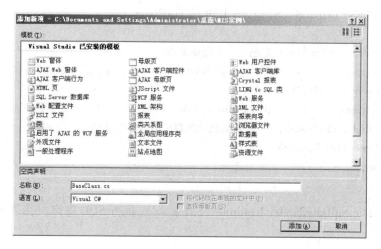

图 10-19　"添加新项"对话框

② 方法 public DataTable ReadTable（String strSql）用来从数据库读取数据,并返回一个 DataTable。代码如下:

```
public DataTable ReadTable( String strSql)
{
    DataTable dt = new DataTable( );//创建一个数据表 dt
    SqlConnection Conn = new SqlConnection( strConn);//定义新的数据连接控件并初始化
    Conn. Open( );//打开连接
    SqlDataAdapter Cmd = new SqlDataAdapter( strSql, Conn);//定义并初始化数据适配器
    Cmd. Fill( dt);      //将数据适配器中的数据填充到数据集 dt 中
    Conn. Close( );//关闭连接
    return dt;
}
```

③ 方法 public DataSet ReadDataSet（String strSql）也是用来从数据库读取数据,不同的是返回一个 DataSet。代码如下:

```
public DataSet ReadDataSet( String strSql)
{
    DataSet ds = new DataSet( );//创建一个数据集 ds
    SqlConnection Conn = new SqlConnection( strConn);//定义新的数据连接控件并初始化 Conn. Open
```

```
(  );//打开连接
SqlDataAdapter Cmd = new SqlDataAdapter(strSql, Conn);//定义并初始化数据适配器
Cmd.Fill(ds);        //将数据适配器中的数据填充到数据集 ds 中
Conn.Close();        //关闭连接
return ds;
}
```

④ 方法 public DataSet GetDataSet（String strSql，String tableName）和 ReadDataSet 几乎完全相同，只是多了个 tableName 参数。代码如下：

```
public DataSet GetDataSet(String strSql, String tableName)
{
DataSet ds = new DataSet();//创建一个数据集 ds
SqlConnection Conn = new SqlConnection(strConn);//定义新的数据连接控件并初始化
Conn.Open();//打开连接
SqlDataAdapter Cmd = new SqlDataAdapter(strSql, Conn);//定义并初始化数据适配器
Cmd.Fill(ds, tableName);        //将数据适配器中的数据填充到数据集 ds 中
Conn.Close();//关闭连接
return ds;
}
```

⑤ 方法 public SqlDataReader Readrow（String sql）执行 SQL 查询，并返回一个 Reader。代码如下：

```
public SqlDataReader readrow(String sql)
{
SqlConnection Conn = new SqlConnection(strConn);
Conn.Open();
SqlCommand Comm = new SqlCommand(sql, Conn);
SqlDataReader Reader = Comm.ExecuteReader();
if (Reader.Read())
{
    Comm.Dispose();
    return Reader;
}
else
{
Comm.Dispose();
    return null;
    }
}
```

⑥ 方法 public String Readstr（String strSql，int flag）返回查询结果第 1 行某一字段的值。代码如下：

```
public string Readstr(String strSql, int flag)
```

```
}
DataSet ds = new DataSet();//创建一个数据集 ds
String str;
SqlConnection Conn = new SqlConnection(strConn);//定义新的数据连接控件并初始化
Conn.Open();//打开连接
SqlDataAdapter Cmd = new SqlDataAdapter(strSql, Conn);//定义并初始化数据适配器
Cmd.Fill(ds);        //将数据适配器中的数据填充到数据集 ds 中
str = ds.Tables[0].Rows[0].ItemArray[flag].ToString();
Conn.Close();//关闭连接
return str;
}
```

⑦ 方法 public Void execsql（String strSql）用来执行 SQL 更新语句。代码如下：

```
public void execsql(String strSql)
{
SqlConnection Conn = new SqlConnection(strConn);//定义新的数据连接控件并初始化
SqlCommand Comm = new SqlCommand(strSql, Conn);
Conn.Open();//打开连接
Comm.ExecuteNonQuery();//执行命令
Conn.Close();//关闭连接
}
```

10.3.5 母版页

本系统是网站中的子系统，可通过创建母版页为系统提供完全一致的外观设计。

在图 10-19 所示的"添加新项"对话框中，选择"母版页"模板，添加名称为 MasterPage.master 的母版页。

母版页上有几个主要的 div，分别设置标题、导航、内容和底部信息。新建一个样式文件 StyleSheet.css，定义网站主要样式。导航栏添加 Menu 控件，在"菜单编辑器"对话框中输入各级菜单项，利用 Text 属性设置各级菜单的显示文本，利用 NavigateUrl 属性设置各菜单项链接的网页，如图 10-20 所示。母版页设计的效果如图 10-21 所示。

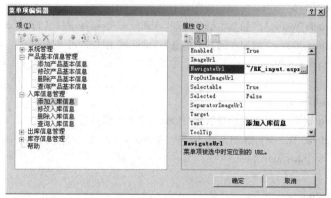

图 10-20 编辑 Menu 项

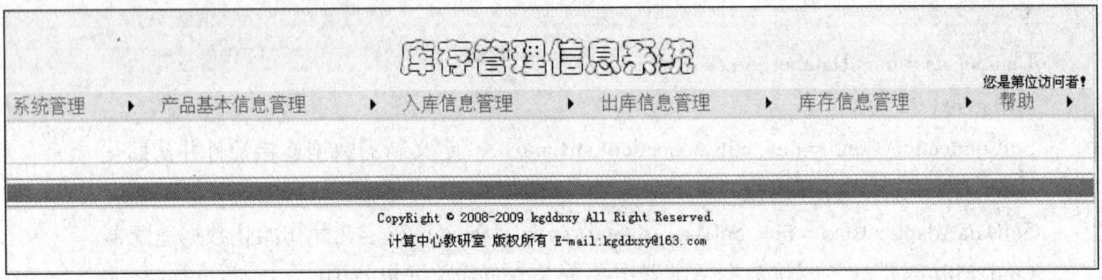

图 10-21 母版页的设计页面

部分 HTML 代码如下：

```html
<body>
<form id="form1" runat="server">
<div id="maindiv"><br/>
<span class="style2">库存管理信息系统
</span><br/>
<div class="style1">
您是第<strong style="font-size:14pt;color:#ffcc66;"><%=Application["counter"]%></strong>位访问者！<br/>
</div>
<div style="height:23px;width:100%">
<asp:Menu ID="Menu1" runat="server" BackColor="#E3EAEB"
…
<Items>
<asp:MenuItem Text="系统管理" Value="系统管理">
<asp:MenuItem Text="修改密码" Value="修改密码" NavigateUrl="~/XT_edit_pwd.aspx">
</asp:MenuItem>
<asp:MenuItem Text="添加用户" Value="添加用户" NavigateUrl="~/XT_add_user.aspx">
</asp:MenuItem>
<asp:MenuItem Text="数据备份" Value="数据备份" NavigateUrl="~/XT_data_bak.aspx">
</asp:MenuItem>
<asp:MenuItem Text="退出" Value="退出" NavigateUrl="~/exit.aspx"></asp:MenuItem>
</asp:MenuItem>
<asp:MenuItem Text="产品基本信息管理" Value="产品基本信息管理">
<asp:MenuItem Text="添加产品基本信息" Value="添加产品基本信息" NavigateUrl="~/JB_input.aspx"></asp:MenuItem>
…
</asp:MenuItem>
<asp:MenuItem Text="入库信息管理" Value="入库信息管理">
<asp:MenuItem Text="添加入库信息" Value="添加入库信息" NavigateUrl="~/RK_input.aspx"></asp:MenuItem>
…
</asp:MenuItem>
<asp:MenuItem Text="出库信息管理" Value="出库信息管理">
```

```
<asp:MenuItem Text = "添加出库信息" Value = "添加出库信息" NavigateUrl = " ~/CK_input.aspx"></asp:MenuItem>
…
</asp:MenuItem>
<asp:MenuItem Text = "库存信息管理" Value = "库存信息管理">
<asp:MenuItem Text = "库存台账登记" Value = "库存台账登记" NavigateUrl = " ~/KC_input.aspx"></asp:MenuItem>
…
</asp:MenuItem>
<asp:MenuItem Text = "帮助" Value = "帮助">
<asp:MenuItem NavigateUrl = " ~/about.aspx" Text = "关于" Value = "关于"></asp:MenuItem>
</asp:MenuItem>
</Items>
</asp:Menu>
…
</form>
</body>
```

10.3.6 创建库存管理信息系统页面

1. 用户登录页面

Login.aspx 是进入系统的第一个页面，直接使用 ASP.NET 的 Login 登录控件完成设计。页面效果如图 10-11 所示。

（1）Login.aspx 的 HTML 主要代码

```
<%@ Page Language = "C#" MasterPageFile = " ~/MasterPage.master" AutoEventWireup = "true" CodeFile = "Login.aspx.cs" Inherits = "Login1" Title = "Untitled Page" %>
<asp:Content ID = "Content1" ContentPlaceHolderID = "ContentPlaceHolder1" Runat = "Server">
    …
<table border = "0" cellpadding = "0" style = "height:192px;width:297px;">
    <tr>
<td align = "center" colspan = "2"
style = "color:White;background-color:#6B696B;font-weight:bold;">
    登   录</td>
</tr>
    <tr>
    <td align = "right" style = "height:35px">
        <asp:Label ID = "UserNameLabel" runat = "server" AssociatedControlID = "UserName">用户名:</asp:Label>
        </td>
        <td style = "height:35px">
        <asp:TextBox ID = "UserName" runat = "server"></asp:TextBox>
        <asp:RequiredFieldValidator ID = "UserNameRequired" runat = "server"
```

                    ControlToValidate = "UserName" ErrorMessage = "必须填写"用户名"。" ToolTip = "必须填写"用户名"。" ValidationGroup = "Login011" > * </asp:RequiredFieldValidator >
                </td>
            </tr>
            < tr >
                < td align = "right" >
                    < asp:Label ID = "PasswordLabel" runat = "server" AssociatedControlID = "Password" >密码：</asp:Label >
                </td>
                < td >
                    < asp:TextBox ID = "Password" runat = "server" TextMode = "Password" ></asp:TextBox >
                    < asp:RequiredFieldValidator ID = "PasswordRequired" runat = "server"
                    ControlToValidate = "Password" ErrorMessage = "必须填写"密码"。" ToolTip = "必须填写"密码"。" ValidationGroup = "Login011" > * </asp:RequiredFieldValidator >
                </td>
            </tr>
            < tr >
                < td colspan = "2" >
                    < asp:CheckBox ID = "RememberMe" runat = "server" Text = "下次记住我。" / >
                </td>
            </tr>
            < tr >
                < td align = "center" colspan = "2" style = "color:Red;" >
                    < asp:Literal ID = "FailureText" runat = "server" EnableViewState = "False" ></asp:Literal >
                </td>
            </tr>
            < tr >
                < td align = "right" colspan = "2" >
                    < asp:Button ID = "LoginButton" runat = "server" CommandName = "Login" Text = "登录" ValidationGroup = "Login011" / >
                </td>
            </tr>
        </table>

（2）Login.aspx.cs 的主要代码及其解释。

```
using System;
using System.Data;
using System.Configuration;
using System.Collections;
using System.Web;
using System.Web.Security;
using System.Web.UI;
using System.Web.UI.WebControls;
```

第 10 章 基于 Web 的 MIS 开发实例

```
using System. Web. UI. WebControls. WebParts；
using System. Web. UI. HtmlControls；
using GROUP. Manage； //引用命名空间

public partial class Login1：System. Web. UI. Page
{
    //创建公共类 BaseClass 的对象,目的是使用操作数据库的方法
    BaseClass BaseClass1 = new BaseClass()；
    protected void Login1_Authenticate1(object sender, AuthenticateEventArgs e)
    {
        //定义 SQL 查询语句
        string strsql = "select * from User_Info where yhm = '" + Login1. UserName. ToString() + "'and
        mm = '" + Login1. Password. ToString() + "'"；
        //创建 DataTable
        DataTable dt = new DataTable()；
        //调用 ReadTable 方法获取查询结果
        dt = BaseClass1. ReadTable(strsql)；
        //判断是否有符合条件的记录
        if (dt. Rows. Count > 0)
        {
            将合法的用户放在 Session 对象中,表示用户已经登录
            Session["user"] = Login1. UserName. ToString()；
            //跳转到系统主页面 default. aspx
            Response. Redirect("default. aspx")；
        }
    }
}
```

2. 系统主页面

用户登录成功后，进入如图 10-22 所示的主页面 Default. aspx。

图 10-22 default. aspx 设计效果

(1) Default.aspx 的 HTML 主要代码如下。

```
<%@ Page Language = "C#" MasterPageFile = "~/MasterPage.master" AutoEventWireup = "true" CodeFile = "Default.aspx.cs" Inherits = "_Default" Title = "主页" %>
<asp:Content ID = "Content1" ContentPlaceHolderID = "ContentPlaceHolder1" Runat = "Server">
<p style = "font-size: xx-large; height: 73px;"></p>
<p style = "font-size: xx-large; font-family: 华文细黑">欢迎进入库存管理信息系统!</p>
<p style = "font-size: medium; text-align: center">登录成功,请选择操作项</p>
</asp:Content>
```

(2) Default.aspx.cs 的主要代码及解释。每次页面加载时检查用户是否登录,如没有登录,跳转到用户登录页面。

```
public partial class _Default : System.Web.UI.Page
{
    protected void Page_Load(object sender, EventArgs e)
    {
        //判断是否登录
        if (Session["user"] == null)
            Response.Redirect("Login.aspx");
    }
}
```

3. 入库信息输入页面

RK_input.aspx 主要包括:一个显示产品编号的 Dropdownlist 控件,设置其 AutoPostBack 属性为 True,若干用于显示或输入信息的 Textbox 控件,两个 Button 控件,页面效果如图 10-8 所示。

(1) RK_input.aspx 的 HTML 主要代码

```
<table style = "width: 100%; height: 373px;">
<tr>
<td colspan = "4" style = "border-style: dotted; border-width: 1px; padding: 1px 4px; height: 62px; text-align: center; font-size: x-large; font-family: 隶书;">入库信息录入</td>
</tr>
<tr>
<td colspan = "2" style = "border: 1px solid #E3EAEB; padding: 1px 4px; height: 26px">
<span style = "font-size: large">产品基本信息</span><asp:SqlDataSource ID = "SqlDataSource1" runat = "server"
ConnectionString = "<%$ ConnectionStrings:ConnectionString %>"
SelectCommand = "SELECT [cpbh], [cplb], [ggxh], [gldw], [cpdj] FROM [Basic_Info]"></asp:SqlDataSource>
</td>
<td colspan = "2"
style = "border: 1px solid #E3EAEB; padding: 1px 4px; height: 26px; font-size: large;">
入库信息</td>
</tr>
```

```
<tr>
    <td style="border: 1px solid #E3EAEB; padding: 1px 4px; height: 26px; width: 113px; font-size: medium;">产品编号：</td>
    <td style="border: 1px solid #E3EAEB; padding: 1px 4px; height: 26px; width: 363px">
        <p style="text-align: left">
            <asp:DropDownList ID="DropDownList1" runat="server" AutoPostBack="True"
                DataSourceID="SqlDataSource1" DataTextField="cpbh" DataValueField="cpbh" onselectedindexchanged="DropDownList1_SelectedIndexChanged1" Height="16px" Width="128px">
            </asp:DropDownList>
        </p>
    </td>
    <td style="border: 1px solid #E3EAEB; padding: 1px 4px; height: 26px; width: 132px; font-size: medium;">入库数量：</td>
    <td style="border: 1px solid #E3EAEB; padding: 1px 4px; height: 26px; text-align: left;">
        <asp:TextBox ID="TextBox5" runat="server" ontextchanged="TextBox5_TextChanged"></asp:TextBox>
    </td>
</tr>
<tr>
    <td style="border: 1px solid #E3EAEB; padding: 1px 4px; height: 26px; width: 113px; font-size: medium;">产品类别：</td>
    <td style="border: 1px solid #E3EAEB; padding: 1px 4px; height: 26px; width: 363px">
        <p style="text-align: left">
            <asp:TextBox ID="TextBox1" runat="server"></asp:TextBox>
        </p>
    </td>
    <td style="border: 1px solid #E3EAEB; padding: 1px 4px; height: 26px; width: 132px; font-size: medium;">金   额：</td>
    <td style="border: 1px solid #E3EAEB; padding: 1px 4px; height: 26px">
        <p style="text-align: left">
            <asp:TextBox ID="TextBox6" runat="server"></asp:TextBox>
        </p>
    </td>
</tr>
<tr>
    <td style="border: 1px solid #E3EAEB; padding: 1px 4px; height: 26px; width: 113px; font-size: medium;">规格型号：</td>
    <td style="border: 1px solid #E3EAEB; padding: 1px 4px; height: 26px; width: 363px">
        <p style="text-align: left">
            <asp:TextBox ID="TextBox2" runat="server"></asp:TextBox>
        </p>
    </td>
    <td style="border: 1px solid #E3EAEB; padding: 1px 4px; height: 26px; width: 132px; font-size:
```

medium;" >入库时间:</td>
    <td style = "border: 1px solid #E3EAEB; padding: 1px 4px; height: 26px" >
        <p style = "text-align: left" >
        <asp:TextBox ID = "TextBox7" runat = "server" ></asp:TextBox> YYYY/MM/DD </p>
    </td>
</tr>
<tr>
<td style = "border: 1px solid #E3EAEB; padding: 1px 4px; height: 26px; width: 113px; font-size: medium;" >计量单位:</td>
    <td style = "border: 1px solid #E3EAEB; padding: 1px 4px; height: 26px; width: 363px" >
        <p style = "text-align: left" >
        <asp:TextBox ID = "TextBox3" runat = "server" ></asp:TextBox>
        </p>
    </td>
    <td style = "border: 1px solid #E3EAEB; padding: 1px 4px; height: 26px; width: 132px; font-size: medium;" >经办人:</td>
    <td style = "border: 1px solid #E3EAEB; padding: 1px 4px; height: 26px" >
        <p style = "text-align: left" >
        <asp:TextBox ID = "TextBox8" runat = "server" ></asp:TextBox>
        </p>
    </td>
</tr>
<tr>
    <td style = "border: 1px solid #E3EAEB; padding: 1px 4px; height: 26px; width: 113px; font-size: medium;" >产品单价:</td>
    <td style = "border: 1px solid #E3EAEB; padding: 1px 4px; height: 26px; width: 363px" >
        <p style = "text-align: left" >
        <asp:TextBox ID = "TextBox4" runat = "server" ></asp:TextBox>
        </p>
    </td>
    <td style = "border: 1px solid #E3EAEB; padding: 1px 4px; height: 26px; width: 132px; font-size: medium;" >保管人:</td>
    <td style = "border: 1px solid #E3EAEB; padding: 1px 4px; height: 26px" >
        <p style = "text-align: left" >
        <asp:TextBox ID = "TextBox9" runat = "server" ></asp:TextBox>
        </p>
    </td>
</tr>
<tr>
    <td colspan = "4" style = "border: 1px solid #E3EAEB; padding: 1px 4px; height: 27px" >
        <asp:Button ID = "Button1" runat = "server" Text = " 提 交 " onclick = "Button1_Click" style = "vertical-align: middle; font-size: medium;" />
        <asp:Button ID = "Button2" runat = "server" Text = " 取 消 " onclick = "Button2_Click"

```
            style = "vertical-align: middle; font-size: medium;" />
        </td>
    </tr>
</table>
```

(2) RK_input.aspx.cs 的主要代码及解释。

```
//选择下拉列表框中的产品编号时,显示该产品在 Basic_Info 表中的相关信息
    protected void DropDownList1_SelectedIndexChanged1 (object sender, EventArgs e)
        { //定义 SQL 查询语句,显示选择的产品编号在 Basic_Info 表中的相关信息
    string strsql = " select * from Basic_Info where cpbh = '" + DropDownList1.SelectedItem.Value
 + "'";
        DataTable dt = new DataTable ();
        dt = BaseClass1.ReadTable (strsql);
        TextBox1.Text = dt.Rows [0].ItemArray [1].ToString ();
        TextBox2.Text = dt.Rows [0].ItemArray [2].ToString ();
        TextBox3.Text = dt.Rows [0].ItemArray [3].ToString ();
        TextBox4.Text = dt.Rows [0].ItemArray [4].ToString ();
        }
//单击"提交"按钮时完成数据入库
    protected void Button1_Click (object sender, EventArgs e)
        { //定义 SQL 插入语句
     string strsql = " insert into In_Info values ('"+ DropDownList1.SelectedItem.Value +"', '" +
TextBox1.Text + "', '" + TextBox2.Text + "', '" + TextBox3.Text + "', '" + TextBox4.Text +
"','" + TextBox5.Text + "', '" + TextBox6.Text + "', '" + TextBox7.Text + "', '" + Text-
Box8.Text +"', '" + TextBox9.Text + "')";
        //执行 SQL 插入语句
        BaseClass1.execsql (strsql);
        //提示提交成功
        Response.Write (" <script>alert ( \" 产品入库成功! \"); </script>");
        //清空文本框
        TextBox1.Text = "";
            TextBox2.Text = "";
                ...
            TextBox9.Text = "";
    }
//单击【取消】按钮时清空文本框
protected void Button2_Click (object sender, EventArgs e)
    {
        TextBox1.Text = "";
            ...
        TextBox9.Text = "";
    }
```

4. 入库信息查询页面

RK_query.aspx 主要包括：若干用于输入查询信息的 Textbox 控件，一个 Button 控件，一个显示查询结果的 GridView 控件，页面效果如图 10-13 所示。

（1）RK_query.aspx 的 HTML 主要代码。

```
< table style = "width：100%；height：343px；" >
    < tr >
        < td style = "font-size：x-large；height：34px；font-family：华文隶书；width：915px；" >
            < p style = "width：937px" >入库信息查询< /p >
        </td>
    </tr>
    < tr >
        < td style = "border：1px solid #E3EAEB；padding：1px 4px；text-align：left；width：915px；height：53px；" >
            < span style = "font-family：黑体；font-size：medium" >请输入查询信息：</span >< br
                style = "border：1px solid #E3EAEB；padding：1px 4px" / >
            < br style = "border：1px solid #E3EAEB；padding：1px 4px" / >
            < span style = "font-size：medium" >产品类别：</span >< span style = "font-size：large" >< span
                style = "font-size：x-large" >< span style = "font-size：medium" >< asp：TextBox
                    ID = "TextBox1" runat = "server" Width = "86px" ></asp：TextBox >
            </span ></span ></span >< span style = "font-size：medium" >规格型号：</span >
            < span style = "font-size：x-large" >< span style = "font-size：large" >< span
                style = "font-size：medium" >< asp：TextBox ID = "TextBox2" runat = "server"
                    Width = "108px" ></asp：TextBox >
            </span ></span ></span >< span style = "font-size：medium" >入库时间：从</span
                >< span style = "font-size：large" >< span style = "font-size：medium" >< span
                    style = "font-size：x-large" >< asp：TextBox ID = "TextBox3" runat = "server"
                        Width = "90px" ></asp：TextBox >
            </span ></span ></span >< span style = "font-size：medium" >到</span >< span
                style = "font-size：x-large" >< span style = "font-size：large" >< span
                    style = "font-size：medium" >< asp：TextBox ID = "TextBox4" runat = "server"
                        Width = "90px" ></asp：TextBox >
            </span ></span ></span >< span style = "font-size：medium" >YYYY/MM/DD ；
            </span >< span style = "font-size：large" >< span style = "font-size：medium" >
                < asp：Button ID = "Button1" runat = "server" onclick = "Button1_Click"
                    Text = "提 交" style = "margin-top：0px" Height = "27px" / ></span ></span >
        </td>
    </tr>
    < tr >
        < td style = "border：1px solid #E3EAEB；padding：1px 4px；height：48px；width：915px；" >
            < p style = "width：937px" >
                < asp：Label ID = "Label1" runat = "server"
```

                        style = "font-size: medium; font-family: 黑体" Text = "Label" Enabled = "False" >
                    </asp:Label>
                    < br style = "border: 1px solid #E3EAEB; padding: 1px 4px" / >
                </p>
                < asp:GridView ID = "GridView1" runat = "server" BackColor = "White"
                    BorderColor = "#CCCCCC" BorderStyle = "None" BorderWidth = "1px" CellPadding
                    = "4"
                    ForeColor = "Black" GridLines = "Horizontal" >
                    < FooterStyle BackColor = "#CCCC99" ForeColor = "Black" / >
                    < PagerStyle BackColor = "White" ForeColor = "Black" HorizontalAlign = "Right" / >
                    < SelectedRowStyle BackColor = "#CC3333" Font-Bold = "True" ForeColor = "White"
                    / >
                    < HeaderStyle BackColor = "#333333" Font-Bold = "True" ForeColor = "White" / >
                </asp:GridView>
            </td>
        </tr>
</table>

（2）RK_query.aspx.cs 的主要代码及解释。

```
protected void Button1_Click(object sender, EventArgs e)
{    //定义 SQL 查询语句
    string strsql = "";
    if (TextBox1.Text ! = "")
        strsql = "select * from In_Info where rk_cplb = '" + TextBox1.Text + "'";
    if (TextBox2.Text ! = "")
        if (strsql ! = "")
            strsql = strsql + " and rk_ggxh = '" + TextBox2.Text + "'";
        else
            strsql = "select * from In_Info where rk_ggxh = '" + TextBox2.Text + "'";
    if (TextBox3.Text ! = "" && TextBox4.Text ! = "")
        if (strsql ! = "")
            strsql = strsql + " and rk_rksj between '" + TextBox3.Text + "'and '" + TextBox4.Text + "'";
        else
strsql = "select * from In_Info where rk_rksj between '" + TextBox3.Text + "'and + TextBox4.Text +
"'";
    if (strsql = = "")
        Response.Write(" < script > alert( \"请输入查询信息! \"); </script > ");
    else
    {
        DataTable dt = new DataTable();
        dt = BaseClass1.ReadTable(strsql);
        Label1.Enabled = true;
        if (dt.Rows.Count = = 0)
```

```
                Label1.Text = "没有找到相应记录!";
            else
            {
                Label1.Text = "查询结果:";
                //指定 GridView1 数据源
                GridView1.DataSource = dt;
                // GridView1 显示数据
                GridView1.DataBind();
                //清空文本框
                TextBox1.Text = "";
                    …
                TextBox4.Text = "";
            }
        }
    }
```

附录 A　关于课程设计的建议

实践性强是本课程的突出特点，也是本课程教学的难点。对课程的教学内容，有一定实践经验的人比较容易理解，而缺乏社会实践和工程实践的在校学生却常常视之为空洞的教条，为了加强本课程的可操作性，课程设计是非常重要且必要一个环节。

学生组成课题小组，在教师指导下开发一个管理信息系统，实际领会系统分析、系统设计和系统实施各个阶段的个中滋味，可以有效地弥补课堂教学的不足，也是一般习题所不能替代的，可以起到"解剖麻雀"的作用。学生反映，通过课程设计加深了对教学内容的理解，一些原理、方法变得"具体"了，"有血有肉"了。

根据笔者多年来从事本课程教学的实践，结合兄弟院校的经验，感到组织课程设计有以下几点值得注意。

（1）进行课前动员。上第一堂课时，结合介绍本课程的特点，讲清课程设计的目的和意义，宣讲考核方法。课程设计一般与课程讲授平行进行，即讲授系统分析前组成课题小组，布置课题；讲授系统分析后进行系统分析，撰写系统说明书；讲授系统设计后进行系统设计，提出系统设计说明书；等等。也可以结合专业实习，在期末所有课程考试结束后，集中 2~3 周时间进行课程设计，时间集中、精力集中，效果也不错。不论是与讲课平行进行，还是集中进行，课程设计都应作为一门课程来考核。考核重点是系统分析与设计。没有很好的分析与设计，即使所开发的项目有很好的显示效果，也不能获得好成绩。

（2）课题组以 3~4 人一组为宜。人数过多，不能使每个人都充分参与；人数过少，负担较重，也不便体验团队合作精神。课题组可由学生自由组合，也可由教师根据学生各方面的能力分组。后一种办法更利于发挥每个人的积极性，减少依赖性，有利于培养学生与人共事的能力，也更接近实际工作情况。因为学生参加工作之后，往往是由上级指派参加某项目的开发人员。

（3）一个课题组可以自始至终负责一个项目的开发，从系统分析、设计，直到实现一个可实际运行的原型，也可以阶段性地交替进行。例如，一个课题组完成项目 A 的系统分析，提交系统说明书之后，由另一个课题组继续完成项目 A 的设计，而该课题组承担课题 B 的设计。后一种办法对技术文档的要求更高，指导教师负担更重，更能锻炼学生。若条件允许，可采用这种办法。

（4）课程设计的指导工作量较大，一个 40 人左右的教学班将有近 10 个课题组，若教师每周与每个课题组讨论 1 小时，则每周需要约 10 小时。每个阶段还要审阅约 10 份技术文档。在人力紧张的情况下，教师可以在每个阶段重点抓 2~3 个课题组，用课堂讨论的方式，由 1~2 个课题组重点报告，讨论共性的问题。

（5）课题的选择是关键性问题。课题要大小适中，"麻雀虽小，五脏俱全"，使学生受到应有的锻炼。课题要有真正的用户，便于调动学生的积极性，同时，由于有用户的配合，学生才能真正体会到系统分析的滋味。

课题由教师提出，供学生进行选择。有的学生参加过一些开发工作，也可提出建议，教师审核、明确范围后也可作为课程设计的课题。

参 考 文 献

[1] 刘韬. Visual Basic 6.0 数据库系统开发实例导航. 北京：人民邮电出版社，2002.
[2] 罗鸿. ERP 原理设计实施. 北京：电子工业出版社，2003.
[3] 萨师煊. 数据库系统概论. 北京：高等教育出版社，1997.
[4] 王珊. 数据库系统原理教程. 北京：清华大学出版社，1998.
[5] 常晋义. 管理信息系统. 北京：中国电力出版社，2002.
[6] 黄梯云. 管理信息系统. 北京：高等教育出版社，1999.
[7] 甘仞初. 信息系统开发. 北京：经济科学出版社，2000.
[8] 彭澎. 管理信息系统. 北京：机械工业出版社，2003.
[9] 邝孔武. 管理信息系统分析与设计. 西安：西安电子科技大学出版社，2003.
[10] 邵维忠. 面向对象的系统分析. 北京：清华大学出版社，2001.
[11] 陈余年. 信息系统工程中的面向对象方法. 北京：清华大学出版社，1999.
[12] 陈文伟. 决策支持系统及其开发. 北京：清华大学出版社，2000.
[13] 张基温. 信息系统开发案例. 北京：清华大学出版社，2001.
[14] 陈世鸿. 软件工程原理与应用. 武汉：武汉大学出版社，2000.
[15] 王要武. 管理信息系统. 2 版. 北京：电子工业出版社，2008.
[16] 黄梯云. 管理信息系统导论. 3 版. 北京：机械工业出版社，2007.
[17] KAUFFMAN J，MILLINGTON B. ASP.NET 2.0 数据库入门经典：特别版. 高猛，译. 北京：清华大学出版社，2007.
[18] 陈伟. ASP.NET 3.5 网站开发实例教程. 北京：清华大学出版社，2009.